Contrato & Virtudes III

Denis Coitinho

Contrato & Virtudes III

Problemas epistemológico-morais
e metodológicos

Edições Loyola

Dados Internacionais de Catalogação na Publicação (CIP)
(Câmara Brasileira do Livro, SP, Brasil)

Coitinho, Denis
    Contrato & virtudes III : Problemas epistemológico-morais e metodológicos / Denis Coitinho. -- São Paulo : Edições Loyola, 2024. -- (Ética)

    Bibliografia.
    ISBN 978-65-5504-399-0

    1. Direito - Ética 2. Ética (Moral filosófica) 3. Epistemologia 4. Virtudes I. Título. II. Série.

24-223043   CDU-340.12

Índices para catálogo sistemático:
1. Direito : Ética   340.12

Eliane de Freitas Leite - Bibliotecária - CRB 8/8415

Preparação: Paulo Fonseca
Capa: Ronaldo Hideo Inoue
    Composição sobre detalhe da ilustração
    de © Sono Creative. © Adobe Stock.
Diagramação: Sowai Tam

Apoio:

Edições Loyola Jesuítas
Rua 1822 n° 341 – Ipiranga
04216-000 São Paulo, SP
T 55 11 3385 8500/8501, 2063 4275
editorial@loyola.com.br
vendas@loyola.com.br
www.loyola.com.br

Todos os direitos reservados. Nenhuma parte desta obra pode ser reproduzida ou transmitida por qualquer forma e/ou quaisquer meios (eletrônico ou mecânico, incluindo fotocópia e gravação) ou arquivada em qualquer sistema ou banco de dados sem permissão escrita da Editora.

ISBN 978-65-5504-399-0

© EDIÇÕES LOYOLA, São Paulo, Brasil, 2024

105549

Para Regina

"Inegavelmente, há boas razões para associar a racionalidade, como ideal a ser perseguido, com alguma explicitação (*explicitness*) na passagem das razões às conclusões em casos difíceis, e quando estão em causa a justiça e as políticas públicas. Mas a racionalidade não deve ser identificada com a explicitação (*explicitness*). A tradição é saber por que as afirmações morais que nos parecem intuitivamente corretas são realmente corretas e ser capaz de mostrar que elas formam um sistema coerente".

Stuart Hampshire, *Public and Private Morality*.

"Existe um dualismo da razão prática, consistindo no princípio do autointeresse, por um lado, e no princípio da imparcialidade, por outro. Neste capítulo final, argumentei que o princípio da imparcialidade mais plausível atribuirá um peso especial àqueles cujo bem-estar estiver abaixo de algum patamar, sendo este peso maior quanto mais abaixo do patamar estiverem os indivíduos em questão. Como decidir sobre o equilíbrio de razões é uma questão para um julgamento reflexivo".

Roger Crisp, *Reasons & the Good*.

SUMÁRIO

Prefácio 11

Introdução 15

CAPÍTULO I
Conhecimento moral e virtudes epistêmicas 27

CAPÍTULO II
A ignorância moral e o papel das virtudes 51

CAPÍTULO III
Conhecimento político e virtudes públicas 83

CAPÍTULO IV
Equilíbrio reflexivo e conhecimento moral 109

CAPÍTULO V
Equilíbrio reflexivo prudente 139

CAPÍTULO VI
A injustiça epistêmica e o papel da *epieikeia* 161

CAPÍTULO VII
A relação entre moral e direito 183

CAPÍTULO VIII
Conciliando liberalismo e perfeccionismo 207

CAPÍTULO IX
Hibridismo normativo 231

Referências 257

Índice de nomes 271

Índice de assuntos 275

PREFÁCIO

A ideia básica deste livro é dar continuidade ao que propus como uma teoria moral e política mista, que toma como complementares os aspectos normativos de uma ética contratualista e de uma ética das virtudes para lidar de forma mais eficaz com certos problemas práticos bastante complexos. Em *Contrato & Virtudes* (Loyola, 2016), tratei, sobretudo, dos problemas da responsabilidade moral e da justificação da punição, além de apresentar as características metaéticas centrais dessa proposta, defendendo uma epistemologia coerentista, e um cognitivismo não absolutista. Em *Contrato & Virtudes II* (Loyola, 2021), o foco recaiu sobre os problemas da fonte da normatividade, sorte moral, fundamentação da democracia e direitos humanos, desacordo moral e capacidades da agência moral, refletindo ainda sobre o difícil problema da punição. É importante mencionar que esta obra inicia com a defesa de uma ontologia de segunda natureza e se desenvolve com um esclarecimento sobre uma concepção específica tanto de agência moral quanto de normatividade. Agora, por sua vez, o objetivo básico é refletir sobre o problema do conhecimento moral e outros problemas epistemológico-morais, especificando como uma teoria mista, com uso do procedimento do equilíbrio reflexivo prudente, pode auxiliar-nos na compreensão do conhecimento moral não como crença verdadeira justificada, mas como expressão de certas virtudes epistêmico-morais dos agentes, o que nos possibilita identificar um tipo de objetividade que exclui qualquer fundamento último, mas que, por outro lado, se contrapõe fortemente ao ceticismo moral. Tal como os anteriores, este livro foi pensado inicialmente como um todo, tendo os seus capítulos originalmente publicados em formato de artigos ou como capítulo de livro e apresentados em diversos eventos acadêmicos da área de filosofia, com a finalidade de poder discutir as ideias centrais deste trabalho antes de sua publicação.

Importa lembrar que para o lançamento de *Contrato & Virtudes II*, houve uma discussão da obra com os colegas Filipe Campello (UFPE), Delamar Volpato Dutra (UFSC) e Leonardo de Mello Ribeiro (UFMG), e conduzida pelo colega Evandro Barbosa (UFPel). Sou muito grato a todos pelos comentários, críticas e sugestões. Também, nesse contexto, queria lembrar do evento que foi realizado para discutir as teses centrais do livro: *Entre o Público e o Privado e as Demandas da Moralidade*, realizado pelo Programa de Pós-Graduação em Filosofia da Universidade de Caxias do Sul (UCS), nos dias 4 e 5 de julho de 2022, que contou com a presença dos seguintes colegas: João Carlos Brum Torres (UCS), Lucas M. Dalsotto (UCS), Jaime Rebello (UCS), Marco Azevedo (Unisinos/CNPq), Delamar V. Dutra (UFSC/CNPq), Wilson Mendonça (UFRJ/CNPq), Marcelo de Araújo (UERJ/CNPq), Evandro Barbosa (UFPel/CNPq). Queria agradecer fortemente aos organizadores do evento e a todos os colegas que tiveram a disponibilidade de tomar parte nele, oportunizando um momento ímpar de reflexão e debate. Aliás, isso não é muito comum em nosso meio, considerando a comunidade filosófica nacional, mas penso que é fundamental para o avanço da disciplina. Até porque, historicamente, filosofia sempre se fez em diálogo.

A partir do debate, pude identificar várias lacunas e problemas com a ideia geral de propor uma teoria moral mista. Entre as importantes objeções que surgiram na discussão, queria destacar a crítica feita por Delamar Dutra, de que a proposta implicaria um tipo de perfeccionismo em contraposição a um modelo estritamente liberal, isto entendido como um modelo neutralista. Outra objeção muito importante compartilhada por muitos, foi que a distinção que proponho entre moralidade privada e pública não era muito clara, e que faltava um maior esclarecimento. Aqui desenvolvo nos dois capítulos finais uma resposta às críticas, propondo uma forma de conciliar o liberalismo com o perfeccionismo, defendendo um tipo de perfeccionismo moderado, que, penso, pode conviver harmonicamente com o pluralismo moral, e esclarecendo em maiores detalhes a distinção entre moralidade privada e pública e a natureza do hibridismo normativo.

Muitos dos textos que compõem os capítulos que seguem foram apresentados em eventos de filosofia, tais como o *XIX Encontro Nacional da ANPOF* (Goiânia), *12th Principia International Symposium: Models and Modeling in the Sciences* (UFSC), *9th International Symposium on Justice* (PUCRS), *XI Braga*

Meetings on Ethics and Political Philosophy (Universidade do Minho), *III Colóquio Nacional de Filosofia Contemporânea do PPGFIL* (UFES), *IV Encontro dos Professores dos Programas de Pós-Graduação em Filosofia do RS* (UCS), *As Teorias da Justiça em Perspectiva: Novas Propostas dos Clássicos aos Contemporâneos* (PUCRS), entre outros, nos quais tive a oportunidade de discutir partes deste trabalho. Dessa forma, agradeço aos colegas, Darlei Dall'Agnol, Marcelo de Araújo, Thadeu Weber, Nythamar de Oliveira, Evandro Barbosa, Thaís Costa, Ricardo de Araújo, Alcino Bonella, Andréa Faggion, Marco Azevedo, João Carlos Brum Torres, Ataliba Carpes, entre outros, por todos os comentários, sugestões e, sobretudo, objeções levantadas. Agradeço também aos membros do Grupo de Pesquisa em Ética e Filosofia Política Contemporânea (CNPq/Unisinos) e do Grupo de Trabalho Ética (ANPOF) pela oportunidade de debater algumas das ideias defendidas aqui, bem como a meus alunos dos seminários de pós-graduação ministrados entre os anos de 2020 a 2022. Em especial, João Victor Rosauro, Antonio Arruda, Jaison Partchel, Luís Miguel Meirelles, Sérgio Adriano Ribeiro, Henor Hoffmann, Alexandre Budib, Gustavo Oliva de Oliveira, Ubirajara Schier, pelas questões extremamente qualificadas que foram levantadas e pelas discussões realizadas, as quais me oportunizaram momentos raros de reflexão.

É importante frisar que esse trabalho não teria sido possível sem um forte apoio institucional. Assim, quero agradecer ao Reitor da Universidade do Vale do Rio dos Sinos – Unisinos, Pe. Marcelo Aquino (anterior) e Pe. Sérgio Eduardo Mariucci (atual), por todo o comprometimento com a pesquisa e com a excelência acadêmica, que se materializa no apoio incondicional aos programas de pós-graduação da instituição. Agradeço, também, à Diretora da UAPPG, Maura Corcini Lopes, bem como ao decano da escola de Humanidades da Unisinos, Luiz Rohden, por todo apoio recebido. Um agradecimento especial aos meus colegas da área de filosofia política e sistemas éticos do nosso Programa, Alfredo Culleton, Inácio Helfer, Marco Azevedo e Castor Ruiz, por todas as nossas discussões em bancas de mestrado e doutorado e demais eventos que participamos conjuntamente, que me auxiliaram a melhor compreender a complexidade dos problemas morais e políticos com que nos deparamos a todo momento. Agradeço, por fim, a todo apoio recebido das agências de fomento que possibilitaram essa pesquisa: CNPq, CAPES e FAPERGS. Mesmo com limitações orçamentárias, é importante reconhecer que essas agências são responsáveis diretas pelo desenvolvimento da pesquisa em nosso país.

Quase todos os capítulos desse livro já foram publicados anteriormente em uma primeira versão, seja no formato de artigos em revistas de filosofia, seja no de capítulo de livro temático. Dito isso, gostaria de agradecer aos editores das Revistas *Ethic@* (UFSC), *Kriterion* (UFMG), *Educação e Filosofia* (UFU), *Sofia* (UFES), *Voluntas* (UFSM), *Dissertatio* (UFPel) e *Trans/Form/Ação* (UNESP) e aos organizadores do livro *Teorias da Justiça em Perspectiva: Novas Propostas dos Clássicos aos Contemporâneos* (Fundação Fênix, 2022), por terem permitido a publicação desse material agora em novo formato. Agradeço também ao João Victor, que escreveu em parceria comigo o capítulo "A injustiça epistêmica e o papel da *epieikeia*", por ter concordado que o nosso texto figurasse no livro. O último capítulo, sobre o hibridismo normativo, é um texto original, tendo a intenção de melhor explicar a ideia-chave da teoria moral mista, que é a distinção e conexão entre moralidade privada e moralidade pública. Esse é um ponto central na teoria e que deveria ter sido melhor detalhado, o que tento fazer nesse capítulo derradeiro. Espero que a apresentação do material na forma de livro possa auxiliar o leitor a melhor compreender o fio condutor de todos esses textos, que têm por objetivo básico defender uma teoria moral-política híbrida em contraposição às teorias éticas tradicionais, que usam apenas um único critério normativo para tratar, inclusive, de questões práticas complexas, que desafiam a eficácia da mononormatividade.

Um agradecimento especial a Faculdade de Filosofia da Universidade de Oxford, onde esse livro foi concluído. Agradeço a todo apoio recebido, seja na alocação de espaço de trabalho e acesso às bibliotecas *Philosophy and Theology Faculties Library* e *The Bodleian Library*, seja pela participação nos excelentes eventos realizados no período da pesquisa. Também, agradeço vivamente a Roger Crisp, e ao *Uehiro Centre for Practical Ethics*, que me apoiou em meu projeto e discutiu as ideias centrais desse livro comigo, de forma que pude repensar várias das estratégias usadas aqui. De forma muito particular, dedico esse livro a ele, tanto por sua importância como pesquisador na área da ética normativa e da ética aplicada, como por sua gentileza e respeito.

Oxford, Reino Unido
Fevereiro de 2023

INTRODUÇÃO

Permitam-me iniciar este terceiro volume com uma situação paradoxal vivenciada recentemente por todos nós e que nos revelou as dificuldades que temos para enfrentar certos desafios com as teorias morais à disposição, na sua maioria mononormativas – e, por isso, parece relevante tentar desenvolver uma teoria moral mista, que possa conectar certas virtudes com certos princípios morais, de maneira a poder contar com um conjunto diferente de critérios normativos, mas coerentes entre si, para lidar com certos problemas práticos complexos, como é o caso em questão –. Aqui, refiro-me à pandemia ocasionada pelo novo coronavírus, que aterrorizou o mundo todo por praticamente dois anos, se não mais.

A pandemia da Covid-19, que teve início em março de 2020, alterou substancialmente a nossa rotina. Para tentar salvar a vida das pessoas, medidas drásticas foram tomadas, tais como o fechamento de estabelecimentos comerciais, a proibição de todo tipo de aglomeração e a suspensão das aulas presenciais em escolas e universidades, o que acarretou muitos problemas econômicos: o fechamento de pequenas empresas, a perda de empregos e a diminuição da renda, por exemplo. Mas, para além dessas mudanças, penso que a pandemia nos trouxe uma outra novidade: a linguagem das virtudes. Desde o início, demandou-se de todos, e a todo momento, a prática das virtudes. Por exemplo, autoridades públicas e da área da saúde clamaram pela prudência da população para manter o isolamento social, bem como chamaram a atenção para a necessidade de planejamento. A mídia, por sua vez, fez calorosas campanhas de solidariedade, dizendo que devíamos ter empatia, sobretudo para com os mais vulneráveis, como vizinhos idosos e pessoas em situação de rua. Psicólogos alertaram para a necessidade da resiliência em tempos de confinamento, destacando a vital importância da disciplina individual para garantir a felicidade das pessoas. E, por mais habitual que seja ter expectativa de lucro em uma economia de mercado, a opinião pública condenou drasticamente a ganância em razão da crise vivida, censurando aqueles que aumentaram vergonhosamente os preços de certas mercadorias imprescindíveis, tais como álcool em gel, máscaras e mesmo respiradores, entre outras.

A despeito de ter visto como bem-vinda esta nova demanda social pelas virtudes, uma vez que sou um defensor da ética das virtudes, é importante identificar três problemas centrais, um prático e outros dois de natureza mais teórica, ligados ao domínio político. O problema prático é que se adquire a virtude (moral e intelectual) através de um processo de habituação e isto leva tempo. Não basta dizer que se deve ser prudente, solidário, resiliente e justo para que os agentes ajam automaticamente de maneira virtuosa. É necessária a prática de ações virtuosas para se adquirir um caráter virtuoso. Como bem nos ensinou Aristóteles na *Ethica Nicomachea*, tornamo-nos justos, moderados e corajosos praticando atos de justiça, moderação e coragem, isto é, por um processo de habituação. Por exemplo, para sermos leais, precisamos aprender como agir lealmente, o que implicará observar os exemplos e as situações de lealdade e, posteriormente, praticar atos leais repetidamente. Não se trata de ter um conhecimento teórico para saber o que é o certo e o errado. Trata-se de um conhecimento prático, de um "saber como" e não de um "saber que". Até porque muitas vezes se sabe que é errado ser desleal, mas se age deslealmente assim mesmo, talvez por fraqueza da vontade. Isso é chamado de acrasia e é um fenômeno psicológico bastante comum. O problema central é que não fomos e ainda não somos ensinados a sermos virtuosos em nossa sociedade. Aliás, desconhecemos quase que totalmente o processo de aquisição das virtudes.

Para tornar esse ponto mais concreto, deixem-me fazer referência à virtude da autonomia. Como virtude intelectual, ela é uma disposição para investigar de forma independente, sendo uma capacidade de pensar por si mesmo, o que implica coragem para usar a própria razão sem heterorregulação. Se observarmos a questão do ponto de vista educacional, a autonomia dos alunos é desejável e pode ser entendida como uma disposição pessoal para pesquisar e encontrar soluções por conta própria. A dificuldade é que apenas dizer que os alunos devem ser autônomos não é suficiente, uma vez que serão necessárias práticas regulares para a conquista desta virtude. Por exemplo, a educação finlandesa é conhecida por incentivar os alunos desde cedo a serem protagonistas do processo educativo, tanto para estabelecer metas como para resolver problemas. Nesse modelo baseado em projetos, as competências transversais são centrais. Por outro lado, uma metodologia educacional centrada apenas em conteúdos não parece favorecer tanto a autonomia dos alunos, como parece ser o caso do modelo finlandês.

Para além do problema prático de não sermos educados para agir virtuosamente, temos ainda um problema teórico no campo político. Um Estado democrático liberal, como o que nos caracteriza, não exige um comportamento virtuoso de seus cidadãos e isso por querer evitar corretamente o paternalismo. A ideia básica que surge a partir da modernidade, com a separação entre as esferas privada e pública, é que para se resguardar a liberdade dos agentes, o Estado não poderia ser igual a um pai que diz como os cidadãos devem viver suas vidas, aconselhando sobre qual religião seguir ou legislando sobre o certo e o errado do ponto de vista moral. No máximo, ele poderia exigir o cumprimento de certas leis no campo da moralidade pública, como as que penalizam as ações danosas, tais como o homicídio, o roubo, o estupro ou o sequestro, entre outras, na forma como consta em nosso Código Penal: "Subtrair coisa móvel alheia, para si ou para outrem, mediante grave ameaça ou violência a pessoa, ou depois de havê-la, por qualquer meio, reduzido à impossibilidade de resistência: Pena – reclusão, de quatro a dez anos, e multa" (art. 157). Sua limitação parece se dar no campo das virtudes positivas, uma vez que ele nem incentivará a solidariedade, a resiliência, a lealdade, ou a coragem, entre outras, e muito menos punirá os agentes que não demonstrarem possuir estas virtudes. A exigência moral na esfera privada é uma marca de modelos políticos totalitários.

O aparente paradoxo é que em situações extraordinárias, como a que experenciamos na pandemia, precisamos contar com o comportamento virtuoso dos cidadãos para obtermos sucesso e enfrentarmos o problema. Seria o mesmo no caso de uma guerra em que, para se obter a vitória, os cidadãos devem fazer certos sacrifícios individuais para o bem comum. Mas, como seria possível contar com estas virtudes positivas se os cidadãos não foram educados nesta direção? Veja-se que as pessoas aplaudiam a coragem dos profissionais de saúde no enfrentamento do vírus, mas, coletivamente, não exigimos que os cidadãos sejam corajosos. Ao contrário, em muitos casos, a exigência segue direção oposta.

O terceiro problema que constato é a falta da identificação dos princípios moral-políticos centrais que deveriam orientar nossas principais instituições políticas, sociais e econômicas. Por exemplo, a igualdade equitativa de oportunidades é um princípio político que pautaria nossas instituições? Ele asseguraria a todos o aceso à saúde sem distinção entre rede pública e privada, por exemplo, garantindo às pessoas vagas nas UTIs para uso de respiradores? Mesmo no Brasil, que possui o Sistema Único de Saúde (SUS), que garante acesso universal à saúde, percebe-se uma distinção muito evidente entre a rede pública e privada, podendo, a título de exemplo, faltar leitos nas UTIS da rede pública e sobrar na rede privada, sem nenhum mecanismo obrigatório que exigisse a equidade no sentido de garantir a todos igualmente um bem básico como o da saúde.

Mas, então, como escapar desse paradoxo?

Creio que uma possível solução seja a criação de uma ponte entre as esferas privada e pública, especialmente no domínio da moralidade. É claro que a separação entre elas resguarda as liberdades e direitos individuais, o que é desejável. Mas, tomar esta separação como irreconciliável não parece ser eficiente quando se pensa nos esforços que devem ser empreendidos para se obter o sucesso coletivo, alcançando o bem comum. Veja-se que no início da pandemia muitos apostavam que sairíamos melhor dela. Mas, no fim das contas, vimos que permanecemos iguais ou até mesmo piores. Ao invés de solidários e cuidadosos com os outros, as pessoas se mostraram ainda mais egoístas e irresponsáveis.

Mas, então, qual é a saída? Penso que uma alternativa seria propor uma conexão entre as virtudes e os direitos, conectando certas virtudes privadas, como a prudência, a integridade, a humildade e a autonomia, entre outras, com certos princípios de justiça que garantissem a igual liberdade dos agentes, bem como a igualdade de oportunidades e o bem comum, nos moldes da teoria da justiça como equidade de John Rawls, e ainda, com certas virtudes públicas de razoabilidade, amizade cívica, tolerância etc. No entanto, isso seria possível, uma vez que pretende conectar duas tradições morais vistas como distintas ou até mesma antagônicas, a saber, uma ética das virtudes com o neocontratualismo? Creio que sim, e um bom ponto de partida seria observar com mais atenção certas estratégias holísticas utilizadas por alguns autores liberais, como é o caso de Adam Smith e John Stuart Mill. E isso porque eles foram importantes representantes do liberalismo, defendendo a distinção entre as esferas pública e privada, é claro, mas procurando integrar harmonicamente os domínios da vida pessoal e social em suas teorias, conectando as esferas psicológica, moral, política, jurídica e até econômica através de uma interessante concepção de virtudes como forma de se obter felicidade individual e coletiva, e com a defesa da neutralidade ética estatal, mas aceitando um importante papel prescritivo da sociedade. Ambos os autores procuram conciliar o princípio liberal do dano com a ideia de florescimento humano. Também é possível observar um autor clássico como Aristóteles, que faz uso de uma teoria das virtudes e tem no prudente o critério normativo central, mas que, concomitantemente, inclui em sua teoria o respeito às leis, como a Constituição, e o respeito aos direitos individuais; veja-se, por exemplo, sua distinção entre a justiça como virtude e a justiça que é apenas parte da virtude, e a distinção entre justiça e *epieikeia*, para não falar na distinção entre *oikos* e *polis*.

Nos volumes anteriores, disse que a inspiração fundamental da teoria mista que proponho é encontrada em Aristóteles e Adam Smith. Nesse volume, quero acrescentar mais um filósofo que parece compartilhar do mesmo otimismo pelo hibridismo normativo, a saber, John Stuart Mill, e isso porque, em sua teoria utilitarista, ele parece conciliar um utilitarismo (de regras) com uma preocupação deontológica e um compromisso com as virtudes e a vida boa, a saber, com o florescimento humano. Mill defende que o padrão último da moralidade é a promoção imparcial da felicidade, similarmente a Jeremy Bentham, sendo as ações certas na medida em que tentam promover a felicidade geral, e a felicidade entendida por prazer e ausência de dor. Entretanto, faz uma distinção relevante entre prazeres superiores, como os intelectuais, e prazeres inferiores, como os corporais, distinção essa que deve ser arbitrada por juízes competentes, de maneira que seria melhor ser uma pessoa insatisfeita do que um porco satisfeito, ou que seria melhor ser um Sócrates insatisfeito do que um tolo satisfeito, e "[...] se o tolo ou o porco têm uma opinião diferente é porque só conhecem o seu próprio lado da questão" (MILL, 2005, 51). De forma similar, defende que o utilitarismo só pode chegar ao seu fim através de uma cultura geral da nobreza de caráter, com um forte compromisso com a educação para as virtudes (MILL, 2005, 52-53).

Nessa teoria proposta por Mill, devemos maximizar as ações que trazem as melhores consequências, mas não ao custo do desrespeito à liberdade dos agentes, uma vez que a liberdade pessoal é tão importante para Mill quanto os melhores resultados. Além do mais, até mesmo o caráter das pessoas importa para a maximização das consequências, uma vez que pessoas virtuosas tenderão a não causar dano aos outros, e, ainda, poderão se comprometer com a felicidade de terceiros (MILL, 2005, 55-56). Mas aqui, uma distinção é fundamental para o liberalismo de Mill que contrasta vivamente com o paternalismo estatal, a distinção entre os deveres perfeitos e aqueles imperfeitos, defendendo que devemos fazer ações que conduzam ao interesse público, como a caridade ou o salvamento de alguém, mas que somos mais obrigados a nos abstermos de fazer ações que sejam prejudiciais às pessoas, como matar, roubar e trair (MILL, 2005, 90-91). Por fim, é importante frisar que, para Mill, a utilidade ou maximização da felicidade geral não deve estar em conflito com a justiça, que é tanto uma virtude quanto um princípio moral, pois, "[...] a justiça é um nome para certas exigências morais que, consideradas coletivamente, ocupa um lugar mais elevado na escala da utilidade" (MILL, 2005, 104).

Como bem apontado por Mill, parece que apenas seguir um único princípio moral, tal como o princípio da maximização da felicidade ou bem-estar, não ajudaria muito quando precisamos decidir o que fazer, sobretudo em situações difíceis. Note-se que no caso da pandemia muitas medidas foram tomadas com base no princípio consequencialista dos melhores resultados, tal como o critério estabelecido para o atendimento de pessoas com Covid em hospitais, sobretudo para disponibilizar respiradores e leitos de UTI, de forma que os mais jovens e com menos comorbidades tiveram preferência nessa distribuição. Mas, isso não se contrapôs ao princípio da dignidade humana igual, ou da não instrumentalização, que vê como errado tomar um agente apenas como um meio para o outro? O problema com isso é que não parece razoável supor uma vida em sociedade que seja harmônica e justa e que não respeite este princípio. Mas, se é assim, como é possível que de forma puramente *ad hoc* decidiu-se por sua não utilização no caso da pandemia? Outro critério que não foi levado em conta nessa distribuição de bens escassos foi o padrão das virtudes. Muitas pessoas ao longo da pandemia descumpriram as leis, fazendo aglomerações, não usando máscara, participando e/ou organizando festas clandestinas, o que demostrou imprudência, egoísmo ou no mínimo intemperança. Mas, de forma geral, não houve nenhuma punição relevante para essas pessoas, nem qualquer reprovação social deste comportamento. Poderia ser o caso que o comportamento vicioso fosse uma razão não para puni-las, mas ao menos para não premiá-las, como poderia ser o caso de colocá-las no fim da fila para leitos de UTI ou ao menos na distribuição de vacinas. Lembro do caso da cidade de São Paulo que criou uma lei determinando que o *sommelier* de vacina fosse para o fim da fila.

Por outro lado, não levar em conta as melhores consequências de uma ação, assumindo apenas os critérios de universalizabilidade, não instrumentalização ou mesmo o critério das virtudes, também pode nos trazer resultados indesejados, como seria o caso de não se poder levar em conta o número de pessoas que podem ser salvas, o que implicaria salvar menos vidas, ou mesmo o caso de se negar o acesso a certos bens essenciais a pessoas não virtuosas, implicando um forte paternalismo, o que seria o mesmo que restringir a liberdade dos cidadãos. Por isso, a ideia de poder contar com uma teoria normativa-moral híbrida parece bastante atrativa e isso porque ela pode nos disponibilizar diversos critérios normativos distintos, coerentes entre si, para lidar com certos casos complexos.

Com isso em mente, o ponto central da teoria contratualista das virtudes é tentar compatibilizar o critério de razoabilidade e justiça das teorias neocontratualistas, que leva em conta também as consequências das ações, com o critério das virtudes, como a prudência, a integridade, a autonomia, a humildade etc., mas dentro de um desenho liberal, isto é, que respeita o pluralismo de valores. A ideia básica é a de que podemos escolher, sob certas circunstâncias, as virtudes privadas e públicas que serão fundamentais para a garantia de nossa felicidade, seja ela pessoal ou coletiva, da mesma forma que podemos escolher princípios de justiça para o ordenamento público. Essa proposta toma por base uma importante distinção entre os âmbitos privado e público da moralidade, de maneira que na moralidade privada, a base da decisão do agente será fornecida por uma ética das virtudes, enquanto que na moralidade pública, os cidadãos poderão contar com os critérios de razoabilidade e justiça, que leva em conta as consequências, tal como encontrada em uma teoria neocontratualista como a de T. M. Scanlon, que determina que a ação errada é determinada por um princípio que não pode ser razoavelmente rejeitado, ou como encontrada na teoria da justiça como equidade de J. Rawls, que determina que os princípios de justiça serão escolhidos em uma situação de simetria. E ambos fazem uso do método do equilíbrio reflexivo como forma de justificação dos princípios.

Por essa razão, o método do equilíbrio reflexivo é chave na teoria moral mista, sobretudo como um modelo racional que nos ajuda a saber o que fazer em casos de dúvida. Esse método tem por base a premissa de que o conhecimento moral-político é inferencial, de forma que se pode encontrar a justificação tanto de juízos morais como de princípio éticos em razão de sua coerência com um sistema coeso de crenças, sendo uma forma de conectar a esfera dos valores com a esfera dos fatos. Mas, dada as diversas críticas de fraqueza epistemológica do procedimento, a saber, as de que o procedimento poderia implicar conservadorismo e subjetivismo/relativismo, propomos aqui uma modificação no método, incluindo a expertise do agente prudente para identificar as crenças iniciais razoáveis, sendo também uma forma de estabelecer uma aproximação entre a ética das virtudes e o contratualismo. Assim, o equilíbrio reflexivo prudente, toma como ponto de partida do método as crenças razoáveis identificadas por um agente prudente, isto é, por um agente que tem a disposição-habilidade de identificar os meios adequados para realizar um fim bom, tendo uma capacidade para bem deliberar. Após a identificação das crenças razoáveis, o próximo passo será justificá-las por sua coerência com certos princípios éticos contidos nas teorias morais tradicionais, como o utilitarismo, o kantismo e o contratualismo, e com certas crenças factuais assumidas por teorias científicas que tenham a aceitação dos pares e que sejam relevantes para o caso em questão. É importante frisar que este método não nos diz de forma universal o que seja o certo e o errado, mas nos dá uma resposta para um problema específico, como no caso de se querer determinar os princípios de justiça para regrar as principais instituições políticas, sociais e econômicas de uma democracia.

Assim, pensamos que o processo final de uma deliberação que se chega através do procedimento do equilíbrio reflexivo pode ser visto como conhecimento moral, tomando o conhecimento não como crença verdadeira justificada, mas como a expressão de certas virtudes intelectuais dos agentes. E isso porque se pode chegar a uma crença verdadeira justificada aleatoriamente. Edmund Gettier, no artigo intitulado *Is Justified True Belief Knowledge?*, se opõe a essa concepção tradicional (tripartida) de conhecimento, uma vez que, por mais que destaque aspectos necessários, não o faz em seus aspectos suficientes. Assim, embora todo conhecimento aparentemente satisfaça esses critérios, a saber, (i) que uma dada crença p é verdadeira, (ii) um agente S acredita que p e (iii) a crença de S em p é justificada, existem outras coisas que não são conhecimento, mas que satisfazem também os três aspectos. Adicionalmente a isso, temos o problema específico do campo da moralidade, de forma que os conceitos de bom/mau, certo/errado, justo/injusto, entre outros, não fazem parte, naturalisticamente, da mobília do mundo, sendo melhor compreendidos como conceitos sem *truthmaker*, o que dificulta a identificação da objetividade nesse domínio.

Consideremos um caso de tipo Gettier. Um sujeito profere uma crença de que há uma casa no campo a partir de sua percepção visual. De fato, a crença é verdadeira, pois há uma casa no campo; entretanto, o objeto avistado pelo agente era um cenário de uma casa em razão da gravação de um filme. Mas, imaginemos que haja de fato uma casa que está fora do campo visual do agente. Embora ele tenha uma crença verdadeira de que "há uma casa no campo" e esteja justificado adequadamente por uma evidência perceptual, este não é um caso de conhecimento porque a verdade da crença se dá por fatores que não estão no controle do agente, ou que não são resultado do processo cognitivo do sujeito. Por essa razão, faremos uso da epistemologia das virtudes, uma vez que para ela o conhecimento é definido em termos do exercício das virtudes intelectuais do agente.

A tese central da epistemologia das virtudes é que um agente possui conhecimento quando ele tem uma crença verdadeira que foi formada com sucesso através das suas próprias habilidades cognitivas ou virtudes intelectuais, tais como a percepção, a memória e a visão, na perspectiva confiabilista, ou tais como a honestidade, a coragem e a humildade, no modelo responsabilista. O ponto central é considerar que quando a performance cognitiva é malsucedida, não atribuímos conhecimento ao sujeito, o que revela que o foco central não está na análise das crenças, mas nas performances dos agentes, o que parece muito mais promissor. Dessa forma, o conhecimento coloca o sujeito em contato cognitivo com a realidade a que se chega pelas próprias virtudes dos agentes.

Um último comentário a respeito da razão do porquê uma teoria moral e política deve incorporar estes aspectos das virtudes tanto epistêmicas quanto morais: nós usamos de fato a linguagem das virtudes em nossas relações sociais, seja para elogiar alguém que faz uma ação correta, como a solidariedade, seja para censurar alguém que age erradamente, ao ser imprudente ou injusto, mas, sobretudo, como um ideal regulador da vida bem-sucedida. Falamos a todo momento de resiliência, de justiça, de prudência, de amizade, de gratidão, e tomamos esses traços de caráter, entre outros, até para selecionarmos as pessoas de nossa convivência, sendo um importante padrão normativo de uma vida boa, isso é, de uma vida com sucesso. Um outro motivo é que este padrão normativo das virtudes tem uma história longa e bem-sucedida na filosofia moral, tendo sido utilizado na antiguidade, no medievo e até mesmo na modernidade, a exemplo das influentes éticas de Platão e de Aristóteles, do estoicismo, do epicurismo, de Agostinho e Tomás de Aquino e mesmo de David Hume e Adam Smith. Por essa razão, penso que uma teoria moral que não incorpore adequadamente a linguagem das virtudes está sendo arbitrária, pois estaria excluindo, sem justificação, o padrão normativo por excelência usado socialmente e que tem uma forte tradição na filosofia. É claro que o papel de uma teoria moral não é apenas explicativo, mas também prescritivo. Ela não deve apenas descrever como as pessoas usam certos critérios normativos para fazer juízos morais, mas prescrever como realmente devem julgar moralmente. O problema é que a defesa de algum outro critério, como o de princípios, por exemplo, como o fazem o utilitarismo e o deontologismo kantiano, parece arbitrária, porque não justifica essa exclusão e não mostra a sua superioridade comparativa. Por isso, a teoria moral mista fará uso tanto das virtudes como dos princípios como padrões normativos relevantes para a fundamentação dos nossos juízos morais.

Após a apresentação geral da proposta e de sua inspiração, bem como do seu motivo central, deixem-me antecipar brevemente as teses centrais que serão aqui defendidas, sintetizando as diversas partes do livro. Os três primeiros capítulos versam sobre o problema central deste volume, que é sobre o escopo do conhecimento moral a partir do modelo da ética/epistemologia das virtudes. No capítulo primeiro, defendo que o conhecimento moral pode ser visto como uma expressão de certas virtudes epistêmicas, tais como a sabedoria prática, a humildade e a integridade. No segundo capítulo, tematizo o fenômeno da ignorância moral, de forma a saber em que medida uma ação errada realizada por um agente responsável pode ser apropriadamente censurada, considerando que o agente ignora que a ação é errada. Defendo que a ignorância moral pode ser um alvo apropriado de censura quando, mesmo que o esteja epistemicamente justificado de forma moderada, o agente não expressar as virtudes cidadãs de autonomia e justiça. O capítulo terceiro trata do significado do conhecimento político a partir de uma contraposição ao argumento epistocrático de Jason Brennan, assim como defendido em *Against Democracy*. Defendo que o conhecimento neste domínio político pode ser entendido como uma expressão das virtudes públicas de prudência e amizade cívica. O ponto central de todos estes capítulos iniciais é estabelecer uma confrontação com o ceticismo, mas isso sem reivindicar um modelo fundacionista.

Os três próximos capítulos apresentam em detalhe as características do método do equilíbrio reflexivo, bem como procuram pontuar as suas principais fraquezas epistemológicas, além de procurar descrever o fenômeno de injustiça epistêmica, assim como tematizado por Miranda Fricker (2007), e propor a virtude da *epieikeia* como um antídoto a esse tipo de injustiça. O quarto capítulo investiga o escopo do método do equilíbrio reflexivo e a sua relação com o conhecimento moral. Defendo que o método em tela é bastante adequado para a obtenção da objetividade das crenças morais, podendo ser visto como um tipo de conhecimento moral inferencial. O capítulo seguinte propõe uma modificação no método, incluindo a expertise do agente prudente, adicionando uma disposição para a identificação de crenças iniciais razoáveis, crenças que devem ser justificadas, posteriormente, por sua coerência com certos princípios éticos e com certas crenças factuais de teorias relevantes para o caso. Penso que isto pode evitar as conhecidas críticas de conservadorismo e subjetivismo/relativismo, bem como aproximar a ética das virtudes do contratualismo. Ainda sob a perspectiva de conectar o contratualismo e a ética das virtudes, vou apresentar o problema da injustiça epistêmica no sexto capítulo e mostrar como a virtude da *epieikeia* pode nos ajudar a evitar a injustiça em questão, de forma a desenvolver uma sensibilidade epistêmico-moral nas autoridades públicas para dar valor igual aos testemunhos dos agentes, em que pese as diferenças de gênero, raça e classe.

Já os três capítulos finais buscam esclarecer alguns detalhes metodológicos importantes da teoria moral mista. O sétimo capítulo defende a existência de uma relação pluridirecional entre a moral e o direito, compreendendo a moralidade em sua dimensão intersubjetiva e externalista, especificamente nos casos em que há reivindicações de justiça, como nas circunstâncias de injustiça epistêmica e desobediência civil. Como o livro trata do problema do conhecimento moral e outros problemas epistemológico-morais, tais como a ignorância ética e a injustiça epistêmica, e sendo o conhecimento explicado detalhadamente a partir do primeiro capítulo, penso ser relevante fazer um maior esclarecimento do que estou considerando como moral, explicitando suas características centrais. O capítulo seguinte procura problematizar se a proposta de uma teoria mista, que se pretende liberal e que conecta a ética e a epistemologia das virtudes com o neocontratualismo, não implicaria perfeccionismo. Procuro argumentar que o que proponho concilia o liberalismo com um perfeccionismo moderado que pode harmonizar o pluralismo de valores com um certo ideal de perfeição humana para garantir o bem comum. Por fim, o último capítulo procura explicar o que é de fato uma teoria moral mista e porque necessitamos de uma teoria que se caracterize pelo hibridismo normativo. Aqui faço uma distinção fundamental entre moralidade privada e pública, conectando a ética das virtudes a uma dimensão privada da moralidade e o contratualismo a uma dimensão pública, de forma a unir estas duas dimensões da moralidade de uma forma específica. Outro objetivo será apresentar detalhadamente o procedimento para a escolha das virtudes privado-públicas e o porquê de estarmos tentando conciliar especificamente o contratualismo e a éticas das virtudes, e não alguma outra teoria moral, assim como o utilitarismo, o kantismo ou mesmo a ética do cuidado. Termino este capítulo respondendo a possíveis objeções, sobretudo a objeção situacionista que questiona a confiabilidade do caráter moral como móbil da ação.

CAPÍTULO I

CONHECIMENTO MORAL E VIRTUDES EPISTÊMICAS

O objetivo do capítulo é refletir sobre o escopo do conhecimento moral a partir do modelo da ética das virtudes, que toma por base a ideia de caráter virtuoso e florescimento humano, sendo esta abordagem bastante promissora para responder ao argumento cético que diz que o desacordo moral é uma prova irrefutável da impossibilidade do conhecimento no campo da ética. Para este fim, inicio problematizando o conhecimento moral, com a consideração específica do raciocínio ético. Posteriormente, investigo o papel das virtudes epistêmicas de sabedoria prática, humildade e integridade para a aquisição do conhecimento moral. Por fim, postulo que a ética das virtudes, que conta com certas virtudes epistêmicas, pode explicar adequadamente o conhecimento moral e responder de forma mais eficiente ao ceticismo.

I

Uma concepção cética muito comum no campo da moral afirma que não se pode saber o que é certo e errado, bom ou mau ou o que é justo e injusto. E isso em razão de não haver evidências suficientes para apoiar esse tipo de conhecimento ou por não existir fatos morais que seriam o fundamento último das crenças morais verdadeiras. Quando se pergunta a respeito da correção ou incorreção da clonagem humana, manipulação genética ou mesmo do uso de animais não humanos para alimentação, o que poderia contar como uma evidência do conhecimento moral? E quando queremos saber se a discriminação por gênero, etnia ou orientação sexual é justa ou injusta, o que poderia contar como um fato moral que garanta a verdade de uma certa crença ética? Ao tratar dessas questões e outras similares é normal a identificação do desacordo moral, isto é, da relatividade ética. Com isso, a estratégia cética parece ser a de concluir pela inexistência de valores morais objetivos e pela impossibilidade do conhecimento moral a partir do desacordo dos agentes sobre questões éticas relevantes. Ao invés de algo objetivo, o que fundamentaria os juízos morais seriam as emoções ou os sentimentos, cuja implicação não seria outra senão a da subjetividade da ética[1].

Veja que essa consideração cética parece tomar o conhecimento como sinônimo de crença verdadeira justificada ou, como dito por Chisholm, como uma crença verdadeira assegurada com uma evidência adequada (CHISHOLM, 1957, 54-66). E, assim, o conhecimento moral implicaria ter que contar com certas evidências adequadas ou com a justificação de uma crença verdadeira. A grande dificuldade no campo moral é que conceitos éticos como certo e errado, correção e erro, bom e mau, justo e injusto, entre outros, não parecem corresponder a nada no mundo natural, e, por mais que possamos justificar interpessoalmente certas crenças morais, é óbvio que aspectos emocionais estão claramente conectados com as deliberações éticas cotidianas. Dito isso, é importante reconhecer que é no mínimo problemático tomar o conhecimento como crença verdadeira justificada. A questão como já postulada por Gettier é que se poderia ter uma crença verdadeira justificada e mesmo assim não se ter conhecimento. Segundo ele, em muitas situações, chegar a uma crença verdadeira e justificada é mais uma questão de sorte. Ele apresenta dois casos para mostrar a limitação da noção tripartida de conhecimento. No primeiro caso, a proposição "O homem que conseguirá o emprego tem dez moedas em seu bolso", dita por Smith, é verdadeira, mas não é conhecimento, uma vez que quem consegue o emprego é ele mesmo e não Jones, como ele acreditava e estava justificado em sua crença em razão das evidências testemunhal e perceptual, e, por sorte, ele também possuía dez moedas em seu bolso. O segundo caso apresentado por Gettier é: Smith tem a crença justificada de que "Jones possui um Ford". Smith conclui (justificadamente, pela regra de

---

1. Mackie, por exemplo, apresenta uma posição cética nesses termos, defendendo o argumento da relatividade, que diz que, por serem os juízos morais de primeira ordem diferentes e até antitéticos, não haveria objetividade, isto é, a relatividade ética tornaria difícil ver esses juízos como apreensões de verdades objetivas. Ver MACKIE, 1977, 36-42. Por sua vez, Stevenson argumenta que como dois agentes podem continuar discordando em atitudes, mesmo não existindo alguma discordância a respeito de crenças, o desacordo em ética não teria relação com verdades científicas, mas estaria ligado a uma perspectiva emocional. Ver STEVENSON, 1963, 4-8.

adição) que "Ou Jones possui um Ford, ou Brown está em Barcelona", embora Smith não tenha nenhum dado sobre onde Brown se encontra. Jones não possui um Ford, mas por estranha coincidência, Brown se encontra em Barcelona. De novo, Smith tinha uma crença que era verdadeira e estava justificada, mas não parece que tivesse conhecimento (GETTIER, 1963, 121-123).

Considerando o problema exposto, o objetivo desse capítulo é procurar mostrar que o conhecimento moral é possível e que esse tipo específico de conhecimento pode ser melhor compreendido se fizermos uso de uma ética das virtudes, que tomará por base a ideia de caráter virtuoso e florescimento humano. A ética das virtudes parece colocar menos ênfase em quais regras morais as pessoas deveriam seguir, tendo por foco central o desenvolvimento do caráter virtuoso do agente, sendo esse caráter virtuoso o que possibilitará a tomada de decisão correta. Importante ressaltar que esse modelo ético pode tomar as verdades morais como os juízos éticos dos quais temos as melhores razões para aderir, razões entendidas em termos interpessoais, podendo, também, considerar a responsabilidade epistêmica do agente, de forma a estipular que ele estaria justificado em acreditar em algo apenas no caso dessa crença resultar do exercício de uma habilidade epistêmica ou ser a expressão de uma dada virtude epistêmica[2]. No que segue, inicio problematizando o conhecimento moral, com uma consideração específica sobre o raciocínio ético. Posteriormente, investigo a especificidade das virtudes epistêmicas da sabedoria prática, da humildade e da integridade para o conhecimento moral. Por fim, postulo que uma ética das virtudes que conta com certas virtudes epistêmicas conectadas com certas virtudes éticas pode explicar adequadamente o conhecimento moral e dar uma resposta mais eficiente ao ceticismo no campo ético.

---

2. A epistemologia da virtude considera a epistemologia como uma disciplina normativa, vinculando o conhecimento e a responsabilidade epistêmica do agente com o exercício de uma habilidade epistêmica, isto é, como expressão de certas virtudes intelectuais, tais como sabedoria prática, criatividade, benevolência, curiosidade, humildade etc. Ver SOSA, 2007; GRECO, 1993, 413-432 e ZAGZEBSKI, 1996. Para Sosa, por exemplo, o conhecimento não é a representação da crença ou crença verdadeira justificada, mas é um tipo de performance bem-sucedida, é chegar a uma crença apta por um processo reflexivo. Ver SOSA, 2007, 22-24.

II

Um dos principais erros que se pode cometer ao interpretar o conhecimento no campo da moralidade é querer tomá-lo como um conhecimento de tudo ou nada, isto é, ou se saberia infalivelmente o que é certo e errado, bom e mau, justo e injusto, em cada situação cotidiana ou se teria que decidir o que fazer ou como viver de forma puramente subjetiva, sem poder contar com nenhum critério normativo objetivamente garantido para auxiliar nas deliberações morais. Creio que essa maneira de abordar a questão encobre a própria especificidade da ética, que, como já dizia Aristóteles, e com razão, não pode ser considerada com o mesmo grau de exatidão que a matemática e a física; contudo, ela pode ser classificada sob o domínio da ciência, mesmo que da ciência prática. Essa especificidade revelaria que a ética é um tipo de conhecimento cercado pela diversidade de opiniões e incertezas sobre o bom e o justo, mas que pode auxiliar os indivíduos a melhor decidir em casos complexos e agir de forma apropriada, virtuosa, em razão de ela indicar a verdade de forma aproximada e em linhas gerais, estando esse conhecimento ligado intrinsecamente à experiência dos agentes. Na *Ethica Nicomachea*, Aristóteles exemplifica essa complexidade da ética ao dizer que a coragem e a riqueza são tomadas geralmente como bens, mas há casos em que pessoas pereceram devido a elas. Assim, já poderia ser tomado como um tipo de conhecimento o saber que a coragem e a riqueza são comumente bens, mas não o são quando forem prejudiciais aos agentes (ARISTÓTELES, 1999, 1094a25-1095a15).

Esse exemplo já mostra que o conhecimento moral pode incluir princípios tanto gerais quanto universais, bem como a experiência particular dos agentes. Por exemplo, pode incluir princípios morais generalizantes que informariam que a coragem é comumente um bem. Ademais, poderia contar com a experiência de um agente particular que pereceu por causa da coragem, talvez em um certo conflito ou ameaça terrível, além de poder contar, igualmente, com um princípio universal que diria que a coragem não é um bem quando for prejudicial ao sujeito. De posse desses princípios morais e da experiência, além de contar com uma capacidade deliberativa para pesar as diversas razões em um caso e escolher o melhor curso de ação, que seria aquele que realizaria o fim bom (felicidade), o agente poderia decidir agir de forma corajosa, por exemplo, mesmo com o risco existente de ser prejudicial, mas pesando as razões adequadamente, nas circunstâncias específicas.

Veja-se que no caso do agente que estivesse refletindo se deve ou não cumprir a promessa feita em uma circunstância de injustiça: por exemplo, se deveria pagar certa quantia prometida sob a coação de um criminoso; esse tipo de raciocínio poderia auxiliá-lo em sua decisão. Ele poderia saber que se deve cumprir a promessa, uma vez que, para ser honrado, por exemplo, sua palavra teria que ter valor, e então saberia, também, que a honra é uma virtude importante para a felicidade dos agentes. Por outro lado, ele poderia saber que uma circunstância injusta, como a coerção, invalidaria toda obrigação, especialmente na esfera jurídica. E, assim, poderia decidir por não cumprir a promessa nessa situação específica, mesmo sabendo que se deve cumprir a promessa geralmente. Esse raciocínio moral, embora não infalível, parece já capacitar os agentes na resolução de problemas éticos que surgem a todo momento, assim, uma deliberação moral poderia ser tomada como uma situação não trivial em que, mesmo não se sabendo teoricamente o que se deve fazer, se pode considerar integralmente as questões envolvidas e decidir por um certo curso de ação ou tipo de vida, o que seria o mesmo que solucionar um problema prático de forma silogística[3].

Adam Smith, na parte sétima de *The Theory of Moral Sentiments*, dá um interessante exemplo para saber em que medida estaríamos obrigados em razão de uma promessa feita em uma situação coercitiva. Ele imagina um caso em que um bandido obriga um viajante, sob ameaça de morte, a prometer-lhe uma certa quantia de dinheiro. A questão seria a de saber em que medida o viajante estaria obrigado a cumprir a promessa (SMITH, 1976, VII.iv.9). Com a recusa das respostas oferecidas tanto pela jurisprudência, que diz que não existiria nenhuma obrigação em razão do ato de extorsão ser um crime, como pela casuística, que diz que independente da extorsão realizada, uma pessoa virtuosa deveria sempre cumprir as promessas, Smith apelará para uma solução mais inteligente. Ele dirá que, em razão da honestidade que é desejada pelo agente, ele teria o dever de cumprir a promessa, mas desde que esse ato não fosse inconsistente com certos deveres mais sagrados. Com isso, se julgaria como certo respeitar até mesmo uma promessa

---

3. Stuart Hampshire defende corretamente que em um modelo deliberativo o agente pesa e reflete sobre alternativas para então justificar sua decisão, enquanto que em um modelo emotivista, a declaração moral seria feita sobre os próprios sentimentos dos agentes, não sendo uma justificação necessária, nem suficiente. Sua conclusão é que um juízo moral seria como um silogismo prático, em que a ação correta é a melhor coisa a se fazer naquelas circunstâncias. Ver HAMPSHIRE, 1949, 466-482.

feita sob extorsão, "embora seja impossível determinar, por qualquer regra geral, em que medida isso se aplicaria a todos os casos sem exceção" (SMITH, 1976, VII.iv.12). E isso porque não escolheríamos como amigo uma pessoa que descumprisse as promessas com muita facilidade, ou se deixasse sua família na pobreza. Assim, sua estratégia levará em conta a quantia prometida. Por exemplo, se a quantidade de dinheiro prometida não fosse muito alta, então o agente deveria cumprir a promessa, pois a violação de qualquer promessa parece envolver algum tipo de desonra, o que implica ser alvo apropriado de censura. Entretanto, se o montante de dinheiro fosse muito elevado, a ponto de poder arruinar as finanças familiares, seria até mesmo criminoso cumprir a promessa, pois arruinaria a família do extorquido. Veja-se que essa engenhosa solução parece fazer uso de uma regra geral, que diz que geralmente devemos cumprir a promessa, desde que esse dever não seja inconsistente com deveres superiores, tais como o cuidado à família e o bem público. Mas, para além dessa regra geral, a decisão do agente variará de acordo com o caráter, as circunstâncias, a solenidade da promessa e até mesmo com os incidentes específicos envolvidos no caso (SMITH, 1976, VII.iv.12).

O exemplo dado anteriormente parece nos apresentar um certo modelo de como um agente virtuoso poderia deliberar, levando em conta tanto as regras morais gerais e universais, como as circunstâncias da ação, a intenção dos agentes, e até mesmo as consequências do ato. E isso já pode ser tomado como uma caracterização provisória do conhecimento moral. Mas, note-se que a questão não é tão simples assim, pois um outro agente, ao fazer uso dos mesmos dispositivos de regras morais, circunstâncias, intenções e consequências da ação, poderia deliberar diferentemente, escolhendo cumprir a promessa feita sob coerção e isso para não comprometer sua identidade de pessoa honesta e confiável. É claro que este seria um caso de heroísmo moral ou ato superrogatório, que é raro, mas ainda assim recorrente na história da humanidade[4]. Logo, algo assim não seria uma evidência da impossibilidade do conhecimento moral? Para tentar esclarecer tal

---

4. Sócrates é um caso paradigmático de heroísmo moral. No *Críton*, Sócrates aceita a pena de morte ao decidir cumprir a promessa feita às leis, com a deliberação de não fugir de Atenas. Mesmo com o conhecimento de que era alvo de uma condenação injusta, a sua decisão foi na direção de uma reprovação de qualquer ato injusto, pois sua consciência não poderia conviver com a aceitação da realização de um ato não virtuoso. E isso em razão de considerar que se deve sempre cumprir as promessas e que nenhuma circunstância de injustiça invalidaria alguma obrigação moral, daí a regra de não retribuir uma injustiça com outra injustiça. Ver PLATÃO, 2002, 49d-54e.

questão, penso ser importante entender em maior detalhe o funcionamento do raciocínio prático e a sua conexão com a virtude.

Inicio com uma interessante analogia proposta por Julia Annas entre o exercício da virtude e o exercício de uma habilidade prática. Em *Intelligent Virtue*, Annas defende corretamente que o exercício da virtude envolve um raciocínio prático de um tipo específico que pode ser melhor compreendido se comparado com o tipo de raciocínio que encontramos no exercício de uma habilidade prática. Isso implica ver a aquisição e o exercício das virtudes como muito próximo da aquisição e exercício de atividades mais corriqueiras, tais como nadar, construir ou tocar um instrumento. Diz que o raciocínio prático do agente virtuoso compartilha características importantes daquela do experto em uma dada habilidade prática. Essa analogia da habilidade nos permite reconhecer que aprender uma virtude requer uma confiança no experto e no contexto da aprendizagem, isto é, no contexto social e cultural, além de contar com uma aspiração específica para ser uma pessoa melhor (ANNAS, 2011, 1-7).

É importante destacar que a virtude, para Annas, deve ser compreendida como uma disposição estável do caráter do agente, de forma a ser vista como uma tendência de a pessoa ser de certa forma. Ademais, deve ser entendida como uma disposição que é, antes de tudo, uma característica profunda do agente, sendo a virtude a marca do seu caráter. Além disso, ela aponta que essa disposição, que é ativa, requer habituação e experiência, habituação alcançada pela educação e que não pode ser vista enquanto uma rotina, em razão de precisar de um constante monitoramento para o aperfeiçoamento. Assim, a virtude seria uma disposição de caráter que permite uma resposta criativa e imaginativa a novos desafios (ANNAS, 2011, 14).

A analogia estabelecida entre as virtudes e as habilidades práticas possibilita compreender a virtude como uma disposição que requer habituação, por um lado, mas que não pode ser tomada como uma mera rotina, por outro, e isso em razão da virtude estar ligada a uma aspiração do agente para ser melhor. Annas também destaca que sua concepção de virtude deve ser compreendida em parte pela forma como é aprendida, pois é sempre aprendida em um contexto incorporado, isto é, em uma família particular, cidade, religião e país. Por exemplo, para sermos leais, precisamos aprender como agir lealmente, o que demandaria observar inicialmente os exemplos de agentes leais e as situações de lealdade. Mas, posteriormente, envolverá também um autodirecionamento, com um reconhecimento individual do que a lealdade requer ao invés de simplesmente repetir a ação de alguém, pois o agente virtuoso é aquele que aspira a ser melhor, de forma que tornar-se virtuoso será distinto de adquirir um mero hábito. Até porque um agente virtuoso não apenas faz a coisa certa pela razão correta, mas tem um sentimento apropriado na ação virtuosa (ANNAS, 2011, 15-52).

Além da analogia entre virtude e habilidade, penso que é elucidativo fazer referência a uma analogia entre virtude e sucesso, e isso para melhor compreender a especificidade do raciocínio prático. Com esse objetivo em mente, menciono a epistemologia da virtude, que parece ter por pressuposto tomar o conhecimento não como uma crença verdadeira justificada, mas como um tipo de performance em que se é bem-sucedido. Por exemplo, Ernest Sosa, em *A Virtue Epistemology: Apt Belief and Reflective Knowledge*, defende que o conhecimento deve ser compreendido como algo que é resultado das virtudes intelectuais de um agente, tendo por foco as habilidades e o caráter. Para ele, o conhecimento é um tipo de performance bem-sucedida, sendo esta performance um tipo de ação que visa a verdade. Assim, temos conhecimento se a performance do agente for apta, o que parece significar tomar o conhecimento como resultado das competências do agente ou como resultado de suas virtudes. Mais especificamente, Sosa defende que o conhecimento envolverá três termos centrais, a saber: exatidão (*accuracy*), habilidade (*adroitness*) e aptidão (*aptness*). Dessa forma, uma performance é apta quando ela é bem-sucedida, isto é, quando ela alcança o alvo, além de poder ser suficientemente atribuída à competência do agente. O ilustrativo exemplo dado por ele é o de um arqueiro que lança sua flecha em busca do alvo. Tendo ele habilidade, não será uma questão de sorte acertar o alvo. Ele acerta o alvo por causa de sua aptidão (SOSA, 2007, 22-23)[5].

É possível, então, estabelecer uma analogia entre a figura do arqueiro e o agente tanto epistêmico como moral, analogia estabelecida também por Aristóteles no caso moral. Por exemplo, um agente epistêmico é alguém que terá uma crença verdadeira em razão de sua habilidade para formar crenças verdadeiras, da mesma forma que um agente moral é alguém que agirá virtuosamente em

---

5. Similarmente, Zagzebski, em *Virtues of the Mind*, define o conhecimento como um estado de contato cognitivo com a realidade através de atos de virtude intelectual, e atos de virtude devem ser tomados como um termo de sucesso, isto é, devem ser tomados como atos bem-sucedidos. Ver ZAGZEBSKI, 1996, 270-271.

razão de sua habilidade para agir virtuosamente. Para que uma crença seja tomada como conhecimento ou para que uma ação seja tomada como virtuosa não se requer uma espécie de invulnerabilidade ao erro, apenas aptidão. Mesmo sendo apto, o agente pode errar o alvo, tanto ao formar uma crença falsa, como agindo viciosamente (SOSA, 2007, 29).

Importa reconhecer que para Sosa o conhecimento também requererá reflexividade, o que significará tomar o conhecimento não apenas como crença apta, mas, igualmente, como crença apta defensável, o que revela uma característica confiabilista (SOSA, 2007, 24). Gostaria de chamar a atenção para o fato de que o requisito para se acreditar ou agir com aptidão é que o agente acredite ou aja corretamente, o que significa um exercício da competência nas condições apropriadas. Para qualquer crença ou ação correta, a correção dessa crença ou ação é tributável a uma competência somente se a crença ou ação deriva do exercício dessa competência em condições apropriadas para o seu exercício (SOSA, 2007, 33).

De posse dessas considerações anteriores, creio que é possível reconhecer algumas características centrais do conhecimento moral. Ele não seria infalível, mas pode oportunizar um critério normativo objetivo para a decisão correta, que é o próprio caráter virtuoso do agente, formado através de várias ações virtuosas em um processo de habituação, que, entretanto, não pode ser tomado como uma rotina. Ademais, o conhecimento nesse âmbito não seria uma questão de tudo ou nada, mas uma questão de graus, além de o grau de sua exatidão ser desinflacionado, não sendo um conhecimento proposicional. É claro que isso ainda seria insuficiente para resolver o caso de discordância sobre o dever de cumprir a promessa em caso de coerção. E isso porque essa discordância parece mais ligada à identidade pessoal do agente, isto é, com a própria imagem que o agente tem de si mesmo e o tipo de exigência que ele estabelece para si, estando essa característica muito próxima ao contexto no qual o agente virtuoso faz parte. No caso de Sócrates, por exemplo, a decisão parece relacionada com o seu caráter honesto e confiável de forma superrogatória, bem como com a solenidade da promessa feita às leis da cidade. Lembremos que a virtude é a marca do caráter do agente.

Com a identificação desse tipo de discordância, parece que seria suficiente se o agente agisse de forma coerente, isto é, íntegra, e com humildade para reconhecer como legítima uma decisão contrária à sua. Não seria igual se a disputa fosse sobre a justiça da discriminação racial ou de gênero. Em casos como esses, e em outros similares, o agente justo deveria reconhecer a igualdade das pessoas e isso em razão de sua disposição de agir de forma justa e almejar coisas justas, o que implicaria uma disposição para tratar igualmente as pessoas, sem um interesse no bem dos outros. A aspiração em ser uma pessoa melhor, característica central da ética das virtudes, parece ser um forte antídoto contra o conservadorismo moral, uma vez que chegar a uma decisão apta exigirá reflexividade[6].

Penso que esse desacordo não comprova a impossibilidade do conhecimento moral nem prova a inexistência de valores morais objetivos, mas nos alerta para a complexidade do raciocínio ético, que parece envolver, para além das regras morais gerais e universais e a habilidade do agente em chegar a uma decisão bem-sucedida, certas virtudes epistêmicas que se mostram necessárias para uma boa deliberação moral. É o caso da sabedoria prática, que tradicionalmente é tomada como uma virtude intelectual, mas que é condição de possibilidade das virtudes morais, tais como justiça, coragem, moderação, benevolência, amizade etc. No que segue, analisarei em maior detalhe as virtudes epistêmicas da sabedoria prática, humildade e integridade, para, por fim, retornar à reflexão sobre o conhecimento moral.

III

Antes de abordar a virtude da humildade, deixem-me fazer comentários adicionais a respeito da sabedoria prática. Como disse anteriormente, ela tradicionalmente é tomada como uma virtude intelectual que é condição de possibilidade

---

6. É recorrente a acusação de conservadorismo moral feita à ética das virtudes. O argumento parece ser o seguinte: se se aprende a virtude a partir de um certo contexto, em que medida o agente virtuoso terá a capacidade de criticar o próprio contexto valorativo do qual aprende a ser virtuoso? Por exemplo, os donos de escravizados em uma sociedade escravista poderiam aprender a importância da equidade e generosidade, mas isso não os capacitariam a considerar que o seu contexto social e econômico seria injusto, uma vez que excluiria certos indivíduos da proteção da equidade e da generosidade. Essa crítica não parece inteiramente adequada se considerarmos o fenômeno do progresso moral. Os abolicionistas britânicos no século XVIII, por exemplo, aprenderam as virtudes da equidade e da generosidade em um contexto injusto, mas isso não foi razão suficiente para não entenderem as incoerências do sistema, o que incluía excluir os escravizados da proteção moral dada pela categoria de pessoa. Além disso, é possível fazer referência a um melhor entendimento das virtudes. Atualmente, usamos noções mais complexas que enfatizam a autonomia, a integridade e a dignidade dos agentes, ao invés do uso de certas noções, como a honra, ligada à castidade e à submissão, no caso das mulheres, ou à violência, no caso dos homens. Sobre progresso moral, ver BUCHANAN; POWELL, 2018, 55.

para as virtudes morais. E isso porque, como vemos em Aristóteles, entende-se que seja uma capacidade de deliberar bem sobre o que contribui para a vida boa. É uma capacidade verdadeira e raciocinada de agir com respeito às coisas que são boas ou más para os agentes. Ela está relacionada a uma capacidade de apreender os fins que são bons e, mais especificamente, a uma capacidade deliberativa para chegar a um resultado bem-sucedido, escolhendo os meios mais eficientes para a realização do fim bom. Como afirmado por Aristóteles, "a sabedoria prática (*phronesis*) é a disposição da mente que se ocupa das coisas justas, corretas e boas para o ser humano, sendo essas as coisas cuja prática é característica de um homem bom (virtuoso)" (ARISTÓTELES, 1999, 1143b21-25).

Veja-se que esse tipo de saber prático não implica conhecimento proposicional, como uma forma de conhecimento de verdades morais, mas possibilita uma deliberação e decisão com sucesso em razão da capacidade em reconhecer o fim como bom. Além do mais, esse saber parece estar ligado à certas emoções, tais como a compaixão e o senso de justiça, e apresenta percepções valorativas dos diversos objetos que constituem uma boa deliberação. Roberts e Wood nos oferecem um excelente exemplo para uma melhor compreensão dos elementos envolvidos na virtude da sabedoria prática, em conexão com a virtude da autonomia. Eles comentam o caso do professor de Antigo Testamento no contexto do experimento de Milgram, que se recusou em continuar aplicando choques elétricos no aprendiz. Conhecido como experimento da obediência à autoridade, criado pelo psicólogo Stanley Milgram, seu objetivo central era mostrar que os agentes são fortemente suscetíveis a uma autoridade externa em suas decisões e ações, não sendo o caráter um móbil confiável. Os participantes, que faziam papel de professores, deviam dar choques elétricos nos aprendizes se estes dessem respostas erradas, sendo que os choques variavam de 15 até 450 volts[7]. Mesmo considerando que a maioria (65%) aceitou a autoridade científica do experimento, indo até a voltagem máxima

---

7. Realizado em 1961, na Universidade de Yale, o experimento de Milgram tinha por objetivo mostrar como as pessoas possuiriam uma tendência a obedecer certas regras em razão de uma autoridade externa. Os participantes eram levados a acreditar que estavam assistindo a um experimento inovador, em que deveriam aplicar choques elétricos a um aprendiz para facilitar o aprendizado. Acontece que apenas os que faziam o papel dos professores é que estavam sendo testados, uma vez que os aprendizes eram atores que fingiam sentir dor, da mesma forma que os responsáveis pelo experimento eram acadêmicos envolvidos na pesquisa. Os dados foram desconcertantes: 65% dos participantes continuaram até o nível máximo de 450 volts, sendo que todos foram até ao menos 300 volts. Ver MILGRAM, 1963, 371-374.

do choque, alguns indivíduos se recusaram a continuar, como foi o caso anteriormente referido. O professor em questão, de forma prudente e autônoma, se recusou a continuar em razão de sua preocupação com o bem-estar e a saúde do aprendiz, isto é, ele considerou o bem do aprendiz como mais importante que o bem do experimento, o que implicou uma deliberação de forma apropriada (ROBERTS; WOOD, 2007, 316-317).

Creio que seja elucidativo para nossos propósitos tentar compreender mais especificamente os diversos elementos que constituiriam a sabedoria prática, uma vez que essa virtude intelectual pode ser tomada como necessária para qualquer outra virtude, intelectual ou moral. Penso que a análise de Roberts e Wood sobre o caso do professor de Antigo Testamento esclarece esses elementos específicos, uma vez que o agente: (i) procurou obter um máximo de informações relevantes sobre os aprendizes, fazendo isto com habilidade e bom julgamento, além de ter sido motivado pelo desejo de saber e agir bem, (ii) mostrou bom julgamento sobre os valores conflitantes ao decidir pelo bem-estar do aprendiz ao invés de decidir pelo valor do experimento, (iii) mostrou cautela epistêmica sobre a autoridade ostensiva manifestada pelo responsável pelo experimento ao dizer saber o que estava fazendo e ao oferecer argumentos suficientes contra essa autoridade, (iv) demonstrou a virtude da compaixão e da retidão na situação em relação ao aprendiz e (v) demonstrou respeito por uma autoridade moral que transcendia a autoridade humana, que poderia ser arbitrária, o que possibilitou uma ação apta ante uma autoridade ilegítima (ROBERTS; WOOD, 2007, 318-319).

Após essas breves referências sobre a sabedoria prática (prudência), penso que foi possível reconhecer a necessidade dessa virtude intelectual para o agente virtuoso poder chegar a uma decisão moral acertada. Por exemplo, a benevolência do professor de Antigo Testamento parece ter tido por fundamento a prudência, bem como a autonomia, o que já torna possível defender que as virtudes parecem disposições recíprocas, que devem ser compreendidas holisticamente. Isso pode ser confirmado pela constatação de que todas as virtudes morais são guiadas pelo intelecto, isto é, pela prudência, que é central para a formação e exercício das virtudes. De forma similar, vou estipular a necessidade de contarmos com outras virtudes epistêmicas para possibilitar uma decisão e ação correta por parte do agente virtuoso, tais como autonomia, integridade, coragem, humildade etc., com a reinvindicação de uma certa unidade das virtudes. Com isso em mente, passo agora para a investigação da virtude da humildade.

A palavra humildade vem do grego *aidós* e do latim *humilitas* e é tomada geralmente como uma virtude que consiste em reconhecer as próprias limitações e fraquezas e em agir a partir dessa consciência. Tem uma forte relação com a qualidade moral dos agentes que não procuram se projetar sobre as outras pessoas, nem tentam parecer superior a elas. Nesse sentido, a humildade estaria circunscrita em como nós nos relacionamos com as nossas próprias boas qualidades. Ela seria uma virtude por poder ser interpretada como uma disposição para ter o sentimento apropriado do nosso próprio valor em relação aos outros e isso seria desejável por garantir a felicidade. Assim, ela seria uma disposição para moderar nossa importância, *status*, bens e capacidades em relação aos outros[8]. Como dito por Slote, a humildade seria uma espécie de corretor da tendência humana geral em ter uma consideração muito elevada de si mesmo, isto é, como uma autoconsideração acurada, uma forma de reconhecer o valor moral igual das pessoas (SLOTE, 1983, 61-62).

Em um contexto epistêmico, a humildade tem a ver com o modo como nos relacionamos com a verdade ou a racionalidade de nossas próprias crenças. Uma discussão sobre humildade epistêmica parece envolver a maneira como nos relacionamos com as nossas próprias crenças, concepções e julgamentos. Por exemplo, um acadêmico que demonstra humildade intelectual não teria problema em reconhecer certos erros apontados para uma dada teoria que defende, bem como não teria problema em modificar a sua própria posição. De forma similar, esse acadêmico humilde revelaria uma disposição para não inflar a preocupação com o seu próprio *status* acadêmico, isto é, o seu valor acadêmico atribuído pela comunidade da qual faz parte, tendo por foco central sua atuação na busca pela verdade. Dito de outro modo, a humildade intelectual desse acadêmico o impediria de ser tanto arrogante como vaidoso, quer dizer, ela o impediria de agir como o

---

8. Embora seja controverso tomar a humildade como uma virtude, uma vez que o próprio Aristóteles tomava *aidós* mais como um sentimento do que uma disposição, ao dizer que a modéstia não seria uma virtude; e ao considerar que Tomás de Aquino tomava a modéstia e a humildade como tipos de temperança, como importantes em razão de deixar o agente aberto à graça divina; sem contar a consideração de Hume, que via a humildade como uma virtude monástica e não propriamente moral; aqui, vamos tomá-la como uma disposição do agente para não inflar o seu próprio valor frente aos outros, o que implicará um tipo de conhecimento sobre o valor moral e epistêmico igual das pessoas, o que nos auxiliará na melhor compreensão do escopo do conhecimento moral. A respeito das controvérsias a respeito da humildade ser ou não uma virtude, ver BOMMARITO, 2018.

detentor exclusivo da verdade, bem como de inflar o seu próprio valor no interior da comunidade acadêmica, respectivamente.

Se pensarmos na humildade intelectual como contraposta à vaidade, então, o que parece estar em jogo seria a disposição para levar em consideração as críticas recebidas, considerar com atenção as outras posições discordantes em um debate, ou mesmo não tomar dogmaticamente as próprias crenças como absolutas. Também, pode ser entendida como uma disposição do agente para aceitar os seus próprios erros e modificar as suas crenças e posições ao mostrar uma ausência de preocupação com o seu próprio *status* intelectual, com um interesse maior em alcançar a verdade. Sobre esse ponto, um exemplo paradigmático de humildade intelectual como oposta a uma forte preocupação com o próprio *status* intelectual pode ser encontrado em Sócrates. Em sua metodologia maiêutica, por exemplo, o mais importante não era o exercício de uma dominação intelectual, mas, ao contrário, o desenvolvimento das capacidades próprias dos alunos para investigar e descobrir a verdade. Nessa perspectiva, Sócrates parecia demonstrar contentamento em ver a si mesmo apenas como um facilitador entre seus interlocutores e a própria verdade. Isso parece resultar em que a humildade seria tomada como uma disposição do agente em alegrar-se com o progresso dos outros, com a existência de uma certa indiferença emocional em relação à extensão de sua influência sobre os outros[9].

Agora, ao pensar na humildade intelectual como contraposta à arrogância, o mais relevante parece ser a disposição do agente para não exagerar sobre uma reivindicação de certos direitos com base em sua superioridade epistêmica, o que parece implicar uma disposição para aceitar que ele pode estar errado. Assim, a humildade intelectual seria simplesmente a disposição para reconhecer que as coisas em que o agente acredita podem precisar de revisão. Isso nos conduz a uma conduta menos dogmática, em que o agente teria a disposição de consultar a opinião dos outros sobre certa questão e levar em consideração a dificuldade da investigação em tela, e reconhecer as suas limitações para encontrar a solução

---

9. Na *Apologia de Sócrates*, por exemplo, vemos que o Oráculo de Delfos declarou Sócrates como o homem mais sábio de Atenas, mas, de forma paradoxal, a razão dele ser tomado como sábio foi o seu reconhecimento de que nada sabia. Isso parece apontar para uma humildade intelectual, uma vez que sua sabedoria seria derivada de sua habilidade em reconhecer os limites de seu próprio conhecimento, tomando essa limitação como início de uma investigação genuína. Ver PLATÃO, 2002, 23b.

do problema. Um exemplo seminal dessa virtude da humildade pode ser encontrado em um cientista não dogmático, tal como Albert Einstein. Mesmo com o reconhecimento de sua genialidade pela comunidade científica, ele dizia que não tinha nenhum talento especial e que seria apenas uma pessoa passionalmente curiosa (EINSTEIN, 2010, 20). Isso já nos mostra que a humildade intelectual favorece uma forte preocupação com a busca pela verdade e pela resolução de problemas e uma baixa preocupação com as próprias certezas do agente[10].

A partir do exposto, deixem-me concluir essa seção ao apontar para certas características essenciais da humildade epistêmica. Em primeiro lugar, é importante reconhecer que a humildade é uma virtude porque a aquisição, manutenção, transmissão e aplicação do conhecimento é parte integral da vida humana, e uma vida caracterizada pela humildade com respeito a estas atividades é uma vida mais excelente do que uma em que se teria a ausência dessa disposição. Em segundo lugar, é importante observar que a humildade nesse contexto epistêmico tem um papel negativo de prevenir certos obstáculos para adquirir, refinar e transmitir conhecimento. E isso porque muito da aquisição, refinamento e transmissão do conhecimento ocorre na vida social e, assim, as dinâmicas interpessoais parecem afetar o processo intelectual, uma vez que uma pesquisa é geralmente realizada por um grupo colaborativo. Em terceiro lugar, essa virtude em questão parece facilitar que se alcance os fins epistêmicos, isto é, os bens intelectuais, tais como o conhecimento, a verdade, a justificação etc. O intelectual humilde, por exemplo, ficará mais livre para testar as suas ideias mesmo contra fortes objeções. Além disso, pode possibilitar que o intelectual não tenha medo de tentar novas abordagens, ainda que consideradas perda de tempo pela comunidade, o que parece nos conduzir a uma atitude de coragem. Por fim, quero ressaltar que a virtude da humildade epistêmica parece estar conectada com outras virtudes: ela parece conectada claramente, por exemplo, com a virtude da coragem, uma vez que a disposição para controlar os medos e não superdimensionar a própria segurança

---

10. Essa disposição não dogmática parece conduzir a um reconhecimento dos limites da racionalidade e à compreensão de que empreendimentos cooperativos seriam mais adequados na busca do conhecimento, isto é, na tarefa de procurar entender alguma esfera da realidade e encontrar a resolução de um certo problema. Em uma carta escrita a Max Born em 1953, Einstein diz que não considera correto tomar os resultados de seu trabalho como sendo de sua propriedade. Ademais, diz que no exame de si mesmo e de seus métodos, conclui que a imaginação o ajudou mais do que o seu talento para absorver o conhecimento. Ver EINSTEIN, 2010, 21-26.

parece essencial para o sucesso da obtenção do conhecimento, da mesma forma que a atitude autônoma dos investigadores se revela central para possibilitar a resolução de algum problema. As virtudes da justiça, da benevolência e até mesmo da generosidade também parecem guardar uma relação intrínseca com a virtude da humildade no contexto epistêmico[11]. Mas, antes de aprofundar esse ponto da unidade das virtudes para o conhecimento, especificamente o moral, passo à investigação da virtude da integridade.

IV

Integridade é um vocábulo que vem do latim *integritate* e significa a qualidade ou estado de algo ou alguém que é íntegro ou completo. Por exemplo, alguém ter inteireza física ou um objeto estar intato. Nesse caso, um ato de violência comprometeria a integridade física de um agente, bem como a queda de um objeto comprometeria sua integridade física. Por outro lado, o termo também é sinônimo de honestidade, coerência, equilíbrio, imparcialidade, previsibilidade e retidão de caráter. Em um sentido bastante corriqueiro, ser íntegro é equivalente a ser honrado, sincero, correto. Parece indicar uma atitude de perfeição moral, tal como ser incorruptível ou irrepreensível. Nesse sentido, a integridade é moral. Ainda um outro sentido usual é o da integridade pessoal, tomada como uma atitude coerente com os valores mais profundos do agente, como no caso de um pacifista que se recusa a lutar numa certa guerra, com a aceitação da pena prisão como consequência de sua objeção de consciência[12]. Mas, seriam esses os únicos

---

11. A generosidade é uma disposição para dar coisas de valor aos outros em razão do bem dos outros. Epistemicamente, a generosidade é a disposição para dar coisas valorosas aos outros no campo intelectual. Por exemplo, a dedicação do tempo do professor para orientar os alunos em suas teses, colocar uma descoberta científica em domínio público, ou mesmo a dedicação do tempo de um pesquisador para preparar aulas melhores, podem ser considerados exemplos de generosidade intelectual. Assim, para se alcançar o conhecimento, tanto a humildade como a generosidade parecem centrais. Ver ROBERTS; WOOD, 2007, 286-301.

12. McFall diz que a integridade é um conceito complexo, pois está associada geralmente a uma adequação ao padrão moral usual, como a exigência de dizer a verdade, ser honesto, sincero e equitativo, mas, por outro lado, parece implicar a exigência do agente em agir a partir daquilo que considera correto, podendo até se contrapor ao padrão moral convencional sobre o certo e o errado. Embora seja habitual estabelecer uma oposição entre a integridade moral e a integridade pessoal, o ponto central de minha argumentação é tentar esclarecer a relação intrínseca entre os dois sentidos de integridade, sobretudo a partir da perspectiva da coerência. Ver McFALL, 1987, 5-6.

significados de integridade? Ela não teria alguma conexão com a disposição do agente em perseguir a verdade?

Do ponto de vista epistêmico, a integridade pode ser melhor compreendida como uma disposição do agente em perseguir a verdade, de forma a identificar um padrão normativo verdadeiro para a ação. Isso tem relação com o escolher certos princípios e valores e acreditar em certas crenças, com a defesa desses valores e crenças como verdadeiros e coerentes entre si, e o agir a partir do que se toma por verdadeiro. Em síntese, não seria uma disposição para certa ação ou para certo pensamento. Antes, requer uma disposição do agente para apoiar o seu melhor julgamento da verdade através de uma disposição para agir de acordo com esse julgamento. Por exemplo, censurar alguém que diz algo racista e homofóbico, com o conhecimento de que ambos são errados porque ferem a igualdade, parece revelar integridade. Seria o mesmo no caso de discordar dos que defendem que o aquecimento global é uma invenção em razão de um conhecimento mais embasado sobre o assunto. Nos dois casos, haveria uma disposição para se agir de forma coerente com o que se toma por verdadeiro, sejam princípios morais ou crenças científicas. Omissões, aqui, revelariam falta de integridade[13].

Veja-se, assim, que a integridade parece exigir que as ações dos agentes tomem como critérios relevantes para a ação o conjunto de valores e de crenças que conta com sua aprovação em razão de sua verdade. Isso parece implicar, em primeiro lugar, a coerência dos diversos valores e princípios morais assumidos como corretos e as diversas crenças factuais tomadas como verdadeiras. Em segundo lugar, parece significar a coerência entre as ações e os valores e crenças dos agentes tomados como corretos e verdadeiros, de forma que se poderia verificar a consistência entre os comprometimentos, princípios, valores e crenças de alguém, bem como a coerência entre as ações e esse conjunto valorativo e factual.

Ao pensar no conjunto valorativo e factual coerente que deve ser assumido pelo agente íntegro, é importante observar que a ação íntegra se mostra uma questão de ter um olhar apropriado para o seu próprio papel no processo coletivo de deliberação sobre o que teria valor. Com essa perspectiva, pode-se reconhecer

---

13. De acordo com Scherkoske, a integridade é melhor classificada como virtude epistêmica que moral, em razão de não se constituir como uma disposição para uma dada motivação particular, como fazer uma certa ação, ou mesmo como uma disposição para ter um certo pensamento. Ver SCHERKOSKE, 2012, 201.

que a integridade do ponto de vista tanto epistêmico como moral possui um caráter fortemente social, de forma que uma pessoa íntegra não agiria apenas consistentemente com os seus comprometimentos mais profundos, mas estaria conectada com os valores e crenças aprovados pela comunidade da qual é membro. Por exemplo, não seria um caso de integridade agir de forma sexista e racista em uma comunidade que busca por igualdade racial e de gênero. Poderia ser um caso de integridade pessoal, mas a integridade epistêmica/moral parece exigir a coerência entre as ações e o conjunto valorativo e factual tomado como verdadeiro pelos agentes, e esse processo é eminentemente social (CALHOUN, 1995, 258-260).

Além desse traço social, penso que podemos apontar outra característica relevante da integridade, que é a sua estreita relação com a verdade. Por exemplo, uma pessoa íntegra deveria examinar profundamente a verdade de certas teses que são alvo de debate e isso porque uma pessoa com integridade intelectual é alguém que tem uma disposição para perseguir a verdade. Isso revelaria uma disposição de investigação mais profunda sobre certas teses polêmicas, o que é distinto de aceitar rapidamente o que um certo grupo defende. Para exemplificar, penso que em uma discussão usual sobre o aquecimento global, uma pessoa com integridade deveria investigar com maior rigor o que a ciência diz sobre o tema, isto é, deveria ler matérias em jornais e revistas, assistir debates entre cientistas etc. antes de aceitar passivamente certa conclusão sobre o assunto. Isso parece requerer uma consideração adequada das evidências que estão disponíveis ao agente. Aqui, não ter uma disposição para considerar as evidências científicas seria uma marca de falta de integridade, pois o que estaria em jogo seria a afirmação dogmática de convicções pessoais sem nenhum compromisso com a verdade[14].

Com isso, pode-se reconhecer que uma ação íntegra não seria apenas uma questão de coerência, isto é, de consistência entre as ações do agente e o que ele acredita. Se fosse assim, alguém que defendesse o fim de políticas públicas contra o aquecimento global em razão de não acreditar que isto é um sério problema

---

14. Lynch apresenta uma perspectiva semelhante ao dizer que uma pessoa com integridade intelectual defende o que ela pensa ser verdadeiro essencialmente porque pensa ser verdadeiro, como no caso de alguém lutar pelo fim da discriminação racial porque pensa que é verdadeira a tese da igualdade moral das pessoas. Também, que a integridade intelectual requer estar aberto à verdade precisamente porque é a verdade, o que pode implicar a disposição do agente em admitir que ele está errado. Ver LYNCH, 2005, 131-135.

ambiental, poderia ser tomado como alguém íntegro. Mas, não parece ser o caso, uma vez que dificilmente esse agente poderia ser visto como um exemplo de agente virtuoso, em razão de seu descompromisso com as evidências disponíveis sobre o tema. Ao contrário, a integridade aqui exigiria uma mudança de certas convicções iniciais sobre a questão a partir de novas evidências que deveriam ser consideradas, e, nesse âmbito em foco, parece significar ter uma atenção especial à verdade de forma geral.

No entanto, essa forma de interpretar a integridade não seria muito exigente, uma vez que responsabilizaria o agente por acreditar em outras crenças, isto é, exigiria que ele abandonasse certas crenças por sua falsidade e passasse a acreditar em outras por sua verdade? Veja-se que essa compreensão de responsabilidade epistêmica estaria ligada a uma concepção de agência humana como relacionada a uma capacidade contrafactual de acreditar em outras coisas, com a formação de novas crenças. Assim, o agente seria inteiramente responsável pelo reconhecimento das crenças verdadeiras e o abandono das falsas. Por mais que se possa considerar essa capacidade em abstrato como correta, creio que tal concepção de responsabilidade epistêmica não seria adequada, uma vez que parece desconsiderar tanto a diferença das competências cognitivas dos diversos agentes no processo deliberativo quanto certos aspectos contingentes para o desenvolvimento das capacidades cognitivas que estariam fora do controle do agente, como, por exemplo, o caso de se crescer em uma comunidade rica cognitivamente, com educação e treinamento adequados, ou em um ambiente inóspito cognitivamente.

Ao deixar de lado uma concepção pura de agência humana, creio ser possível pensar na responsabilidade intelectual do agente de uma forma mais modesta. Não precisaríamos tomar a responsabilidade epistêmica enquanto ligada necessariamente a uma capacidade contrafactual de acreditar em outras crenças, mas antes enquanto relacionada com a capacidade de o agente responder a razões. De forma similar ao defendido por Fischer e Ravizza sobre a responsabilidade moral, que consideram que a responsabilidade não estaria ligada ao controle regulativo, que é a capacidade de o agente agir de outra maneira, mas sim ao controle de direcionamento, que é a capacidade moderada de o agente reconhecer as razões morais envolvidas e agir razoavelmente a partir dessas razões; assim, a responsabilidade epistêmica também estaria ligada não ao controle do agente em acreditar em outras crenças, mas a um controle de direção epistêmica. Isso resultaria na capacidade de o agente reconhecer as razões epistêmicas e na capacidade de reagir adequadamente a essas razões[15].

E, assim, ter a capacidade de responder às razões epistêmicas, com o controle de direção epistêmica, já seria uma condição necessária e suficiente para podermos atribuir responsabilidade aos agentes de uma forma mais modesta, na medida em que a autoria da agência estaria intrinsecamente relacionada com o processo de desenvolvimento das competências cognitivas dos indivíduos. Psicopatas, por exemplo, bem como pessoas com ilusões paranoicas, não estariam sob o controle de direção epistêmica e, por isso, não poderiam ser responsabilizadas pelo que acreditam, porque não poderiam responder adequadamente a razões epistêmicas. De forma similar, um ambiente inóspito cognitivamente parece enfraquecer a responsabilidade intelectual do agente. Seria diferente do caso de alguém sem nenhuma patologia e que tivesse crescido em um ambiente cognitivamente rico. Nesse caso, sua falta de disposição para perseguir a verdade, como no exemplo do agente que desconsidera as várias evidências sobre o aquecimento global e que não muda suas convicções dogmáticas, seria de sua inteira responsabilidade e, assim, poderia ser tomado como um alvo apropriado de censura por parte da comunidade, o que equivaleria a tomá-lo como um agente com uma responsabilidade intelectual para agir de forma íntegra.

V

A partir dessa breve análise feita sobre as virtudes epistêmicas e o raciocínio ético, o objetivo nessa parte final do texto é procurar ver em que medida a investigação realizada ajuda a melhor compreender o escopo do conhecimento moral, de forma a não tomar a constatação do desacordo moral como uma prova inequívoca da inexistência de verdades morais objetivas e, por consequência, da impossibilidade do conhecimento no campo ético. Ao tentar responder a esta acusação

---

15. Essa concepção de responsabilidade epistêmica como ligada a uma capacidade de responder a razões (*reasons-responsiveness view*) é defendida, entre outros, por Conor McHugh. Para ele: "Um agente é epistemicamente responsável por dada crença apenas se essa for formada ou mantida por um mecanismo que é do próprio agente, e que é receptivo e reativo a razões epistêmicas" (McHUGH, 2013, 142). Sobre a concepção semicompatibilista de responsabilidade moral, que identifica a responsabilidade no controle de direcionamento dos agentes, conectado a uma concepção de resposta a razões, ver FISCHER; RAVIZZA, 1998, 28-61.

cética, minha interpretação se vale do conhecimento moral a partir de um modelo da ética das virtudes, e isso porque se pode contar com o caráter humano virtuoso como parâmetro normativo, bem como com uma ideia reguladora de florescimento humano. Para tal, será importante compreender o conhecimento moral como um processo social, isto é, intersubjetivo, que precisará contar com um conjunto de virtudes interconectadas de forma holística e com um processo reflexivo de investigação feito pelo agente com responsabilidade epistêmica para chegar a uma crença apta, isto é, a uma crença defensável.

É importante lembrar que o conhecimento moral visto a partir da ética das virtudes é um tipo de conhecimento cercado pela diversidade de opiniões e pela incerteza a respeito do que é bom e justo, mas que pode ajudar os agentes a melhor decidir em situações complexas, como em nosso exemplo de querer saber se se deve ou não cumprir uma promessa feita sob coerção. Ao invés de ser visto como equivalente a chegar a uma crença verdadeira justificada, o conhecimento ético pode ser melhor interpretado como uma habilidade prática que se aprende por habituação em um processo de socialização, mas que não pode ser tomado por uma rotina em razão da aspiração a ser melhor. E é claro que a excelência dessa habilidade virá pelo exercício, o que parece tomar esse tipo de conhecimento como uma performance em que se obtém sucesso. Mas, o que caracterizaria aqui uma performance bem-sucedida? Penso que a analogia com o arqueiro é significativa. Uma performance bem-sucedida seria aquela em que o agente acerta o alvo em razão de sua aptidão, aptidão que foi desenvolvida pela habituação, mas isso não é o mesmo que ser invulnerável ao erro e, assim, se poderia chegar a uma crença apta pela deliberação. Por isso, quanto mais conectado o agente estiver dos valores morais que são defendidos por sua comunidade, mais apto ele estará para acertar o alvo. Nesse contexto, um agente justo não teria muita dificuldade em saber atualmente que o sexismo é injusto, ou que qualquer discriminação racial é injusta. Mas, um agente justo saberia se é correto ou não descumprir a promessa em caso de coerção? Nesse caso, o parâmetro normativo do caráter justo parece insuficiente para se poder acertar o alvo.

Como a ética não é conhecimento proposicional sobre o bom, o raciocínio moral possuirá uma exatidão correspondente ao seu objeto. Este raciocínio será melhor interpretado como uma deliberação particular, em que não se sabe teoricamente o que fazer, mas que pode considerar integralmente os aspectos envolvidos e decidir por um curso de ação ao invés de outro, desde que essa decisão seja uma expressão de certas virtudes epistêmicas, tais como a sabedoria prática, a autonomia, a integridade, a humildade, a generosidade etc. Por exemplo, a sabedoria prática possibilitará que o agente avalie os meios mais adequados para a realização do fim e a autonomia o capacitará a pensar por si mesmo, assim como a generosidade lhe possibilitará ter por foco o bem do outro em uma decisão. Por sua vez, a integridade capacitará o agente a agir de forma coerente com o que ele toma por verdadeiro, assim como a humildade enfraquecerá sua preocupação com o seu *status* intelectual e fortalecerá sua preocupação com a busca da verdade de uma forma não dogmática. Assim, essas virtudes epistêmicas conectadas holisticamente, acrescida pela consideração da conexão holística de certas virtudes morais, tais como a justiça, a coragem e a benevolência, por exemplo, parecem capacitar o agente a melhor identificar os valores morais que contam com a aprovação da comunidade, o que parece revelar uma capacidade de responder adequadamente tanto a razões morais como epistêmicas. Dessa forma, o agente poderia levar em conta para uma decisão ética tanto os princípios morais gerais e universais, como as circunstâncias da ação e, até mesmo, as consequências do ato.

Disse até aqui que o conhecimento moral a partir de uma ética das virtudes pode ser melhor interpretado como uma performance bem-sucedida, que se chega a uma crença apta por um processo reflexivo, acertando o alvo em razão de poder levar em conta uma série de elementos, tais como princípios morais, valores sociais, crenças factuais e até mesmo as consequências. Agora quero afirmar que o conhecimento moral interpretado a partir de uma ética das virtudes pode ser melhor caracterizado pelo método do equilíbrio reflexivo amplo[16]. Por exemplo, lembrando da engenhosa solução dada por Smith, o agente poderia partir de certas intuições morais (ou juízos ponderados) das quais tem grande confiança, confiança essa que seria garantida pela aceitação social, isto é, pela valoração comum. Assim, ele poderia partir das intuições que apontam que "é correto

---

16. DePaul explica o método do equilíbrio reflexivo da seguinte forma: ele se inicia com a observação das crenças morais assumidas com confiança pelos agentes, e então se vê se essas crenças são coerentes com certos princípios gerais. O próximo passo é construir uma teoria que seja coerente tanto com os juízos ponderados quanto com os princípios, estabelecendo-se um processo de ajuste mútuo entre os juízos, princípios e teoria. A ideia é buscar um equilíbrio amplo. Importa frisar que esse processo de ajuste mútuo característico do equilíbrio reflexivo revela que nenhuma crença, seja ela moral, epistêmica ou factual, possui um estatuto epistêmico privilegiado, mas todas as crenças devem ser consideradas, inclusive as derivadas de teorias metafísicas, antropológicas ou sociológicas. Ver DePAUL, 1998, 296-297.

cumprir a promessa", que "um agente honrado deve cumprir a promessa", que "para ser honrado, a palavra do indivíduo deve valer" e que "a honra é uma virtude central para uma vida bem-sucedida". Também poderia contar com certos princípios morais, tanto gerais como universais, como o que afirma que "deve-se cumprir a promessa, desde que esse dever não seja inconsistente com deveres mais valorosos", que "deve-se cuidar da família" e que "deve-se agir tendo por foco o bem público". Também, o agente poderia contar com certas crenças não morais, tais como uma crença jurídica que afirma que "uma circunstância injusta como coerção invalida toda obrigação", ou mesmo uma crença lógica que afirma que "o todo é mais importante que as partes" e isso para concluir a respeito da superioridade do bem comum sobre o bem individual, bem como com uma crença de senso comum que defende que "a família deve ser protegida".

Veja-se que essa decisão do agente em não cumprir a promessa para não arruinar a família poderia ser tomada como conhecimento moral porque teríamos uma coerência entre as intuições, os princípios e as crenças não morais. Assim, essa decisão poderia ser tomada como um juízo ético que temos as melhores razões para aderir. Como este conhecimento não será uma questão de tudo ou nada, mas de graus, obter um conjunto amplo coerente de crenças pode nos indicar um padrão normativo de objetividade. O mesmo seria dito a respeito da constatação de um conjunto coerente de virtudes epistêmicas e morais em um agente. Aqui a objetividade seria dada pela coerência tomada de forma holística, o que não impede a revisibilidade das decisões. Contudo, bastaria que essa deliberação fosse a expressão de certas virtudes para ser vista como conhecimento. Por exemplo, como expressão da integridade, que parece exigir uma disposição para perseguir a verdade e obter coerência entre os diversos valores e princípios assumidos como corretos e as diversas crenças factuais tomadas como verdadeiras. Ademais, como expressão da humildade, que parece implicar uma disposição não dogmática para rever as próprias decisões na busca pela verdade.

Ao tomar o conhecimento ético em uma perspectiva falibilista, penso que é possível reconhecer o desacordo moral como real, bem como aceitar a pluralidade ética em um certo nível. Mas de maneira nenhuma isso seria uma razão suficiente para se aceitar a conclusão cética de que este desacordo provaria a inexistência de verdades morais objetivas e que toda decisão nesse campo teria por base apenas as emoções dos agentes. Isso poderia ser um problema para as teorias éticas que tomam este conhecimento como de tudo ou nada. Mas, para os que defendem um modelo de ética das virtudes, que compreendem o conhecimento ético como uma questão de graus, a sua "inexatidão" não precisa ser interpretada como relativismo, e a coerência parece satisfatória para oportunizar um padrão normativo de objetividade.

CAPÍTULO II

A IGNORÂNCIA MORAL E O PAPEL DAS VIRTUDES

O objetivo deste capítulo é investigar o problema da ignorância moral; mais especificamente, quero saber em que medida uma ação errada cometida por um agente responsável pode ser apropriadamente censurada, considerando que foi cometida por ignorância. Inicio com uma descrição do fenômeno da ignorância moral e uma definição. Posteriormente, investigo como a virtude epistêmica da autonomia e a virtude moral da justiça nos auxiliam a melhor lidar com o problema em questão a partir do escopo da responsabilidade coletiva. Por fim, ressalto os aspectos sociais deste tipo de ignorância, com destaque para os fenômenos do viés cognitivo e progresso moral. Proponho que a ignorância moral de um agente pode ser um alvo apropriado de censura apenas quando ele estiver justificado epistemicamente de forma moderada, mas não quando expressar as virtudes cidadãs da autonomia e justiça.

I

Em que medida os atos errados, dos quais um agente é responsável, cometidos por ignorância de certos fatos ou certas normas podem ser desculpados pelos agentes de uma dada comunidade moral e política, ou em que medida esta ignorância deve ser apropriadamente censurada? Vejamos dois casos para ilustrar melhor o problema. Em 1º de julho de 2019, o Japão voltou a caçar comercialmente baleias depois de trinta anos de proibição, o que gerou uma forte crítica dos ambientalistas do mundo todo. O país asiático já havia se retirado de programas de proteção e avisou em dezembro de 2018 que voltaria à caça comercial no ano seguinte, o que acabou ocorrendo. Acontece que essa medida provocou repúdio global e temores a respeito do destino desses animais. A crítica da comunidade global tomou por base que é errado matar baleias, seja porque estejam em extinção, seja para manter a biodiversidade dos mares, donde a proteção às baleias se tornou um grande símbolo da luta ambientalista no mundo todo[1]. Uma vez que os japoneses alegam que o consumo de carne de baleia garante a saúde da população, pode-se estipular que eles ignoram o fato de que "matar baleias é errado". A questão que surge é: essa ignorância é desculpável ou deve ser legitimamente censurada?

Outro caso relevante é o da escravidão. O Brasil, por exemplo, teve a instituição da escravidão tomada como legal durante três séculos, entre os séculos XVI e XIX, escravizando 4,9 milhões de pessoas nesse período. Os escravizados, vindos sobretudo de Angola, eram submetidos a longas jornadas de trabalho sem remuneração, constantes em torturas, castigos físicos variados e ausência de qualquer tipo de direitos. Mesmo com essa situação injusta, a escravidão era considerada como correta pela ampla maioria da população brasileira e mundial, se considerarmos os produtores rurais, os políticos, os religiosos e até mesmo a elite africana que vendia os escravos para os portugueses. Assim, pode-se estipular que a instituição da escravidão teve por base a ignorância do fato de que "a escravidão é errada". A questão relevante, então, é saber se este tipo de ignorância pode ser desculpada ou se deve ser censurada de forma apropriada[2]. Em outras palavras, a questão será investigar se seria adequado ou não culpar os que escravizaram com base na censura por sua ignorância do fato de que "a escravidão é errada".

---

1. Após 30 anos, Japão volta a caçar baleias para fins comerciais. *Veja*, 1º jul. 2019. A matéria destaca que horas depois de saírem para o mar em 1º de julho de 2019, navios retornaram com duas baleias-de-minke, o que foi considerado um sucesso pelos pescadores. Até o final do ano, 227 baleias serão capturadas, informou a Agência Pesqueira do Japão.

2. Sobre a história da escravidão no Brasil, especialmente sobre os seus números, ver GOMES, 2019, 253-275. Além disso, faço referência de uma história relevante para nossa investigação: Zulu Araújo, brasileiro e afrodescendente, que recentemente descobrira ser geneticamente Ticar, vai conhecer suas raízes na localidade de Bankim, Camarões, e em uma entrevista com o rei Gah Ibrahim pergunta como os membros da etnia Ticar foram parar no Brasil. Após um dia de silêncio, o rei responde o seguinte: "Naquele tempo – ele explica –, o chefe do povo tinha autoridade sobre a vida de qualquer pessoa, quando alguém cometia algum crime ou era considerado adúltero, podia ser vendido porque havia demonstrado que não era uma pessoa digna. Os homens brancos já estavam aqui. Como os portugueses, por exemplo, que vinham comprar essas pessoas. É por isso que eu peço que haja uma reconciliação entre nós. Pedimos perdão por tudo o que aconteceu, porque o que os nossos ancestrais fizeram, o fizeram por ignorância" (GOMES, 2019, 172-173).

Vejam que meu ponto será refletir em que medida a censura a um certo ato errado cometido por um agente responsável é legítima, como, por exemplo, caçar baleias ou escravizar seres humanos, quando o agente em questão sabe o que está fazendo, isto é, está no controle da ação, mas não sabe que é errado o que faz, como não saber que "matar baleias é errado" ou que "a escravidão é injusta". Em outras palavras, relacionarei o fenômeno da ignorância moral com a da responsabilidade do agente, responsabilidade tomada, aqui, como censurabilidade, de forma que um agente será moralmente responsável por uma ação se a mesma for censurável e se ele responder por ela, sobretudo por gerar ressentimento ou indignação, e se for culpado do ato. Com essa restrição, o agente só poderá ser responsabilizado moralmente pelo ato se puder ser censurado por sua ignorância. O problema é que tradicionalmente a ética tem por foco a responsabilidade dos agentes sobre suas ações, intenções, omissões e até sobre as consequências danosas dos atos, não dando uma atenção especial aos casos de ignorância claramente anterior aos atos realizados. Imaginem alguém que usa uma certa marca de roupa, mas que ignora que a empresa que a fabrica faz uso de trabalho escravo infantil. O agente em tela poderia ser claramente censurado por usar esta roupa, mas poderia ele ser censurado por sua ignorância, uma vez que não teve a intenção de defender a escravidão? Em outros termos, ele deveria ter conhecimento do fato de que a tal empresa se utiliza de trabalho escravo infantil e, por essa razão, deixar de usar tal marca? Ele estava obrigado a saber melhor sobre o caso?[3]

De forma geral, se alguém age por ignorância, ele pode ser facilmente desculpado do ato, como se poderia, por exemplo, facilmente desculpar Édipo do incesto, uma vez que o mesmo ignorava que Jocasta era sua mãe. Embora ele estivesse no controle da ação de se casar com Jocasta, agindo livremente e não deterministicamente/coercitivamente, ele desconhecia o fato de quem era sua mãe verdadeira e, assim, ele não poderia ser apropriadamente responsabilizado pelo incesto, dado que não poderia ser apropriadamente censurado por sua ignorância.

---

3. Rik Peels, em sua Introdução da obra *Perspectives on Ignorance from Moral and Social Philosophy*, destaca que a ética teve sempre por tradição focar na responsabilidade das ações, omissões e consequências das ações, não refletindo adequadamente sobre a responsabilidade sobre a ignorância de certos fatos ou normas que são anteriores às ações dos agentes, enquanto a epistemologia esteve sempre confinada a analisar o conhecimento e o que seria necessário para o conhecimento, tal como a justificação epistêmica, não tendo uma preocupação especial no que se toma pelo seu oposto, a saber, a ignorância. Ver PEELS, 2017, 1-2.

Por mais que a condição epistêmica de ter conhecimento dos fatos relevantes que cercam a ação seja uma condição necessária para a responsabilização moral em casos regulares, além da condição de controle, é claro, considerarei casos de ignorância em que o agente poderia ser censurado apropriadamente, evitando dois opostos: tomar a ignorância como sempre censurável ou, alternativamente, como sempre desculpável[4]. No que segue, irei esclarecer, inicialmente, o fenômeno da ignorância moral e, posteriormente, refletir sobre a responsabilidade moral dos agentes a partir das virtudes epistêmicas e morais de autonomia e justiça para, por fim, investigar o escopo da responsabilidade coletiva. A estratégia de fazer uso da linguagem das virtudes para lidar com o problema da ignorância moral é que ela parece se contrapor a uma visão individualista e não contextualista da agência moral, visão que é bastante usual nas teorias tradicionais, o que implica considerar as capacidades tanto cognitiva como motivacional dos agentes de uma forma solipsista e não de maneira associacional. Minha intenção será a de chamar a atenção para os aspectos sociais da ignorância moral, destacando, em especial, os fenômenos de viés cognitivo e de progresso moral.

II

Para tentar compreender em maior detalhe o fenômeno da ignorância moral e procurar estipular uma definição, é importante esclarecer, inicialmente, o que entendo por ignorância. Ignorância é tomada geralmente como ausência de conhecimento, e, dado que o conhecimento é tradicionalmente visto como crença verdadeira justificada, a ignorância em questão estaria ligada ao assegurar crenças morais falsas. Por exemplo, ignorar que "a escravidão é errada" por ferir os direitos inalienáveis de vida, de liberdade e de igualdade das pessoas seria o mesmo que ter uma crença moral falsa como fundamento da ação de escravizar.

---

4. Irei me contrapor à posição de E. Harman, que diz que somos obrigados a acreditar em verdades morais relevantes para nossas ações, o que implica considerar que a ignorância moral é censurável pela falha em identificar essas obrigações morais, mesmo que o agente não seja culpado por gerir mau suas crenças. De forma semelhante, discordarei da posição cética de Rosen, que diz que sãos censuráveis somente os atos de acrasia, e não os de ignorância moral, em que o agente apenas teria uma responsabilidade derivativa e não original, bem como discordarei da posição de Zimmerman, que diz que a ignorância é sempre desculpável em razão do agente ser apenas indiretamente responsável por ela. Ver HARMAN, E., 2011, 459-460; ROSEN, 2004, 295-296; ZIMMERMAN, M., 1997, 415-416.

Considerando, a partir dos exemplos de Gettier, que se pode ter crenças verdadeiras justificadas e mesmo assim não se ter conhecimento, como a crença de Smith de que "o homem que conseguirá o emprego tem dez moedas no bolso", tomarei o conhecimento como similar a ter uma crença apta ou bem-sucedida ou como expressão de certas virtudes, tomando como referência a epistemologia das virtudes. Assim, a ignorância seria uma condição ou estado em que um agente usaria crenças malsucedidas como fundamento de suas decisões e ações, podendo ser tomada, também, como um estado de ausência de certas virtudes[5]. Não sendo o conhecimento equivalente a uma crença verdadeira justificada, a ignorância não será interpretada simplesmente como ausência de conhecimento (proposicional), podendo tanto significar o uso de crenças malsucedidas, quanto a suspensão de juízo ou ausência de consideração sobre um tema, ou até uma situação de incerteza[6].

Outra observação inicial importante é que a ignorância de certos fatos ou normas no campo moral se relaciona com a condição epistêmica e não com a condição metafísica da responsabilidade moral. A intuição básica é a de que um agente é responsável moralmente apenas se conhece os fatos particulares que envolvem sua ação e age a partir de um tipo apropriado de crenças e intuições. Por exemplo, para alguém ser responsabilizado por parricídio seria necessário que o agente soubesse que aquela pessoa que matou é seu pai. Não tendo o conhecimento específico deste fato nem tendo a intenção própria de matar o pai, o ato em tela só poderia ser classificado como assassinato, mas não como parricídio.

---

5. Um dos exemplos de Gettier mostra que Smith chega a uma crença verdadeira e justificada por sorte, logo, essa crença não pode ser tomada por conhecimento. Vejamos por quê. A proposição: "O homem que conseguirá o emprego tem dez moedas em seu bolso" dita por Smith, é verdadeira, mas não é conhecimento, uma vez que quem consegue o emprego é ele mesmo e não Jones, como ele acreditava e estava justificado em sua crença em razão de uma evidência testemunhal e, por sorte, ele também possuía dez moedas em seu bolso. Ver GETTIER, 1963, 122. A epistemologia da virtude parece ter por pressuposto tomar o conhecimento não como uma crença verdadeira justificada, mas como um tipo de performance em que se é bem-sucedido. Por exemplo, Ernest Sosa defende, em *A Virtue Epistemology*, que o conhecimento deve ser compreendido como o resultado das virtudes intelectuais de um agente, tendo por foco as habilidades e o caráter do agente. Para ele, o conhecimento é um tipo de performance bem-sucedida (apta), sendo a performance um tipo de ação que visa a verdade. Ver SOSA, 2007, 22-23.

6. Rik Peels define a ignorância a partir das atitudes doxásticas, afirmando que ela é uma atitude mental em relação a uma crença verdadeira, podendo ser vista como (i) ter uma crença falsa, (ii) suspender o juízo sobre uma proposição verdadeira, (iii) não ter ideia sobre a proposição verdadeira ou (iv) estar incerto. Ver PEELS, 2010, 62-64.

O problema da ignorância, assim, não teria uma relação direta com a condição metafísica da responsabilidade, que é a de tornar o agente responsável apenas se ele puder agir livremente, sem determinação/coerção, tendo o controle da ação na forma de poder escolher entre as possibilidades alternativas: por exemplo, podendo escolher entre assassinar ou não, escolha essa que não seria determinada ou que não estaria envolvida pela coerção[7].

A partir dessas observações iniciais, deixem-me, agora, tentar identificar os diversos elementos que parecem constituir o fenômeno da ignorância moral. Parto de uma distinção importante entre a ignorância de certos fatos e a ignorância de certas normas. Por exemplo, o agente que caça e/ou come baleias pode agir a partir de sua ignorância de que as baleias estão em extinção ou de que as baleias são necessárias para garantir a biodiversidade dos mares. Mas, pode ser o caso, também, de o agente ignorar que os animais não humanos têm direitos ou que não devemos ser cruéis com os animais, ou, ainda, que as espécies em extinção devem ser protegidas, assim como toda biodiversidade. No primeiro caso, temos a ignorância sobre certos fatos, o fato não moral de as baleias estarem em extinção ou de as baleias garantirem a biodiversidade. No segundo caso, temos a ignorância de certas normas, a norma moral de os animais terem direitos ou de não sermos cruéis com os animais não humanos ou, ainda, da norma moral que exige a proteção das espécies em extinção e a biodiversidade[8].

Essa distinção se mostra relevante uma vez que a ignorância direcionada aos fatos não morais parece ser sempre menos censurável do que a ignorância das normas morais propriamente ditas. Por exemplo, ignorar, no século XVIII, que

---

7. O termo "condição epistêmica" da responsabilidade é usado por Fischer e Ravizza, que corresponde à ausência de ignorância. Esta condição captura a intuição básica de que um agente é responsável apenas se sabe os fatos específicos que envolvem a ação e se sua ação se dá a partir de crenças e intuições apropriadas. A condição metafísica da responsabilidade, isto é, a condição de poder escolher entre possibilidades alternativas, é chamada por eles de "condição de controle". Ver FISCHER; RAVIZZA, 1998, 13.

8. Peels também faz essa distinção entre fatos e normas. Há a ignorância de certos fatos, como o de não saber do dano causado à natureza e aos animais na produção de certos alimentos. Essa ignorância é passível de censura, uma vez que poderíamos checar facilmente esses produtos alimentícios antes de comprá-los. Mas, há também a ignorância de certas normas, como no caso da ignorância dos terroristas do Estado Islâmico a respeito dos direitos individuais, sendo essa ignorância igualmente passível de censura em razão dos agentes poderem reconhecer a validade universal desses direitos, sobretudo se observarmos a censura do mundo ocidental. Ver PEELS, 2017, 1-2.

os africanos ou negros são pessoas, parece ser menos censurável (ou mais desculpável) do que ignorar que as pessoas têm direitos inalienáveis, tais como vida, integridade, liberdade etc. e que, por isso, não devem ser escravizadas. Talvez isso possa ser explicado pelas diferenças existentes entre os diversos tipos de ignorância, tais como a ignorância factual, a ignorância moral e a ignorância legal, por exemplo. A ignorância factual é sempre desculpável, ou geralmente desculpável, enquanto a ignorância moral é muitas vezes censurável. Vejamos um caso ilustrativo disso. Se um agente não sabe a fórmula de Bhaskara ou desconhece os conceitos básicos da genética, provavelmente não será censurado pelos membros da comunidade moral-política em que vive. Diferentemente de um agente que é ignorante a respeito dos direitos humanos de vida, liberdade e igualdade, como no caso de um terrorista do Estado Islâmico. Esse tipo de desconhecimento provavelmente será fortemente censurado pelos agentes da comunidade, nesse caso global, em razão de serem os critérios normativos básicos para a convivência social, isto é, por garantirem a estabilidade social. Nesse sentido, é interesse notar que a ignorância legal é sempre censurável, sendo passível de censura legal (punição), pois todo o cidadão é obrigado a conhecer as leis, bem como não ser negligente ou imprudente etc. Por exemplo, se há uma lei que proíbe a caça de certos animais, tal como o javali, e um caçador caça esse animal ignorando a lei, essa ignorância não lhe servirá de desculpas, assim, se for provada sua culpa do ato, ele será punido da mesma maneira que se puniria o caçador que tem conhecimento da lei em questão. No âmbito do direito penal, a ignorância da norma não serve como desculpa aceitável, enquanto que do ponto de vista moral a ignorância é muitas vezes desculpável, como poderia ser moralmente desculpável a ação de caçar javali sem ter o conhecimento da proibição legal que foi estabelecida, considerando que o ato era habitual no passado. Mas, porque teríamos essa diferença?

Talvez a chave para compreender esta distinção seja entender um pouco melhor o que estaria envolvido nos diversos domínios da realidade social, tais como a ciência, a moral e o direito. O âmbito científico, por exemplo, sendo hegemonicamente descritivo, não parece suscitar ressentimento nos agentes da comunidade quando um certo indivíduo falha ao tentar explicar a realidade através de crenças verdadeiras, e isto porque essa falha não parece envolver uma má intenção ou maldade deliberada. Isso talvez explique o porquê de a ignorância factual ser geralmente desculpável. É diferente no caso moral, em que a falha em identificar as crenças bem-sucedidas, que aqui podem ser tomadas como razões morais, pode estar relacionada com certo descaso do agente por suas obrigações comuns, podendo gerar emoções negativas, tais como o ressentimento ou a indignação, na comunidade, o que provavelmente nos remeta à qualidade da intenção ou motivação (vontade) do agente. Essa poderia ser a razão da ignorância moral ser muitas vezes desculpável, mas, em alguns casos, apropriadamente censurável. Por sua vez, no âmbito do direito, mais especificamente o penal, a falha do agente em agir de acordo com as leis (normas) geralmente traz consequências negativas para todos na comunidade política, como, por exemplo, o dano individual ou mesmo a perda de um certo bem que se quer proteger, como uma espécie em extinção. Aqui não está em questão, ao menos inicialmente, a qualidade da intenção do agente, não se tratando de uma resposta emocional ao ato ilegal, mas da consideração das consequências negativas do ato. O que possivelmente o porquê de a ignorância legal ser sempre censurável em algum nível[9].

Veja que essa diferença entre os tipos de ignorância nos remete claramente a uma distinção relevante na forma de se compreender a censura, especialmente no que toca aos âmbitos do direito e da moral. Na esfera moral, a reponsabilidade do agente está ligada à censurabilidade de certas ações e mesmo intenções, em razão dessas ações e intenções gerarem atitudes reativas, como o ressentimento e a indignação na comunidade por um certo ato errado cometido ou a reprovação do caráter do agente. A censura, assim, poderia ser vista como uma atitude reativa por certas ações ou intenções que não parecem demonstrar a preocupação relevante com o bem dos outros. É diferente do domínio jurídico, em que a reponsabilidade do agente parece mais ligada às obrigações, isto é, aos direitos e deveres que os cidadãos estabelecem em uma dada comunidade política. Aqui a censura não seria uma atitude reativa, não estando primariamente ligada ao sentimento de ressentimento e indignação, mas teria um caráter claramente comunicativo, de forma que censurar alguém, que é o mesmo que puni-lo, implicaria comunicar ao agente que ele agiu erradamente (ilegalmente) em razão de não respeitar os

---

9. Vários filósofos compatibilistas defendem esse ponto, uma vez que a censura não estaria baseada na possibilidade de se agir diferentemente, mas pelo ato manifestar alguma qualidade importante do agente, tal como suas motivações e valores assumidos. Mason, por exemplo, defende que nem todos os agentes moralmente ignorantes e passíveis de censura cometeram uma falta epistêmica, sendo a má vontade crucial para se entender esse fenômeno, tomando a própria ignorância moral como uma forma de má vontade. Ver MASON, 2015, 3037-3039. Já Arpaly defende que um agente manifesta má vontade apenas quando ignora alguma evidência. Ver ARPALY, 2003, 104.

direitos alheios. Como se pode notar, a autoridade normativa no direito é claramente intersubjetiva, isto é, em segunda pessoa, sendo o cumprimento das normas uma exigência social, enquanto na moral ela é, na grande parte dos casos, subjetiva, quer dizer, em primeira pessoa, pois a exigência de um comportamento virtuoso ou correto viria do próprio agente, como no caso dele exigir de si mesmo um comportamento corajoso, moderado, solidário, ou que maximiza o bem-estar ou que se deseja que seja universalizado[10].

A partir desta distinção, creio que a especificidade da ignorância no âmbito moral seja mais facilmente identificada. Uma questão particular é que o reconhecimento desta ignorância deveria interromper o ressentimento ou indignação sentida pela comunidade em razão de um certo ato errado cometido por um agente culpado. Sendo esses sentimentos reativos a censura, o reconhecimento da ignorância de certos fatos ou normas deveria ocasionar a desculpa do erro ou a retirada da censura, desde que se pudesse perceber o remorso no agente que errou e foi ignorante, sobretudo a partir de um pedido de perdão. Lembremos o caso do Rei Ticar, Gah Ibrahim, que pede perdão a um brasileiro que é membro de sua etnia, como reportado na nota dois deste capítulo, pelo comportamento de ancestrais em escravizar seu próprio povo, afirmando terem feito por ignorância, ignorância sobre o erro da escravidão e sobre a igualdade e liberdade das pessoas como direitos inalienáveis. Note-se que esse pedido por reconciliação teve por base o sentimento de remorso pela ignorância passada de um certo fato cometido por um certo agente, aqui um agente coletivo que pode ser compreendido como povo, podendo ser tomado como uma razão suficiente para a desculpa, isto é, para a interrupção da censura, como de fato ocorreu no caso em tela. Nessa dimensão, a ignorância moral seria apropriadamente desculpável. Não seria o caso de alguém que alega ignorância, mas não demonstra remorso e/ou não pede

---

10. Parece haver uma pluralidade de significados de censura. Uma forma óbvia envolve uma avaliação negativa do caráter do agente vicioso, envolvendo um juízo aretaico negativo do agente. Também, pode ser vista como a expressão de uma emoção moral, tal como ressentimento ou indignação, vista como uma atitude reativa. Uma outra forma de interpretá-la é percebê-la como uma mudança de expectativas em relação ao agente que não cumpre seus deveres em razão de uma identificação de uma ação errada cometida. Por fim, também pode-se identificar a censura como um tipo de comunicação ao agente do seu erro cometido, sendo um tipo de exigência por desculpas. Sobre a natureza da censura e um melhor entendimento das várias teses sobre o assunto, ver COATES; TOGNAZZINI, 2013, 3-26. Sobre os aspectos cognitivo, conativo, emocional e comunicativo da censura ver, respectivamente, WATSON, 2004, 265; SCANLON, 2010, 123-138; STRAWSON, 2008, 4-22; SMITH, 2013, 41-48.

perdão. Nesse caso, penso que o agente teria uma forte razão para continuar a censura. Censura, agora, não apenas do ato, mas também do estado ou condição do agente, ou, mais especificamente, do seu caráter ou motivação[11].

Uma última questão sobre a ignorância moral antes de tentarmos formular uma definição do fenômeno: o problema do regresso. Se alguém age por ignorância, o agente ou é desculpado ou é censurado por tal ignorância. Se é censurado por tal ignorância, parece que a censura em questão estaria ligada à violação de uma obrigação anterior, que seria a de se informar adequadamente, de forma a não ser ignorante. Mas, veja que violar a obrigação de informação só seria possível ou por acrasia ou por ignorância. Sendo por acrasia, isto é, por fraqueza da vontade, o agente saberia que é certo se informar adequadamente, mas sua ação não seguiria esse conhecimento por razões motivacionais. Sendo por ignorância, o agente não saberia de sua obrigação de se informar. O problema é que isso parece nos remeter a um regresso, significando que o agente seria quase sempre desculpado e quase nunca censurado (PEELS, 2017, 3).

De posse dessas características anteriormente elencadas, deixem-me formular uma definição de ignorância moral (IM), ao menos provisoriamente:

IM: Fenômeno que ocorre quando um agente S comete um ato errado A do qual é responsável, sendo um alvo apropriado de censura C, uma vez que S está no controle da ação, isto é, sabe o que está fazendo, mas não sabe que tal coisa é errada, desconhecendo certos fatos ou normas que envolvem A, o que pode anular a censura C atribuída a S por A.

A partir dessa definição, a estratégia será analisar duas virtudes, uma epistêmica e outra moral, virtudes que parecem relevantes para anular ou ao menos atenuar a culpa atribuída ao agente em casos de ignorância moral, de forma que, se expressar essas virtudes, ele não poderá ser apropriadamente censurado. Por óbvio, os agentes que não demonstrarem possuir esse conjunto de virtudes poderão ser adequadamente responsabilizados, o que implicará ser um alvo correto de censura. O foco recairá nas virtudes da autonomia e da justiça, observando os

---

11. Para Martha Nussbaum, o perdão é um processo entre duas pessoas envolvendo a moderação da raiva e a interrupção da vingança. E o candidato ao perdão deve: (i) ser um agente responsável, (ii) repudiar o erro cometido, (iii) expressar arrependimento pelo dano causado, (iv) comprometer-se em tornar-se uma pessoa melhor, (v) mostrar que compreende o dano causado pelo ato errado, (vi) oferecer uma narrativa para mostrar que seu erro não expressa a totalidade da pessoa que é. Ver NUSSBAUM, 2016, 57. Ver, também, GRISWOLD, 2007, 149-150.

aspectos sociais das práticas tanto cognitivas como morais e, destacando, também, as circunstâncias formativas envolvidas no fenômeno em questão. Inicio com a virtude da autonomia, que tanto pode ser vista como uma virtude intelectual como pode ser interpretada como uma virtude moral.

III

Roberts e Wood, em seu livro *Intellectual Virtues*, analisam corretamente a virtude da autonomia como uma virtude intelectual que possui aspectos sociais significativos, não interpretando-a como uma virtude individualista ou solipsista. Para eles, a autonomia é uma conquista cultural que passa de geração a geração, sendo exemplificada pela figura do estudante ou a do pesquisador, que, por um lado, possuem a capacidade de trabalhar independentemente, mas, por outro, manifestam uma dependência inteligente em relação aos professores ou mesmo dos colegas. A autonomia envolve, portanto, uma disposição e habilidade de utilizar a inteligência e conhecimento dos outros quando necessária e, também, de manter suas convicções mesmo sob ameaça, podendo ser vista como uma forma específica de adaptação (ROBERTS; WOOD, 2007, 257-258).

Como já identificado corretamente por Kant, a autonomia é a capacidade que o agente tem de usar o seu próprio entendimento sem a direção de outra pessoa, isto é, sem ser tutelado. É uma capacidade de pensar por si mesmo, o que implica ter a coragem para usar sua própria razão sem ser direcionado pelos outros, tanto para explicar o mundo como para decidir o que deve ser feito. Dessa forma, a autonomia pode ser vista como uma habilidade apropriada de pensar por si mesmo e não ser dependente ou influenciado pelas outras pessoas. Como a etimologia revela claramente, a palavra "autonomia" vem das palavras gregas *autós*, que significa "mesmo", "ele mesmo", e a palavra *nómos* que significa "lei" ou "regra". Assim, esta virtude pode ser definida como autorregulação, ou seja, como a capacidade de o agente ser a regra ou a lei para si mesmo, sendo contrária à heteronomia, isto é, enquanto ação regulada pelas outras pessoas, como uma regulação externa ao agente, que seria o mesmo que heterorregulação. Aqui autonomia pode ser entendida em contraposição à heteronomia[12].

---

12. Kant, em seu *Resposta à pergunta: O que é esclarecimento?*, explica que o lema do Esclarecimento é a coragem de saber, *Sapere Aude*, isto é, a coragem de usar a própria razão, o que

Na interpretação de Roberts e Wood, autonomia intelectual é tomada como a virtude da autorregulação, mas que mantém características sociais. Em suas palavras:

> Assim, autonomia intelectual é a virtude da autorregulação apropriada, mas sempre com o olhar da regulação do outro ou a possibilidade disto. (Autonomia é, acima de tudo, uma virtude *social*.) Se tentamos imaginar os extremos da autorregulação e da regulação pelos outros, o absurdo de ambas as situações se manifesta. A virtude nessa área da vida deve participar tanto da autorregulação como da regulação dos outros, e a tarefa do epistemólogo da virtude é delimitar estas interações no traço de caráter do agente (ROBERTS; WOOD, 2007, 259).

Veja que com essa interessante forma de interpretar essa virtude intelectual, a autonomia não pode ser confundida com uma ação solipsista, não sendo um agente autônomo o mesmo que um autodidata, e isso porque o conhecimento tem fortes traços sociais, sendo uma atividade coletiva. Ademais, o agente autônomo não pode ser confundido com a pessoa que apenas repete um certo conteúdo aprendido de algum expert. Esta virtude pressupõe uma dose adequada de curiosidade e independência, por um lado, mas exige, também, uma porção correta de humildade e respeito para aprender com os outros. Dessa maneira, a autonomia pode ser vista como uma mediedade entre um extremo da independência absoluta e outro extremo da dependência completa. Como considerada na tradição da ética das virtudes, a autonomia é um meio-termo justo ente a autorregulação absoluta e a heterorregulação total[13].

---

implica usar o seu próprio entendimento sem direção de outrem, não sendo tutelado. Assim, a autonomia individual é a capacidade de viver de acordo com as próprias razões e motivos dados pelos agentes. Ver KANT, 1996, 17. Do ponto de vista moral, autonomia significa a capacidade de dar-se leis morais a si mesmo, de forma a reconhecer racionalmente que as ações corretas são aquelas que se desejam que sejam universalizadas e que não instrumentalizam ninguém. Assim, a autonomia da vontade é o princípio supremo da moralidade. Ver KANT, 1998, 19-51. Para o conceito de autonomia, ver Christman, J., Autonomy in Moral and Political Philosophy, in: *The Stanford Encyclopedia of Philosophy*, 2015.

13. A teoria da mediedade em Aristóteles diz que a virtude é encontrada como um meio-termo justo entre dois extremos que são considerados sempre viciosos, um por excesso e outro por deficiência, sendo a espécie da virtude. Por exemplo, a coragem é uma mediedade entre a temeridade, por um lado, que é o não ter medo de nada, não considerando adequadamente a própria segurança, e a covardia, por outro, que é o ter medo de todas as coisas, superestimando a própria segurança. Ver ARISTÓTELES, 1999, 1107a1-4.

Como o conhecimento é social, isto é, uma atividade coletiva, e por ser coletiva é uma atividade de seguir regras, a virtude da autonomia pode ser tomada como uma disposição para compreender que a vida epistêmica é regulada pelos outros, tanto quanto é uma disposição para orientar as próprias práticas epistêmicas com o reconhecimento do fato dessa dependência. Assim, as pessoas seriam menos autônomas se refutassem este reconhecimento da heterorregulação, tendo por consequência a falha do que seria o melhor epistemicamente. É importante ressaltar que todo o conhecimento que temos é mediado pelo outros, desde sua aquisição, até sua manutenção, sendo que uma parte significativa do conhecimento humano é essencialmente herdado. Penso que o progresso moral é um exemplo ilustrativo disso, observando mais especificamente o conhecimento moral. Vejamos por quê[14].

O fenômeno do progresso moral pode ser caracterizado como a expansão do círculo moral ao longo da história da humanidade ou como uma maior inclusividade de agentes na avaliação moral, o que parece nos apontar que o conhecimento ético é antes coletivo que individual. A partir de um enfoque naturalista-evolucionista, podemos entender a moral como uma relação de cuidado entre os agentes para evitar o dano e uma exigência por reciprocidade. No passado (pré-história), apenas os membros de um pequeno círculo tinham a proteção moral ao cuidado e à reciprocidade, especialmente os membros do sexo masculino. Com o passar do tempo, os outros povos foram incluídos nessa preocupação, assim como as mulheres e os membros de outras etnias, como os negros, e, mais recentemente, até mesmo os animais não humanos e a natureza em geral foram incluídos na preocupação ética, como podemos perceber pela ampla aceitação da declaração universal dos direitos humanos na atualidade. Tendo em mente essas características do progresso moral, então, pode-se estipular que o reconhecimento da injustiça da escravidão no século XIX e do erro do sexismo no século XX, por exemplo, bem como o reconhecimento dos direitos

---

14. Importa destacar a dimensão coletiva do pensamento, uma vez que ele é um ato de seguir regras e um ato de seguir regras é eminentemente social, por isso, o próprio pensamento seria um ato eminentemente social. Sobre o conhecimento ser uma atividade coletiva e uma visão naturalística da prática de seguir regras, ver PETTIT, 1993, 175-193. Sobre a moralidade ser uma construção social em bases naturais, ver PETTIT, 2018, 13-56. Wittgenstein também defende que a linguagem é um empreendimento intersubjetivo e socialmente mediado, sendo o próprio significado das palavras encontrado no seu uso. Ver WITTGENSTEIN, 2001, § 202-248.

dos animais no final do século XX e início do século XXI, ao menos enquanto considera como errados os atos cruéis cometidos contra os animais, não resultaram de uma modificação individual no julgamento ético, mas de uma atividade coletiva que consistiu na correção das distorções do raciocínio moral, que excluíam arbitrariamente certos entes da preocupação normativa. Assim, não seria a autonomia individual tomada isoladamente o que teria possibilitado essa mudança dos juízos morais ao longo de nossa história. Ao contrário, o ato autônomo parece depender dessa dimensão coletiva, o que pode significar que a responsabilidade pela ignorância em relação a esses temas morais não poderia ser atribuída exclusivamente aos indivíduos, mas, antes, a todo um grupo[15].

Com isso em mente, é importante destacar, também, que, assim como as outras virtudes, a autonomia é uma modificação da vontade do agente que se dá através do exercício, isto é, do hábito adquirido. Dessa forma, as pessoas se tornariam autônomas pelo processo educativo, uma vez que aumentam seu conhecimento em um certo campo, podendo agir sem tanta orientação de uma autoridade externa, tal como a de um professor, tornando-se elas próprias expertos. Mas, mesmo assim, a virtude da autonomia exigirá humildade para contar com auxílio em várias situações, seja de consulta, de orientação ou mesmo da revisão de certo conhecimento. A autonomia é, portanto, em parte uma expertise e em parte um traço de caráter. É um tipo de sabedoria sobre o conhecimento, um autoentendimento amplamente perspectivo com respeito às áreas de aprendizagem, reconhecendo inclusive os limites desse conhecimento. Note-se que a virtude da autonomia parece intrinsicamente ligada à virtude intelectual da sabedoria prática, ou prudência, que é a disposição para reconhecer os meios necessários para se alcançar certo fim e a capacidade para identificar os fins que são bons. A sabedoria prática é uma virtude intelectual que é condição de possibilidade tanto das demais virtudes intelectuais como das virtudes morais, e parece ser o que

---

15. Buchanan e Powell explicam o progresso moral a partir de uma teoria biocultural, em que destacam tanto os aspectos naturalísticos dessa evolução, como os aspectos culturais desse fenômeno. O ponto central destacado por eles é que o progresso no campo da ética implicaria reconhecer uma maior inclusividade, de forma a vê-lo como uma expansão do círculo moral, passando a incluir na preocupação ética outros povos, pessoas de outras etnias, mulheres, animais não humanos e mesmo a natureza, sendo uma correção do raciocínio moral, de forma a exigir coerência e a exclusão de toda arbitrariedade, como seria o caso de se levar em conta o gênero e a etnia de um dado agente na avaliação moral. Ver BUCHANAN; POWELL, 2018, 15; 55-56.

possibilitará que o agente saiba quando deve ser humilde para a heterorregulação e quando deve ser autoconfiante para a autorregulação[16].

Antes de apontar as características centrais de uma pessoa autônoma ante os outros agentes, deixem-me estabelecer uma importante distinção entre a autonomia intelectual e a autonomia moral. A autonomia intelectual pode ser consistente com a imagem de um agente que consulta uma dada autoridade competente para saber se fumar faz mal ou para saber que tipo de dieta é mais eficiente para a saúde. Mas, não parece ser o caso no campo moral. Aqui, autonomia não seria consistente com a imagem de um agente que consulta uma dada autoridade para saber se deve aprovar o aborto ou condenar a eutanásia, ou mesmo se deve mentir ou ser fiel a um amigo. Como observado corretamente por Benson: "[...] Ser autônomo em moralidade envolve um grau mais elevado de autossuficiência do que ser autônomo intelectualmente" (BENSON, 1983, 13). O ponto central da distinção é que no caso moral, tanto como no de querer saber se o aborto e a eutanásia são errados ou se se deve mentir ou ser fiel, a autoridade em questão não poderia ser externa, uma vez que a moralidade exigirá uma autoridade em primeira pessoa, de forma que agir a partir de uma autoridade heterônoma nesses casos parece retirar todo valor que poderia ser atribuído à escolha do agente. Além disso, a diferença é que todos os agentes devem entender dos temas morais, pois para ser um cidadão completo é necessário compreender os direitos e deveres comuns assumidos coletivamente. Não seria necessário que todos conhecessem medicina ou nutrição, por exemplo, pois nesses campos, e noutros similares, uma autoridade externa, em terceira pessoa, não parece comprometer o valor do indivíduo. A heteronomia na moral, por outro lado, sendo absoluta, anularia toda possibilidade de censura e responsabilização apropriada[17].

---

16. Como afirmado por Roberts e Wood, a autonomia é mais um traço de caráter que um conhecimento específico de alguma área. É um tipo de sabedoria prática, de forma a ter uma compreensão geral suficiente do que está no centro do seu conhecimento, inclusive reconhecendo os seus limites. Outras virtudes devem estar ligadas à autonomia, a saber, a autoconfiança, de forma a ter coragem para decidir e agir de forma independente, e a humildade, de maneira a reconhecer a limitação autorregulativa. Importa ressaltar que autonomia não é uma questão de criatividade, mas de amor ao bem epistêmico da verdade. Ver ROBERTS; WOOD, 2007, 265-266. E sobre a sabedoria prática como um tipo de deliberação para identificar os meios necessários para realizar um fim que é bom, com a caracterização dos elementos da razão prática, ver ROBERTS; WOOD, 2007, 305-312.

17. Benson chama a atenção corretamente para o fato de que no campo moral não há expertos, isto é, não haveria uma autoridade última a ser ouvida e obedecida por todos, enquanto no

Após esta importante distinção, encerro a presente seção procurando apontar as principais características da relação de uma pessoa autônoma com os outros, tomando os outros como uma (i) crítica, um (ii) modelo, uma (iii) aprovação e, por fim, como uma (iv) autoridade. Vejamos. Em relação a (i), a pessoa autônoma tem uma presença de espírito para julgar apropriadamente a crítica, aceitando-a ou recusando-a. Em ambos os casos, o agente não pode ter a disposição ou de aceitar toda crítica, o que implicaria uma baixa autoestima do agente, ou de recusar toda opinião contrária à sua, o que poderia significar arrogância. Em relação a (ii), a pessoa autônoma tem uma compreensão adequada de quem são os bons modelos, tais como professores, pais ou colegas, tendo uma sabedoria prática ativa sobre o desenvolvimento humano e o seu próprio desenvolvimento. Implica uma autoconsciência suficiente para perceber se alguém está tomando um caminho errado. No que diz respeito a (iii), a pessoa autônoma possui uma orientação disposicional para avaliar os parâmetros da aprovação e penalidades em todas as suas formas. O que implica uma independência da dominação por sanções, não sendo essa independência absoluta, de forma que a autonomia será a habilidade de manter o valor da sanção em uma categoria diferente da do valor dos bens epistêmicos, tais como a verdade e o próprio conhecimento. Por fim, no que toca a (iv), a pessoa autônoma tem uma disposição para levar em consideração apropriadamente a influência legítima de uma dada autoridade obtida ou pela expertise, pelo cargo ocupado ou mesmo pela relação existente com a pessoa, por exemplo, entendendo inteligentemente o estatuto desta autoridade e compreendendo os seus limites (ROBERTS; WOOD, 2007, 272).

Um exemplo interessante de pessoa que manteve uma relação autônoma com os outros é Sophie Scholl. Ela foi membro da organização "Rosa Branca", um movimento de resistência às políticas nazistas no período da Segunda Guerra Mundial. A organização distribuía panfletos, sobretudo na Universidade de Munique, contra os crimes de guerra cometidos pelos nazistas, defendendo a democracia e a justiça social. Em 1943, Sophie Scholl foi condenada por traição e executada na guilhotina. É conhecida como uma das poucas pessoas que se opuseram ativamente ao Terceiro Reich no período referido. Sua autonomia pode ser atestada por não ter aceitado as críticas feitas por algumas pessoas, dizendo que ela não

---

campo científico estamos acostumados a ouvir o especialista para resolver um certo problema. A questão é que no domínio moral todos os agentes deveriam exercitar sua autonomia para saber o que se deve fazer e como se deve viver. Ver BENSON, 1983, 12-15.

deveria reagir tão abertamente contra o nazismo, pois seria perigoso. Também, não tomou certas autoridades acadêmicas como modelos, pois identificou acertadamente que certos professores e mesmo o reitor estavam tomando o caminho errado em não denunciar os crimes dos nazistas. Não teve medo das sanções possíveis, inclusive considerando que a penalidade nesse caso de desobediência seria a morte. Por fim, não reconheceu como legítima a autoridade política e religiosa da época que defendia práticas eugenistas, não respeitando os direitos humanos[18].

Uma questão interessante que surge a partir do exemplo heroico de Sophie Scholl é a de saber se todos os demais alemães que não lutaram contra o nazismo agiram a partir de uma ignorância de que "o nazismo é errado" e se essa ignorância poderia ser desculpada ou se deveria ser apropriadamente censurada. Imaginando que muitos agentes que apoiaram o regime nazista o fizeram por ignorar a verdade dos direitos iguais de todos os indivíduos, sejam judeus, negros ou homossexuais, agindo erradamente por acreditar de forma malsucedida em uma dada crença p, como a que diz que "as práticas eugenistas são corretas"; a pergunta é se esse tipo de ignorância seria desculpável ou não. Defendo que a censura terá relação com o estado epistêmico do agente, de forma que, se não estiver epistemicamente justificado, não levando em conta as evidências e os argumentos disponíveis, ou refletido detidamente sobre um assunto, ele poderá ser responsabilizado. Adicionalmente à justificação epistêmica, a censura se relacionará com a expressão de certas virtudes, como autonomia e justiça, de maneira que se o agente estiver epistemicamente justificado e agindo autonomamente e justamente, por exemplo, sua ignorância poderá ser apropriadamente desculpada. Mas, veremos isso na última seção. Antes, reflito sobre o papel da virtude da justiça para o problema da ignorância moral.

IV

A justiça é reconhecida como uma das mais importantes virtudes morais, com a especificidade de ser uma virtude pública. Como toda virtude, é um traço de caráter constitutivo da *eudaimonia*, ou florescimento, quer dizer, de uma vida bem-sucedida. Sendo uma virtude moral, ela pode ser tomada como um traço de caráter múltiplo, conectando as diversas emoções dos agentes, suas escolhas,

---

18. Para mais detalhes da história de Sophie Scholl e do movimento "Rosa Branca", ver McDonough, 2009.

valores, desejos, percepções, atitudes, interesses, expectativas e, também, sua sensibilidade. Como dito por McDowell, a virtude requer uma sensibilidade confiável, pois implica uma conduta correta. Por exemplo, a gentileza implica uma atenção apropriada aos sentimentos das outras pessoas, requerendo uma sensibilidade aos fatos sobre os sentimentos dos outros como razões para agir de certa forma e uma sensibilidade aos fatos sobre a correção como razões para agir de certa maneira. Com isso em mente, podemos compreender a justiça como um traço de caráter, isto é, como uma propensão a agir de uma certa forma, a saber, agir de forma justa, por certas razões, isto é, pela busca da justiça[19].

Como já identificado pela tradição, a virtude da justiça tem uma relação intrínseca com o outro, ela é um traço do caráter, estabelecido pelo hábito, para dar às pessoas aquilo que lhes é devido, seja em termos de bens a serem distribuídos, seja na forma de uma punição por um ato errado/ilegal. Aristóteles, por exemplo, adota como definição de justiça a disposição da alma para fazer o que é justo, agir justamente e desejar o que é justo. Para o estagirita, a justiça seria uma perfeita correção de conduta e comportamento. Importa frisar que uma pessoa justa não poderia ser ambiciosa, isto é, não poderia querer mais do que aquilo a que tem direito. A justiça, por isso, é frequentemente considerada a virtude moral mais destacada, pois é a virtude perfeita em relação ao próximo. Ela é uma virtude que se efetiva nas relações que um indivíduo mantém com a comunidade (ARISTÓTELES, 1999, V, 1, 1128b41-1129a32)[20].

Nesse sentido, a justiça é a virtude moral perfeita em relação ao outro. Isso parece revelar claramente o caráter público ou social desta virtude e parece englobar todas as outras virtudes morais, tais como a generosidade, a benevolência, a clemência, a equidade, entre outras. Por exemplo, a virtude da equidade (*epieikeia*) é a que interpreta a lei, flexibilizando sua rigidez, determinando o que

---

19. McDowell define a virtude como uma propensão a agir de certa forma por certas razões, consistindo em uma capacidade perceptual para identificar as circunstâncias relevantes do caso, possuindo um componente apetitivo em uma sensibilidade presumida. Assim, virtude seria uma habilidade de reconhecer as exigências em que a situação impõe um certo tipo de comportamento, exigindo uma sensibilidade complexa. Ver McDOWELL, 1997, 141-147.

20. Na compreensão aristotélica, que é similar à de Platão, seguida também por Tomás de Aquino, a justiça é a forma perfeita da virtude por ser a prática efetiva da virtude perfeita. Em suas palavras: "Ela é perfeita, porque as pessoas que possuem o sentimento de justiça podem praticá-la, não somente em relação a si mesmas, como também em relação ao próximo" (ARISTÓTELES, 1999, V, 1, 1130a7-9).

é justo em cada situação particular. É por esse motivo que o equitativo é justo e é melhor que a justiça legal, embora não seja melhor que a justiça no seu âmbito irrestrito. O equitativo é, assim, uma correção da lei onde esta comete uma omissão devido à sua generalidade, pois a lei não considera todas as situações, de tal sorte que às vezes é preciso criar um decreto. Quando uma determinada situação é indefinida, a regra decorrente também tem de ser indefinida, como acontece, por exemplo, com "a régua de chumbo usada pelos construtores em Lesbos", que se adapta à forma da pedra por não ser rígida, de forma semelhante ao decreto que se adapta aos fatos (ARISTÓTELES, 1999, V, 1, 1137b56-57).

A justiça, assim como vista pela tradição, é tanto uma qualidade moral do indivíduo como uma virtude da cidadania, dado que é a virtude central e unificadora da existência individual e política, possibilitando tanto a felicidade pessoal como a coletiva. É a capacidade do agente para reconhecer os contornos relevantes do caso para dar o que é devido aos outros a partir de uma disposição de alcançar a justiça. Mas é, também, uma virtude pública que parece assegurar a estabilidade social de forma correta. Esse último significado foi ressaltado pelos autores na modernidade. Por exemplo, para Adam Smith, a justiça é uma virtude negativa e sua observância não está ligada à liberdade da vontade do agente, podendo ser exigida pela força, uma vez que a violação das regras da justiça geraria ressentimento nos membros da comunidade, o que fundamentaria toda punição. Logo, a justiça concerniria às ações de tendências danosas que são objetos apropriados do ressentimento, especificamente do ressentimento empático do espectador imparcial. Ela é uma virtude negativa, pois implicará uma disposição para não fazer mal aos outros, isto é, em não causar dano, respeitando os direitos à vida, à liberdade e à propriedade dos agentes. Além disso, é uma virtude social que tem uma especificidade: ela obriga absolutamente a todos, diferentemente das virtudes sociais de generosidade, caridade e amizade, por exemplo, que podem ser livremente escolhidas, de forma que apenas a injustiça pode ser punida. Veja-se que essa concepção de justiça destaca o critério de imparcialidade, pois a medida da correção será dada pelo espectador imparcial, de forma que nos tornamos justos aprendendo a julgarmo-nos a partir dos olhos dos outros, o que traz por consequência o reconhecimento da igualdade dos agentes[21].

---

21. Adam Smith, em *The Theory of Moral Sentiments*, diz que a justiça é uma virtude negativa que especificamente nos proíbe de causar dano aos nossos vizinhos. Comenta que a pessoa

De forma similar à modernidade, o enfoque contemporâneo revela uma preocupação maior com a justiça pública do que com a justiça pessoal, refletindo mais especificamente sobre as condições de uma sociedade justa. John Rawls, por exemplo, toma a justiça como a virtude primeira das instituições políticas, sociais e econômicas, tais como a Constituição, a família e a propriedade. A ideia básica é que cada pessoa possui uma inviolabilidade moral fundada na justiça que não pode ser desrespeitada nem mesmo pelo objetivo de um maior bem-estar social, o que garante a liberdade e a igualdade dos cidadãos ante a arbitrariedade natural e social. Independentemente do que se pensa que é a justiça, todos podem concordar que as instituições são justas quando nenhuma distinção arbitrária é feita entre as pessoas e as regras determinam o equilíbrio entre as reivindicações conflitantes, o que significa dizer que a justiça está sendo interpretada como equidade (*fairness*) (RAWLS, 1999a, 3-5). Embora o foco dessa teoria recaia sob o aspecto social da justiça, pode-se perceber uma importante preocupação com a justiça como uma virtude na compreensão do senso de justiça. As pessoas são caracterizadas por terem senso de justiça, isto é, uma capacidade moral e uma concepção de bem, isto é, uma capacidade racional, o que implica uma capacidade de perseguir certo plano de vida. O senso de justiça, por sua vez, é a capacidade de saber o certo e o errado, o justo e o injusto, de uma forma natural, intuitiva. Por exemplo, sabemos intuitivamente que é errado punir um inocente ou que é errado obter a maximização da felicidade pelo sofrimento de um agente inocente[22].

Na seção 9 de *A Theory of Justice*, Rawls compara o senso de justiça como o senso de gramaticalidade que todos temos em relação às sentenças de nossa língua materna, fazendo referência à teoria da gramática gerativa de Chomsky, de forma que todo o agente teria uma gramática moral, isto é, uma competência para saber o certo e o errado, o justo e o injusto, em situações cotidianas, mas sua performance estaria relacionada a muitas variáveis, tais como se as instituições públicas que formam o agente são justas ou mesmo se os agentes possuem uma boa disposição.

---

que se abstém de violar os direitos dos outros, ou do Estado, ou a reputação de seus vizinhos, teria seguramente muito pouco mérito positivo. Entretanto, com essa abstenção, ela preenche todos os requisitos necessários para ser considerada uma pessoa justa, cumprindo sua obrigação pública, e, assim, não podendo ser punida. Ver SMITH, 1976, II.ii.I.2.

22. No artigo *The Sense of Justice*, Rawls afirma que o senso de justiça não apenas está conectado com os sentimentos morais de ressentimento, indignação e culpa, mas, também, com as atitudes naturais de confiança mútua e afeição. Ver RAWLS, 1963, 281-282.

Mas, de todo modo, o agente deve possuir um senso de justiça num grau mínimo que lhe permita conviver com os outros, isto é, que lhe permita ser um cidadão, assumindo certos deveres e reivindicando certos direitos. Dessa forma, ele deverá ter um caráter justo, ainda que mínimo, para evitar a ganância, a inveja, a crueldade, a frieza etc. Isso parece nos conduzir a uma afirmação do critério de reciprocidade que pode já ser identificado nos juízos morais ponderados, juízos que se tem grande confiança, como os juízos que defendem que a intolerância religiosa e a discriminação racial são injustas, e são tomados como ponto de partida para a construção dos princípios de justiça que serão escolhidos em uma situação de simetria, isto é, em uma situação de igualdade (RAWLS, 1999a, 17-19; 40-46).

A despeito da dificuldade em se determinar o que seria a virtude da justiça, penso que, de posse dessas reflexões já canônicas sobre o tema, podemos identificar quais seriam os critérios normativos relevantes que deveríamos reconhecer em um agente justo, a saber, equidade, imparcialidade e reciprocidade. E isso porque a pessoa justa possui o traço de caráter da justiça, que é uma certa combinação da relevância da vida interna e da razão prática. Essa virtude permite à pessoa justa fixar ou determinar que ações particulares são justas, tanto no sentido distributivo como no retributivo, e também explica porque uma pessoa justa agiria justamente, a saber, em razão do desejo pela justiça, que é o mesmo que saber que a justiça deve ser feita e a injustiça evitada. Mas, vejamos isso detalhadamente.

Como já tematizado, uma pessoa justa é identificada como tendo a virtude da equidade, que é a capacidade de o agente reconhecer os contornos relevantes do caso para dar o que é devido aos outros a partir de uma disposição de fazer justiça. Pode ser a caso, inclusive, de o agente abrir mão daquilo a que teria direito em razão desta disposição para fazer justiça. Assim, a decisão equitativa tende a determinar o que é o justo em cada situação particular, corrigindo a generalidade da lei. Por exemplo, a justiça, em certos casos, parece exigir que se descumpra uma certa lei positiva, embora moralmente sejamos obrigados a fazer o que determina a lei, considerando leis injustas, é claro, como as do nazismo ou as leis segregacionistas dos Estados Unidos na década de 1950. Aqui, um indivíduo justo teria que apoiar certos atos de desobediência em razão de seu desejo de justiça. Talvez os atos de desobediência civil de Martin Luther King e os Mahatma Gandhi sejam bons exemplos para melhor compreendermos o comportamento de alguém que é possuidor da virtude da justiça. A imparcialidade, por sua vez, é tomada com a disposição para não causar danos aos outros, o que nos remete a um reconhecimento sobre os direitos à vida, à liberdade e à propriedade, por exemplo, e a consequente obrigação pública decorrente desse reconhecimento. Aqui a medida da justiça é dada pelo olhar dos outros, isto é, ela é social, como na figura de um espectador imparcial. Imaginemos um juiz que julga um caso de corrupção, não observando quem praticou o crime, apenas considerando os fatos relevantes de autoria, materialidade etc. e seguindo o que diz a lei. Por fim, a reciprocidade seria a disposição para não fazer nenhuma distinção arbitrária entre as pessoas, considerando suas reivindicações conflitantes, sendo uma capacidade intuitiva para saber o que é certo e o que é errado. Por exemplo, um agente justo não poderia tomar como correto punir alguém inocente ou punir em demasia algum agente culpado por razões preventivistas. E isso pela disposição para considerar a todos em uma situação de simetria, tendo os mesmos direitos e deveres, o que parece revelar uma base natural de atitudes de confiança mútua e afeição[23].

É claro que o agente será mais ou menos justo dependendo de um certo arranjo social. Por exemplo, as instituições sociais, políticas e econômicas, que são a base de uma sociedade democrática, podem ser justas ou injustas. A corrupção dessas instituições pode influenciar negativamente na formação do caráter de seus cidadãos. De forma similar, o caráter dos agentes parece estar intrinsecamente relacionado com o tipo de valores morais com que ele se depara na convivência familiar. Considerem um interessante exemplo dado por Susan Wolf sobre as circunstâncias formativas negativas. JoJo é o filho favorito de um terrível ditador, chamado Jo Primeiro, e foi criado para aceitar as regras despóticas de seu pai, ressaltando que seu pai é tomado como seu modelo moral. Assim, JoJo se torna cruel e impiedoso. Aqui teríamos um exemplo de ignorância moral profunda, que seria o mesmo que ter uma visão moral falsa, de forma que a ignorância sobre o erro da crueldade decorreria de fatores externos, a saber, os valores familiares. Em circunstâncias tais como a de JoJo, e em outras similares, provavelmente o agente não poderia ser censurado isoladamente por esta ignorância, uma vez que sua culpa deveria ser repartida com a família ou com a sociedade da qual é fruto.

---

23. Sobre a reciprocidade em sentido naturalístico, pode-se pensar que em espécies cooperativas, tal como a humana, há uma clara aversão à desigualdade, uma vez que a base da cooperação parece ser a reciprocidade. Por exemplo, a caça aos grandes mamíferos no Pleistoceno só foi possível com trabalho cooperativo humano, o que resultou em uma certa compreensão de igualdade entre os cooperantes e em um critério para a censura aos não cooperantes. Ver LEBAR, 2018, 6-7. Ver, também, BUCHANAN; POWELL, 2018, 26-34; 121-123.

Creio que esses fatores de má sorte moral constitutiva sejam, no mínimo, uma razão atenuante da censura à ignorância[24].

Deixem-me concluir essa seção fazendo referência a um agente que parece reunir todos esses critérios de equidade, imparcialidade e reciprocidade, sendo tomado como exemplo paradigmático de pessoa justa. Nelson Mandela é considerado por muitos símbolo de justiça, igualdade e dignidade, tendo sido, inclusive, ganhador do Nobel da Paz. E isso porque dispôs a própria vida pelo o que acreditou ser justo, a saber, a conquista da liberdade e da igualdade para os negros sul-africanos, sendo um símbolo da luta contra o *Apartheid*. Mesmo tendo ficado vinte e sete anos na prisão, defendeu a reconciliação e não a vingança. Mostrou magnanimidade e tolerância mesmo para os que oprimiram o povo negro por tanto tempo. Depois de presidente da África do Sul, buscou criar uma sociedade multirracial, significando com isso, talvez, o reconhecimento da igualdade e da liberdade de todos os seres humanos, sejam eles negros ou brancos. Acima de tudo, defendeu que o arrependimento e o perdão seriam mais eficientes do que a pura retribuição para a construção de uma nação[25].

Pensando no exemplo de Mandela no contexto da África do Sul contemporânea, seria interessante perguntar se os sul-africanos que apoiaram o *Apartheid* poderiam ser apropriadamente censurados por sua ignorância em relação à crença da "discriminação racial ser errada", acreditando de forma malsucedida (não apta) na superioridade dos brancos, ou se deveriam ser desculpados dessa ignorância. Como já antecipado, a estratégia será refletir se os agentes em questão estão justificados epistemicamente ou não e se expressam as virtudes de autonomia e justiça. Defenderei que se o agente estiver epistemicamente justificado e agindo virtuosamente, sendo autônomo e justo, sua ignorância poderá ser desculpada.

---

24. Wolf considera JoJo como alguém cujas ações são controladas pelos seus desejos e tais desejos são os desejos que ele quer ter, significando que suas ações são governadas por certos desejos que expressam o seu eu profundo. O ponto é dizer que JoJo não seria responsável por suas ações em razão de seu eu profundo não ter sido sua escolha, mesmo que suas ações sejam governadas por isto. Assim, o critério de sanidade é a condição de responsabilidade moral, que é a capacidade cognitiva e normativa de entender e apreciar o mundo como ele é. Ver WOLF, 2003, 379-387.

25. Martha Nussbaum faz referência à justiça como ligada as virtudes da generosidade e da autorrestrição. Dessa forma, a justiça deve estar ligada às emoções adequadas para possibilitar a misericórdia e o perdão, focando preferencialmente não o passado, mas o futuro, o que teria ligação com a raiva e a vingança. A justiça também deve estar ligada a uma capacidade de autorrestrição, o que pode aplacar a força da raiva e do ódio em muitas sociedades. Ver NUSSBAUM, 2016, 209. Sobre a vida de Mandela, ver BARNARD, 2014, 1-26.

Em contraposição, estando o agente epistemicamente justificado, mas sendo vicioso, isto é, não expressando autonomia nem justiça, ele poderá ser um alvo apropriado de responsabilidade.

V

Uma forma usual para tentar desculpar a ignorância de alguém a respeito de um certo fato ou norma moral, que é a base de um ato errado, é apelar para o argumento da justificação epistêmica. O argumento defende que um agente não poderia ser apropriadamente censurado por sua ignorância quando age erradamente em razão de estar epistemicamente justificado para acreditar em uma dada crença falsa *p*. Por exemplo, ele leva em consideração as evidências testemunhais e factuais disponíveis, pensa seriamente sobre a questão, não ignora os argumentos favoráveis e contrários envolvidos. Retomando nossos exemplos do nazismo e do *Apartheid*, imaginemos um agente que ignora que a "eugenia é errada" ou que a "discriminação racial é injusta", pensando que é correto moralmente tanto o extermínio de pessoas – judeus, negros, homossexuais e doentes mentais –, quanto a discriminação da população negra, e que alegue que está epistemicamente justificado em acreditar falsamente em *p*, sendo isso uma razão suficiente para ser desculpado do ato. Imaginemos que sua alegação tenha por base a consideração da autoridade do testemunho de um cientista, político ou mesmo de um líder religioso sobre as diferenças entre as raças, as evidências da biologia e da medicina sobre a superioridade da raça branca, e o fato de não ter ignorado os argumentos contrários. Por fim, sua ignorância sobre a verdade dos direitos humanos não poderia ser censurada, uma vez que o agente teria se esforçado para saber corretamente sobre a questão. Concordando com Harman, em casos assim, penso, é fácil identificar um tipo de argumento falacioso para tentar justificar a crença falsa assegurada pelo agente, até porque ele não estaria apenas confiando no testemunho de uma certa autoridade e em certas evidências, uma vez que existiam testemunhos de outras autoridades, bem como outras evidências factuais, o que parece implicar uma escolha. Nesses casos é difícil saber o que constitui uma evidência para uma crença moral e em que circunstâncias a evidência da pessoa é tal que a resposta correta à evidência, que seria a resposta epistemicamente responsável, envolve acreditar ou não na verdade moral sobre certa questão[26].

---

26. A objeção de Harman ao argumento da justificação epistêmica tem por base uma certa desconfiança se o agente de fato levou em consideração as evidências disponíveis para funda-

Em situações como essas, parece que o agente falhou em reconhecer a dimensão moral da questão, que seria a dos direitos iguais das pessoas e o correspondente dever de não causar dano aos outros. Penso que seria diferente no caso da escravidão no século XVIII ou, melhor, XVII. Nesse período, a maior parte das evidências factuais, argumentos acadêmicos e testemunhos até mesmo religiosos eram todos ou quase todos favoráveis à escravidão, sem uma compreensão adequada do significado moral dessa instituição. Em casos assim, parece que os agentes que escravizaram a partir de sua ignorância de que "a escravidão é errada", sendo ignorantes de sua ignorância, tiveram a má sorte circunstancial de ter nascido em um período histórico que não problematizou moralmente a instituição em tela, o que faz disso provavelmente uma razão suficiente para a desculpa. Diferente seria se considerássemos a escravidão na segunda metade do século XIX. Nesse período, já havia o movimento abolicionista, obras literárias que mostravam a injustiça da escravidão, testemunhos religiosos em favor da liberdade dos escravizados e mesmo argumentos econômicos favoráveis ao trabalho livre. Nesse contexto alternativo, penso, a ignorância sobre o erro da escravidão poderia ser censurada apropriadamente e isso em razão da falha do agente em perceber a relevância moral da questão ou mesmo o significado imoral de seu comportamento. Como defendido corretamente por Sartorio, a condição de censurabilidade estaria no reconhecimento de que ele estaria agindo a partir de razões reprováveis moralmente, estando ciente que as razões que o motivam não são aceitáveis sobre parâmetros morais gerais[27].

No entanto, não é tão simples assim determinar até que ponto o agente tem ou não ciência do significado moral de certos atos, o que representa, em certa medida, uma dificuldade ao argumento da condição epistêmica, pois é difícil

---

mentar sua ação. Ela defende que as pessoas que conhecem os fatos não morais do que estão fazendo, quando fazem coisas erradas, geralmente possuem evidências suficientes de que suas ações são erradas e isso é censurável. Ver HARMAN, 2011, 462

27. Carolina Sartorio defende que a condição epistêmica para a responsabilidade moral de um agente não estaria em sua crença em alternativas ou na crença de que faz algo errado, mas em estar ciente do significado moral de seu comportamento. Ela faz referência a uma variação do famoso exemplo de Frankfurt, em que Jones estaria consciente do fato de o neurocientista ter o controle do seu cérebro e assim não poder agir diferentemente, digamos para matar Smith. Acontece que a decisão de Jones é a de matar Smith por vingança e ele pode ser censurado pelo ato mesmo considerando que não tem a crença de que fez algo errado ou a crença em alternativas. Jones seria censurado porque decidiu por suas próprias razões se vingar de Smith. Ver SARTORIO, 2017, 25.

imaginar uma situação em que o agente estaria epistemicamente justificado de forma absoluta, considerando seriamente todas as evidências, argumentos, pensando autonomamente sobre a questão, até porque se constata que quanto mais um agente ignora um certo assunto, mais ele pensa que o domina. Isso é conhecido como o efeito Dunning-Kruger. Os psicólogos David Dunning e Justin Kruger mostraram que tendemos a superestimar nossas habilidades cognitivas, revelando um fenômeno pelo qual os agentes que possuem pouco conhecimento sobre um tema acreditam saber mais que os especialistas, ocasionando decisões equivocadas. Esse fenômeno é classificado como um viés cognitivo (*cognitive bias*), em que as pessoas supervalorizam suas aptidões sociais e cognitivas, estando relacionado com o viés cognitivo da superioridade ilusória[28]. Essa disfunção cognitiva talvez explique, ao menos parcialmente, porque seria inviável imaginar uma situação de justificação epistêmica em que a ignorância de um agente pudesse ser absolutamente isenta de culpa. Retomemos o exemplo da caça às baleias. Alguém poderia alegar que a ignorância dos agentes sobre a aptidão da crença sobre o valor das espécies ameaçadas ou a ignorância sobre o valor da biodiversidade teria sido decorrente de uma justificação epistêmica, de forma que o agente considerou as evidências disponíveis, ponderou os argumentos contra a caça a animais em extinção e, que, sobretudo, não tomou o caso sobre o ponto de vista moral, mas antes como uma questão cultural. Nessa circunstância, não penso que esse tipo de ignorância seria desculpável, pois há argumentos morais disponíveis de um ponto de vista planetário que deveriam obrigar estes agentes a modificarem suas crenças. Esse tipo de ignorância parece mais ligada às ideias preconcebidas dos agentes, às suas experiências e intuições particulares. Poderia ser tomada como um viés cognitivo de conservadorismo, de forma que o agente não modificaria sua crença da correção em caçar baleias, mesmo quando se depara com novas evidências sobre a importância em se preservar espécies em extinção, por exemplo. Em casos assim, o agente não poderia alegar ser ignorante de sua própria ignorância[29].

---

28. O efeito Dunning-Kruger revela que os que mais tendem a ter uma ideia melhor sobre si mesmos são exatamente os menos capacitados: quanto menos sabemos sobre um tema, mais tendemos a achar que sabemos o suficiente. O estudo realizado pelos psicólogos mostrou que os mais ignorantes sobre lógica, gramática e humor julgavam saber quase tanto quanto os especialistas nesses temas. Ver KRUEGER; DUNNING, 1999, 1121-1134.
29. Viés cognitivo (*cognitive bias*) é um erro sistemático no pensamento, o que resulta em um ato irracional. Por exemplo, o conservadorismo, neste contexto cognitivo, é a tendência do

Mesmo considerando apropriada a censura à ignorância sobre o erro em matar baleias – podendo, inclusive, admitir um princípio tal como o defendido por Guerrero (2007)[30], que exigiria cuidado ante um tipo particular de incerteza moral, isto é, uma reflexão profunda sobre os contornos morais do caso, de forma que quem violasse esse princípio agiria imprudentemente e seria moralmente culpado do ato –, penso que devemos abandonar uma concepção individualista de responsabilidade moral e conhecimento, bem como uma concepção irrealista de agência moral, e passar a considerar o problema da ignorância a partir de uma concepção coletiva de responsabilidade moral e conhecimento, o que parece ser condizente com uma imagem mais factível da agência humana. É por isso que defendo que o agente poderá ser desculpado de um ato errado cometido por ignorância quando estiver justificado epistemicamente e expressar certas virtudes na ação, tais como autonomia e justiça, que devem estar conectadas com outras virtudes, tais como integridade, humildade, prudência etc[31].

A ideia central é que se o agente agir virtuosamente, por exemplo, sendo autônomo e justo, sendo que a virtude já é uma mediedade em relação aos extremos de excesso e deficiência que precisa da deliberação particular do agente, o que implica uma consideração adequada das razões envolvidas no caso, e estando justificado epistemicamente de forma moderada, a censura à ignorância do agente não seria apropriada. Entretanto, a ignorância que for decorrente de um caráter vicioso poderá ser censurada. Isso quer dizer que se agiu ignorantemente e estava moderadamente justificado epistemicamente, mas não agiu autônoma e justamente, por exemplo, então seria um alvo apropriado de censura. Mais claramente,

---

agente a não revisar suas crenças mesmo quando se depara com novas e importantes evidências testemunhais ou factuais, ou mesmo com novos argumentos consistentes. Sobre o tema, ver EDWARDS, 1982, 359-369.

30. Guerrero afirma que nossas obrigações epistêmicas crescem quando o contexto se torna moralmente mais sério, defendendo o princípio "Don't Know, Don't Kill", de forma que se alguém sabe que ignora se um organismo vivo tem ou não *status* moral significativo, é moralmente censurável para ele matar esse organismo, a menos que acredite que exista algo moralmente significativo que o obrigue à ação. Ver GUERRERO, 2007, 79-83.

31. O ponto é que as virtudes epistêmicas e morais estão intrinsecamente conectadas na ação de um agente virtuoso, de forma que devem ser compreendidas holisticamente. Isto significa que alguém autônomo também deve manifestar a virtude da humildade, que seria a disposição de não ser o detentor exclusivo da verdade, nem de inflar seu próprio valor, impedindo a arrogância e a vaidade, além de ter que manifestar a virtude da integridade, que é a disposição para perseguir a verdade. De forma similar, alguém justo também deve manifestar generosidade, benevolência e clemência em certas situações. Sobre a unidade das virtudes, ver ANNAS, 2011, 83-99.

se não demonstrar possuir as emoções corretas, não manifestando remorso e arrependimento pelo ato errado do qual é responsável, a censura seria imperativa. Nessa proposta, só podemos censurar alguém por ter uma crença malsucedida ou por não ter reconhecido a relevância moral do caso se a ação foi viciosa. Agindo virtuosamente, ao menos em um nível mínimo que permita ao agente ser tomado como cidadão, a ignorância em tela poderá ser desculpada. Aponto, agora, os detalhes da proposta.

Em primeiro lugar, é importante esclarecer o que estou considerando como uma ação autônoma e justa em um nível que permita aos agentes serem tomados como cidadãos. Como vimos em seções anteriores, uma ação autônoma seria um meio-termo entre a autorregulação absoluta e a heterorregulação total, logo, uma disposição pessoal para decidir um certo curso de ação fazendo uso de suas próprias razões, não sem levar em conta as razões sociais, é claro. Por outro lado, uma ação justa é uma disposição para não ser ganancioso, dando aquilo a que cada um tem direito, decidindo de forma imparcial, não levando em conta os motivos particulares e respeitando a reciprocidade, isto é, a igualdade de todos, além de ser uma capacidade para compreender a relevância moral da situação em questão, corrigindo a generalidade da lei. Os exemplos de pessoas autônomas e justas foram Sophie Scholl e Nelson Mandela, respectivamente. Esses são casos de agentes virtuosos em um nível máximo de heroísmo moral, logo, não seria exequível exigir dos membros de uma comunidade um comportamento semelhante. Assim, penso ser suficiente para os nossos propósitos que o agente seja autônomo e justo de uma forma mais modesta, a saber, exigindo deles que se comportem como em uma democracia. Por exemplo, somos ensinados na escola e na família a desenvolvermos o pensamento crítico, a resolver problemas e a pensar de forma livre, logo, seríamos censurados se todas as nossas decisões fossem pautadas por autoridades externas, tais como escolher uma profissão, o(a) esposo(a), ou um candidato numa eleição, isso sem falar em decisões morais. Além disso, há uma exigência social para sermos justos, no sentido de civilizados, no trânsito, razoáveis na convivência com os demais, além de obrigados a não descumprirmos as leis. Nessa dimensão cidadã, tanto a imprudência como a negligência, e até mesmo a imperícia, seriam passíveis de censura e punição, bem como uma ação danosa com base em uma autoridade heterônoma.

Em segundo lugar, é importante esclarecer o que seria uma justificação epistêmica moderada. Por exemplo, alguém estaria epistemicamente justificado moderadamente se cumprisse as exigências feitas aos cidadãos, a saber, de conhecer as leis, de não ser imprudente nem negligente, de ser civilizado, razoável e tolerante, por exemplo. Isso seria diferente de uma justificação epistêmica absoluta. Nesse nível moderado, a justificação apenas exigiria que se considerassem as evidências factuais e testemunhais relevantes, os argumentos disponíveis e que se pensasse seriamente no caso a ponto de não poder ser legalmente punido na ocorrência de um fato danoso. Imaginem o caso de um empresário que lança poluentes em um rio e quando censurado sobre o erro da ação alega ignorar que "não se deve poluir o meio ambiente", mas que ele estaria justificado epistemicamente em razão de ter levado em conta as evidências testemunhais de políticos e técnicos que negam que haja um problema ambiental planetário, bem como as afirmações de empresários e economistas que dizem que o lucro é tudo o que importa, além de ter pensado seriamente no caso. Considerando que existam leis ambientais no país, essa alegação de justificação epistêmica da ignorância não seria uma razão suficiente para a desculpa. Ao contrário, o agente seria facilmente punido por crime ambiental.

Com isso em mente, pode-se considerar que um agente que ignorasse que "a escravidão é errada" no século XVII ou XVIII, um proprietário de escravos, por exemplo, sendo autônomo e justo de forma cidadã e estando justificado epistemicamente de forma moderada, sua ignorância, penso, poderia ser desculpada. Seria diferente no caso do nazismo e do *Apartheid*, bem como no caso da caça às baleias. Nestes cenários, o agente poderia estar epistemicamente justificado moderadamente em sua ignorância do erro da eugenia, da discriminação racial e da extinção de uma espécie, considerando a inexistência da proibição legal dos atos em tela, mas isto não seria condizente com as virtudes da justiça e da autonomia. Alguém justo teria que reconhecer a igualdade das pessoas, ou mesmo o valor da biodiversidade, bem como teria que desobedecer a certas leis injustas. E alguém autônomo teria que reconhecer a arbitrariedade da discriminação racial e decidir pela mudança de suas crenças. Ser virtuoso parece implicar uma aspiração a ser melhor, o que significa, em muitos casos, ir além do âmbito legal e rotineiro.

Mas, é claro que alguém poderia objetar, legitimamente, que também no caso da escravidão no século XVII e XVIII um agente justo e autônomo de forma cidadã teria que reconhecer a igualdade das pessoas, bem como a obrigação de reconhecer a arbitrariedade da discriminação racial que justificava a instituição da escravidão. Mesmo admitindo a objeção como adequada, é importante ter em mente os aspectos naturais e sociais da ignorância moral. Como vimos, em muitas circunstâncias julgamos a partir de um viés cognitivo de superioridade ilusória e de conservadorismo, o que nos leva a ignorar a nossa ignorância sobre um certo tema e a não modificar as nossas crenças mesmo quando somos defrontados com evidências contundentes. Acrescido a isso, é importante ter em mente que a correção às distorções no nosso raciocínio moral, o que implicou maior inclusividade e eliminação das discriminações arbitrárias no juízo ético, ocorreu ao longo da história da humanidade, não sendo uma conquista puramente individual do agente moral.

Com essa ponderação, deixem-me apontar para uma distinção relevante que pode ser útil em nossa discussão. Imaginemos um cruel proprietário de escravizados no século XVII ou XVIII. Além de ignorar que a "escravidão é injusta", ele ignora que a "crueldade é errada". Nesse caso, penso que sua ignorância do erro da crueldade revelaria um caráter vicioso ou uma má vontade, de forma que o agente poderia reconhecer que está agindo a partir de razões morais reprováveis, sendo uma razão suficiente para a censura. Apenas ser proprietário de escravizados nesse período referido, sem exibir traços de crueldade, não parece implicar necessariamente em um caráter vicioso do agente, não revelando má vontade, e isso porque no período a escravidão era naturalizada, não sendo um objeto particular de preocupação moral, considerando que esta instituição injusta foi uma constante na história da humanidade. Talvez um herói moral pudesse reconhecer o erro da discriminação racial, mas provavelmente não seria o caso de um simples cidadão justo e autônomo[32]. Adicionalmente, podemos imaginar um cenário em que a caça às baleias era naturalizada, o que impediria a censura. Por exemplo, ao lermos *Moby Dick*, descobrimos que em 1850 as pessoas que caçavam baleias e comiam sua carne também ignoravam que "caçar baleias é errado", mas essa ignorância não parece demonstrar um caráter vicioso dos agentes, pois no período

---

32. Parece que nem mesmo os filósofos identificaram facilmente a injustiça da escravidão. Inclusive, diversos filósofos iluministas, entre os quais David Hume, Immanuel Kant, Voltaire e Hegel, sustentaram a ideia de que o negro seria naturalmente inferior ao branco, o que reafirmava a ideia de correção da escravidão. Em 1837, no livro *A filosofia da história*, Hegel escreve que a falta de controle distinguiria o caráter dos negros, o que incapacitava seu desenvolvimento e sua cultura, e, por essa razão, a única essencial ligação que existiria e teria permanecido entre os negros e os europeus seria a da escravidão. Ver GOMES, 2019, 75-76. John Locke, pensador liberal e humanista, foi, inclusive, acionista da *Royal African Company*, companhia privada britânica responsável pelo tráfico de escravizados. Ver GOMES, 2019, 238.

as pessoas não compreendiam a relevância moral do ato, sendo que, inclusive, o óleo desses animais era usado para iluminação; diferentemente de 2019, em que a ignorância do erro em matar baleias parece revelar um certo caráter vicioso, pois o agente pode reconhecer que está agindo a partir de razões moralmente reprováveis, o que implicará tomá-lo como um alvo correto de censura.

Creio que a vantagem em usar o padrão das virtudes para lidar com o complexo fenômeno da ignorância moral é que ele nos oportuniza um melhor entendimento da responsabilidade moral. E isso porque as virtudes são padrões normativos sociais, isto é, instituídos e exigidos por uma dada sociedade e não padrões normativos abstratos que deveriam ser identificados solipsisticamente. Também, porque o padrão moral das virtudes requererá a deliberação particular de um agente que levará em conta as especificidades do caso. E, assim, a censurabilidade não estaria vinculada apenas a uma falha cognitiva e motivacional do agente em cumprir certas regras, mas sim à performance moral dos agentes, performance essa também relacionada aos arranjos sociais, políticos e econômicos que circunscrevem toda e qualquer decisão particular. É claro que ainda teríamos muito a esclarecer a respeito do padrão normativo das virtudes. Por exemplo, qual seria a responsabilidade da comunidade em exigir certas virtudes no comportamento e nas ações de seus membros, ou, mesmo, como fazer para habituar os agentes a possuírem essas virtudes selecionadas? No entanto, essas e outras questões ultrapassam o escopo desse capítulo, que teve por objetivo central apenas investigar se as ações erradas de um agente cometidas por ignorância de certos fatos ou normas poderiam ser apropriadamente censuradas. Nesse sentido, creio que o padrão normativo das virtudes nos oferece um caminho mais eficiente para a investigação desse problema ainda tão pouco estudado.

CAPÍTULO III
CONHECIMENTO POLÍTICO E VIRTUDES PÚBLICAS

O objetivo central deste capítulo é refletir sobre o escopo do conhecimento político a partir de uma contraposição ao argumento epistocrático defendido por Jason Brennan em *Against Democracy*. Para tal, inicio apresentando o que penso ser a concepção de conhecimento e de ignorância de Brennan, bem como sua compreensão do que seja a política. Depois, investigo o significado de conhecimento e de ignorância a partir do ponto de vista da epistemologia das virtudes. O passo seguinte será analisar a natureza mesma do domínio político. De posse disso, passo a considerar duas virtudes públicas centrais, a saber, a prudência e a amizade cívica. Por fim, tematizo o fenômeno do progresso moral para mostrar que o tribalismo não constitui a essência da natureza moral humana nem impossibilita o conhecimento político e que, portanto, não teríamos uma razão conclusiva para defender a restrição da participação política.

I

Jason Brennan, em *Against Democracy*, defende um argumento epistocrático dizendo que a maioria dos eleitores contemporâneos é ignorante em matéria política, além de irracionais, de modo que esta ignorância é causa de decisões incompetentes, injustas e ilegítimas, e, portanto, se deveria restringir o direito ao voto destes cidadãos politicamente ignorantes ou incompetentes e implementar um tipo de epistocracia, dado que, em um sistema democrático, a escolha dos governantes é uma decisão política expressa por sufrágio universal (BRENNAN, 2017, 3-15). Seu ponto central é demonstrar que a maior parte dos cidadãos são ignorantes, apáticos e irracionais, ou, em seus termos, são *hobbits* ou *hooligans*, decidindo politicamente de forma tribalista, o que colocaria em xeque a legitimidade do próprio sistema democrático (BRENNAN, 2017, 3-8). Ele defende uma tese condicional, dizendo que se a epistocracia for melhor que a democracia, então devemos implementá-la, sendo um sistema político epistocrático o que distribui o poder na proporção do conhecimento ou competência. Este tipo de epistocracia é formulada a partir de um princípio antiautoritário, o que diz que:

> Quando alguns cidadãos são moralmente irrazoáveis, ignorantes ou incompetentes em questões políticas, isto justifica *não permitir* a eles o exercício da autoridade política sobre os outros. Isto justifica, também, proibi-los de ter poder ou reduzir o seu poder de forma a proteger as pessoas inocentes de sua incompetência (BRENNAN, 2017, 17).

Isto parece implicar que a restrição ao sufrágio universal (direito ao voto) se dará com base no critério epistêmico de ignorância ou incompetência sobre os temas/assuntos políticos. O problema é que Brennan não esclarece detalhadamente o que seria o conhecimento e a ignorância, bem como não diz muito sobre o próprio domínio político. A despeito de ser tentador defender a democracia contra a proposta epistocrática de Brennan, meu objetivo aqui será mais modesto. Quero apenas investigar o que seja o conhecimento político, bem como a ignorância nessa esfera, além de buscar refletir sobre o que constitui devidamente a especificidade do político. Isto parece importante porque não pareceria justo ou legítimo restringir o voto de certas pessoas com base em um critério tão complexo quanto o do conhecimento e o da ignorância, de forma a parecer arbitrária a distinção entre o que sabe e o que ignora, o mesmo se dando em razão da complexidade da esfera política, sobretudo porque, em geral, as pessoas que teriam este tipo de restrição ao voto seriam as mais desfavorecidas socialmente, tais como os pobres, os negros, os latinos e as mulheres. Mas, vejamos isso melhor.

Em primeiro lugar, Brennan não problematiza em nenhum momento o que seja conhecimento e ignorância. No capítulo 2 da referida obra, exemplifica o que os cidadãos não sabem: em anos eleitorais, a maioria dos cidadãos não consegue identificar nenhum candidato ao Congresso em seu distrito; os cidadãos geralmente não sabem que partido controla o Congresso; os americanos superestimam quanto dinheiro é gasto em ajuda internacional; em 1964, apenas uma minoria sabia que a União Soviética não era membro da OTAN; apenas 30% dos americanos pode nomear dois ou mais direitos listados na Primeira Emenda etc.

(BRENNAN, 2017, 25-30). Esses exemplos já mostram que Brennan está tomando o conhecimento como equivalente a possuir informações no campo da política, da história, da sociologia e mesmo da economia, entre outros campos correlatos. Mas, será mesmo que o conhecimento pode ser tão somente equivalente a possuir certas informações? Ademais, ele parece tratar o conhecimento como tudo ou nada e não como uma questão de graus. Ou se teria conhecimento político ou se seria ignorante, como no caso de se ter um conhecimento político-jurídico para saber que a política dos EUA relativa à guerra às drogas é contraproducente e particularmente prejudicial às minorias, de forma análoga ao se ter um conhecimento médico que pode salvar a vida de alguém que está se engasgando (BRENNAN, 2017, 117 e 122).

Essa perspectiva transmite a ideia de que alguns cidadãos teriam melhores juízos políticos que outros e que existiriam fatos políticos facilmente identificados. O conhecimento político seria, assim, similar ao conhecimento científico por estar relacionado com as evidências. Dessa forma, não é muito difícil identificar que ele esteja tomando o conhecimento de forma tradicional, isto é, enquanto sinônimo de crença verdadeira justificada, e a ignorância enquanto crenças falsas, como no caso de alguém que toma uma decisão política sem levar em conta as evidências, apenas julgando através de seus preconceitos tribalistas. No entanto, essa questão é muito mais complexa, uma vez que se pode até mesmo ter crenças verdadeiras e justificadas e não se ter conhecimento, como se pode observar a partir dos exemplos formulados por Gettier, em que se chega a uma crença verdadeira e justificada de forma aleatória, isto é, por sorte[1].

Em segundo lugar, Brennan não esclarece o que se entende por "domínio do político". Ele diz que a política não é um poema, significando com isso um distanciamento de uma visão romântica, em que ela teria o papel de juntar-nos, educar-nos e civilizar-nos, possibilitando a amizade entre os concidadãos e os bons princípios cívicos. A política, para ele, faz o oposto, a saber: separa-nos, paralisa-nos, corrompe-nos (BRENNAN, 2017, xv). Isso implica uma visão

---

1. No artigo *Is Justified True Belief Knowledge?*, Gettier observa que se pode chegar a uma crença verdadeira e justificada aleatoriamente. A proposição "o homem que conseguirá o emprego tem dez moedas em seu bolso" dita por Smith é verdadeira e está justificada, mas não é conhecimento, uma vez que quem consegue o emprego é ele mesmo e não Jones, como ele acreditava em razão de ter ouvido isto do presidente da empresa e por ter visto as moedas no bolso de Jones. A questão é que, por sorte, ele também possuía dez moedas (GETTIER, 1963, 122).

instrumentalista da política, em que ela é interpretada a partir de sua função, sendo melhor concebida como um martelo, que tem, então, apenas a função de possibilitar o bem-estar dos agentes. Por isso, devemos escolher o regime político que oportuniza os melhores resultados, traz mais justiça, elimina a pobreza, termina as guerras e garante a segurança da população. Para Brennan, a participação política tende a corromper ao invés de desenvolver o caráter moral e intelectual dos cidadãos, sendo que esta participação e as liberdades políticas têm apenas um valor instrumental e não intrínseco, e, por isso, produziria um resultado político mais justo se se substituísse a democracia por algum tipo de epistocracia (BRENNAN, 2017, 18-19). Ou seja, ele toma a política como uma técnica, uma atividade de controle sobre a vida das pessoas e um jogo de soma zero, em que a vitória de um eleitor significará obrigatoriamente a derrota de outro (BRENNAN, 2017, 124-132).

Essa visão instrumentalista parece reduzir a política apenas ao processo de disputa pelo poder, em especial ao reduzir a política às eleições, bem como parece não reconhecer o valor representativo e simbólico de uma escolha neste domínio. Por mais que os eleitores decidam e votem a partir dos vieses cognitivos, sobretudo, de tribalismo e confirmação, como veremos a seguir, não se pode deixar de reconhecer que as pessoas dão valor às suas escolhas, uma vez que se tomam como autônomas e responsáveis, de modo que uma restrição neste campo poderia implicar uma perda de autoestima e na modificação de certas práticas sociais, como as eleições tal como as conhecemos. É importante reconhecer, também, que para além da disputa eleitoral, a política parece ter relação com a tentativa de encontrar soluções negociadas para os conflitos humanos. Como interpretar a criação da própria Organização das Nações Unidas (ONU) após a Segunda Guerra Mundial e a proclamação da Declaração Universal dos Direitos Humanos em 1948 se não a partir dessa característica?

Dito isto, meu objetivo será refletir sobre o escopo do conhecimento político. Para tal, inicio investigando o que é conhecimento e ignorância a partir da epistemologia das virtudes. Após, busco esclarecer a natureza mesma do político. De posse disso, o próximo passo será abordar duas virtudes públicas centrais, a saber, a prudência e a amizade cívica. Por fim, tematizo o fenômeno do progresso moral para mostrar que as disfunções cognitivas não impossibilitam o conhecimento neste campo prático; apenas o tornam mais difícil.

II

Como Jason Brennan, em *Against Democracy*, não problematiza o que seria o conhecimento e a ignorância, e considerando os exemplos utilizados, podemos postular que ele está tomando o conhecimento ou a competência neste campo de forma tradicional, como equivalente a ter uma crença verdadeira e justificada ou, como afirmado por Chisholm, como tendo uma crença verdadeira assegurada com uma evidência adequada (CHISHOLM, 1957, 54-66). De maneira similar, a ignorância seria a ausência de conhecimento ou então ter uma crença falsa em razão das evidências inadequadas. E isso parece importante porque para Brennan um dos problemas centrais da política é que as pessoas tendem a ignorar as evidências, decidindo tribalisticamente, isto é, através de preconceitos intergrupais, ou influenciadas pelo viés da confirmação, apenas aceitando as evidências que apoiam o seu próprio ponto de vista[2].

Vejamos um exemplo de ignorância e conhecimento político dado por Brennan. Para ele, os eleitores dos EUA tendem a ignorar os efeitos da guerra às drogas para as minorias, de forma que tomar medidas duras contra o crime tende a causar mais prejuízo para os pobres, negros e latinos. E, assim, seria mais provável que um eleitor epistocrático soubesse que esta política relativa ao crime e às drogas é contraproducente (BRENNAN, 2017, 117). Com isso, teríamos certas evidências, como a constatação de que a maior parte das pessoas presas são pobres, negros e latinos e que o são por tráfico/consumo de drogas, de modo que insistir na política de guerra às drogas apenas aumentaria a população carcerária com os membros destas minorias. O problema é que a pura constatação dessas evidências não nos mostra automaticamente qual a política que deveria ser colocada em seu lugar. Por exemplo, deveríamos apenas descriminalizar o consumo de drogas ou deveríamos, ainda, legalizar certas drogas? E qual é a garantia de que política

---

2. Brennan faz referência a um conjunto significativo de vieses cognitivos que parecem influenciar negativamente as decisões políticas: (i) Tribalismo político: tendência a desenvolver animosidade em relação aos grupos rivais, a rejeitar tudo que vem deles e a aceitar tudo que vem do próprio agrupamento; (ii) Viés da confirmação: tendência a aceitar as evidências que comprovam nosso ponto de vista e a ignorar todas as que se contrapõem a ele; (iii) Viés da disponibilidade: tendência a estimar erradamente as probabilidades; (iv) Contágio afetivo: tendência a ignorar os dados em razão das emoções; (v) Efeitos de enquadramento: tendência a avaliar as informações a partir de como elas são apresentadas; (vi) Pressão dos pares e autoridade: tendência a sujeitar nossa opinião à da maioria e a aceitar o testemunho das pessoas com autoridade (BRENNAN, 2017, 39-48).

alternativa não causará problemas à saúde da população? Mesmo quando estamos falando do conhecimento do mundo externo, ter evidências adequadas não implica automaticamente conhecimento, como bem nos aponta Gettier; mas no campo político, é ainda mais complexo.

Em seu já clássico artigo de 1963, Edmund Gettier apresenta dois casos para mostrar que se pode chegar a uma crença verdadeira e justificada aleatoriamente, isto é, por sorte. A posição tradicional defende as seguintes condições para o conhecimento: (a) S sabe que P **sse** (i) P é verdadeira, (ii) S acredita que P, e (iii) S está justificado em acreditar que P. Ou, segundo Chisholm: (b) S sabe que P **sse** (i) S aceita P, (ii) S tem evidência adequada para P, e (iii) P é verdadeira. Ou, ainda, segundo Ayer: (c) S sabe que P **sse** (i) P é verdadeiro, (ii) S está seguro que P é verdadeiro, e (iii) S tem o direito de estar seguro que P é verdadeiro. O ponto de Gettier é mostrar que estas condições não são suficientes para se obter conhecimento. Vejamos o primeiro caso. Suponha-se que Smith e Jones tenham se candidatado a um certo emprego. E suponha-se que Smith tem fortes provas a favor da seguinte proposição conjuntiva: (d) Jones é quem vai conseguir o emprego, e Jones tem dez moedas no bolso. As evidências que Smith tem a favor de *d* podem ser que o presidente da companhia lhe tenha assegurado que no fim Jones seria o selecionado e que ele, Smith, tenha contado as moedas do bolso de Jones há dez minutos. A proposição *d* implica (e) o homem que vai ficar com o emprego tem dez moedas no bolso. Suponha-se que Smith vê que (d) implica (e) e que aceita (e) com base em (d), a favor da qual ele tem fortes provas. Neste caso, Smith está claramente justificado em acreditar que (e) é verdadeira. Mas imagine-se que, além disso, sem Smith o saber, é ele e não Jones que vai ficar com o emprego. Imagine-se também que, sem o saber, ele próprio tem dez moedas no bolso. Assim, a proposição (e) é verdadeira, apesar de a proposição (d), a partir da qual Smith inferiu (e), ser falsa (GETTIER, 1963, 121-122).

A partir desse exemplo, podemos reconhecer que "estar justificado em acreditar em P" ou "ter a evidência adequada para P" ou "estar seguro apropriadamente" não pode contar como condições suficientes para assegurar a verdade das proposições, e, assim, o conhecimento poderia ser interpretado em uma perspectiva mais falibilista, de forma que a probabilidade e mesmo a disposição dos agentes e sua regularidade poderiam exercer um papel relevante, sobretudo ao pensarmos na esfera política que deve levar em conta, ainda, as emoções no processo de decisão. Por essa razão, a epistemologia das virtudes parece mais adequada para os nossos propósitos de tematizar o conhecimento político, uma vez que ela não compreende o conhecimento como uma crença verdadeira justificada, mas como um tipo de performance em que se é bem-sucedido. Como já dito, Ernest Sosa, em *A Virtue Epistemology: Apt Belief and Reflective Knowledge*, sustenta que o conhecimento deve ser visto como algo que é resultado das virtudes intelectuais de um agente, tendo por foco as habilidades e o caráter. Para ele, o conhecimento é um tipo de performance bem-sucedida, sendo que esta performance é um tipo de ação que visa a verdade. Obtém-se conhecimento, então, se a performance do agente for apta, o que significa ver o conhecimento como o resultado das competências do agente ou como o resultado de suas virtudes. Dessa forma, uma performance será apta quando for bem-sucedida, isto é, quando alcançar o alvo, além de poder ser suficientemente atribuída à competência do agente. O exemplo do arqueiro que lança sua flecha em busca do alvo é bastante ilustrativo, uma vez que, tendo habilidade, não será uma questão de sorte acertar o alvo. O arqueiro acerta o alvo por causa de sua aptidão e acertar o alvo aqui significa agir para chegar a uma crença apta ou bem-sucedida através de um processo reflexivo (SOSA, 2007, 22-23).

O interessante neste modelo alternativo é a possibilidade de ver o conhecimento como uma expressão de certas virtudes intelectuais, como a prudência, por exemplo, que é a disposição para encontrar os meios adequados para realizar um fim que é bom, sendo as virtudes conquistadas através de um processo de habituação. E a virtude pode ser compreendida como uma disposição estável do caráter do agente, sendo uma tendência de a pessoa ser de uma certa forma, pois a virtude é a marca do seu caráter. Esta disposição, que é ativa, requer habituação e experiência. Julia Annas, em *Intelligent Virtue*, diz que esta disposição não pode ser vista como uma rotina, em razão de demandar constante monitoramento para o aperfeiçoamento, pois, dessa forma, a virtude seria uma disposição de caráter que permite uma resposta criativa e imaginativa aos novos desafios (ANNAS, 2011, 14). Aliás, Annas também estabelece uma interessante analogia entre virtude e habilidade prática, como a habilidade de tocar piano. Assim, adquire-se uma virtude, como, por exemplo, a prudência, praticando atos prudentes, da mesma forma que se adquire a habilidade de tocar piano através do exercício repetido (ANNAS, 2011, 1-7). De forma que, de posse dessa virtude, o agente parece estar em melhores condições para realizar uma performance bem-sucedida, acertando o alvo. Retomando nosso exemplo de guerra às drogas, alguém prudente poderia levar em conta também a possibilidade de que o fim desta política possa ser ainda mais nocivo à sociedade, assim, uma política de descriminalização poderia ser a escolhida ao invés de uma política de plena legalização.

Mas, veja-se que uma situação de incerteza sobre qual política adotar parece ser constitutivo da prática do agente prudente que deve imaginar muitos cenários alternativos antes de decidir, mas sem ter a garantia de que sua escolha realmente será a melhor, pois, assim, se pode notar que uma situação de incerteza pode ser interpretada como um tipo de ignorância. O curioso é que este fenômeno é geralmente interpretado como ausência de conhecimento, e, posto que o conhecimento tradicionalmente seria chegar a uma crença verdadeira justificada ou assegurada por evidências adequadas, a ignorância seria ter uma crença falsa, como no caso de defender o aumento do punitivismo como forma de reduzir o problema da criminalidade e alcançar a segurança. Ainda de um ponto de vista tradicional, o agente prudente, o que tem sabedoria prática, seria tomado como paradigma daquele que sabe, mas não como exemplo daquele que ignora. Logo, entendendo melhor o critério normativo das virtudes, ter prudência pode ser visto como ter um tipo de conhecimento dos meios necessários para realizar o fim bom que está circunscrito por uma situação de diversidade e incerteza[3].

Tomando a perspectiva da epistemologia das virtudes, a ignorância seria melhor compreendida, por exemplo, como um estado em que o agente usaria crenças malsucedidas como fundamento de suas decisões políticas, podendo ser entendida, também, como um estado de ausência de certas virtudes. A vantagem dessa perspectiva epistemológica é sua inclusividade, pois a ignorância, além de ser tratada como equivalente a assegurar uma crença falsa, pode ser tomada como a defesa de uma crença malsucedida, a suspensão do juízo, a ausência de consideração sobre um dado tema ou até mesmo uma situação de incerteza[4]. Assim, um agente prudente seria aquele que adquire a sabedoria política fazendo escolhas a

---

3. Aristóteles diz na *Ethica Nicomachea* que a ciência política, que inclui a ética e a política, é um tipo de conhecimento cercado por diversidade de opiniões e incertezas sobre o bom e o justo, mas que pode auxiliar os indivíduos a melhor decidir em casos complexos e a agir de forma apropriada, virtuosa, em razão de indicar a verdade de forma aproximada e em linhas gerais, estando esse conhecimento ligado intrinsecamente à experiência dos agentes e a sua disposição para agir virtuosamente (ARISTÓTELES, 1999, 1094b12-20).

4. Como já vimos no Capítulo II, Rik Peels define a ignorância como uma atitude mental em relação a uma crença verdadeira, podendo ser vista como (i) ter uma crença falsa, (ii) suspender o juízo sobre uma proposição verdadeira, (iii) não ter ideia sobre a proposição verdadeira ou (iv)

partir do processo de pesar razões, escolhas estas que podem ser certas ou erradas, sendo melhor interpretada como um "saber como" do que como um "saber que", isto é, como um saber prático ao invés de proposicional. E, assim, a conquista da virtude seria uma prática, um processo de saída da ignorância para o conhecimento numa dimensão de graus e não de tudo ou nada.

A partir desta problematização do significado do conhecimento e da ignorância, gostaria de apontar para um certo perigo na proposta de Brennan. Sendo a ignorância política uma razão para a exclusão do direito ao voto, e sendo a ignorância a ausência de conhecimento, isto é, o ter crenças falsas, então todos poderiam ser excluídos deste direito, porque é difícil saber o que seja conhecimento neste domínio. Por exemplo, quem defende a política de guerra às drogas seria ignorante, logo, deveria ter seu direito ao voto restringido. Em contraposição, defender a descriminalização das drogas ou a sua legalização seria exemplo de conhecimento político. Mas, como distinguir ignorância de sabedoria em um domínio cercado de diversidade de opiniões e incerteza? Esta distinção não poderia ser arbitrária? E considerando que sempre julgamos a partir de vieses cognitivos e a partir de nossas próprias experiências, não é difícil imaginar um cenário em que esta seria claramente arbitrária. Por exemplo, imaginemos alguém que defende uma política econômica keynesiana como forma de obter prosperidade, e um outro que defende uma política neoliberal fortemente privatista. Quem decidiria o que conta como conhecimento e ignorância? Seguindo a sugestão de Brennan, deveríamos restringir o direito de voto aos ignorantes, mas pode ser o caso apenas de termos uma diferença de opiniões e, assim, seria arbitrário só restringir certas crenças e não outras.

Acima de tudo, esta proposta pode ser vista como injusta se levarmos em conta que as condições para se alcançar o conhecimento político não são simétricas em sociedades com grande desigualdade social e econômica. Nas pesquisas usadas por Brennan, são os pobres, os negros, os latinos e as mulheres quem demonstram ter maior ignorância política, enquanto os homens, brancos, ricos e escolarizados demonstram ter maior conhecimento neste campo (BRENNAN, 2017, 32-33). E por quê? Provavelmente porque aqueles, os grupos vulneráveis, não tiveram um ambiente rico cognitivamente, isto é, não tiveram uma família

---

estar incerto. Esta posição de Peels é mais inclusiva e parece capturar melhor o que está envolvido no fenômeno da ignorância. Ver PEELS, 2010, 62-64.

estruturada, boa escola, tempo para estudar e acesso à cultura etc. Não parece justo, então, restringir o direito de voto destas minorias em razão de sua maior ignorância, até porque estas condições desiguais não são voluntárias. Ao contrário, o mais justo, penso, seria modificar a organização social de maneira a oferecer condições equitativas para todos em relação ao ambiente cognitivo.

III

Agora, qual é a especificidade do domínio político para Brennan? Ele afirma que a política não é um poema, ou seja, que não se deve tomá-la instrumentalmente, isto é, tendo o seu valor medido por seu resultado, sem nenhum valor intrínseco, logo, é preferível a epistocracia à democracia, em razão daquele regime parecer superior a este na garantia do bem-estar dos cidadãos. Esta é uma perspectiva claramente não ideal, uma vez que busca refletir quais instituições seriam melhores considerando como são as pessoas reais ao invés de interrogar quais seriam as melhores instituições se todas as pessoas fossem racionais e morais, ou seja, de perfeita virtude moral e perfeito senso de justiça. A pergunta feita por Brennan é como deveríamos pensar a participação política e o poder considerando as falhas morais e intelectuais dos agentes (BRENNAN, 2017, 19); no entanto, ele não esclarece o que seria de fato "política".

Como faz uso de uma teoria não ideal, presume-se que ele esteja assumindo um realismo político ao tomar como ponto de partida o modo como as pessoas "realmente" são, o que parece relacionado com um certo ceticismo sobre as capacidades morais e intelectuais dos agentes, além de tomar a política como uma técnica, podendo ser melhor compreendida enquanto gestão, sendo o conhecimento político o mesmo que ter informações relevantes para subsidiar a tomada de decisões. Com isso, e em razão dos exemplos dados, a política parece estar sendo comparada à ciência, uma vez que Brennan afirma que a maior parte dos eleitores seriam ignorantes e irracionais sobre os fatos políticos, o que significaria tomar decisões com base em evidências inadequadas. Ele diz, por exemplo, citando Caplan, que os eleitores têm pouco conhecimento sociológico, histórico, de ciência política e econômico. Diz que o eleitor comum americano não sabe que o livre mercado postulado por Adam Smith é superior ao mercantilismo (BRENNAN, 2017, 29). Assim, uma decisão política sábia seria aquela subsidiada pela informação adequada e pelo conjunto de teorias sociais relevantes para identificar mais claramente as evidências adequadas. Mas será mesmo que uma escolha política pode ser reduzida à identificação de evidências factuais? Seria a política equivalente à ciência?

É importante notar que se a escolha se referir a qual o sistema econômico é mais eficiente, se o livre mercado ou o mercantilismo, posso concordar que há evidências suficientes que provam a superioridade do livre mercado. Agora, se a escolha for entre o livre mercado *per se* e o livre mercado com alguma regulação por parte do Estado, como para evitar monopólios, então, já não ficaria tão claro assim quais seriam as evidências relevantes ou os fatos que um experto reconheceria tão facilmente. Veja que economistas treinados tendem a divergir a esse respeito. Isso para não mencionar na divergência entre os que apoiam uma política econômica de bem-estar social e os que defendem uma política econômica de Estado mínimo. Novamente, quais os fatos ou evidências relevantes que deveriam ser reconhecidos pelo experto? Se essa divergência é encontrada entre economistas, isto é, entre cientistas, o que dizer dos eleitores comuns?

Para além desta visão reducionista, que interpreta a decisão política como uma identificação neutra de certos fatos reconhecidos pelo eleitor epistocrático, a escolha no campo político parece revelar duas questões significativas: que o valor da escolha não é apenas instrumental, uma vez que revela quem se é, sendo essa escolha também simbólica, porque trata de deliberar e decidir entre razões das quais temos dúvidas ou mesmo discordância em um espaço público. E isto parece nos mostrar que o domínio político difere da esfera científica em aspectos importantes, uma vez que o tipo de certeza e clareza que podemos obter nestes dois campos é bastante distinto. Vejamos isso mais detalhadamente.

Em primeiro lugar, é importante refletir sobre o valor da escolha. Em nossas práticas sociais, escolhemos a todo momento. Escolhemos com quem fazer amizade, com quem namorar e casar, que profissão seguir, que filme assistir e, também, que candidato de certo partido político eleger. Ademais, só vemos como justa uma punição considerando que o agente que infligiu uma certa lei pôde escolher entre infligi-la ou não. Assim, a pergunta relevante é saber se essas escolhas que permeiam nossas vidas poderiam ser tomadas como simplesmente instrumentais, isto é, como tendo seu valor pelo resultado que oportunizam? Penso que não, uma vez que parecem simbolizar nossa autonomia, isto é, nossa capacidade de não sermos heterorregulados, e a ideia de autonomia parece central na constituição de nossas vidas, tanto no âmbito pessoal como no social. Imaginem uma sociedade em que o Estado determina qual profissão cada agente deve seguir, ou com quem deve casar. Mesmo considerando que os resultados sejam favoráveis, no sentido de haver menos divórcios e maior produtividade, não vejo possibilidade de fácil aceitação pelos agentes e isso porque valoramos nossa presumida capacidade de escolha e construímos uma ordem social com base nessa pressuposição. Seria diferente se se considerasse apenas a escolha política? Creio que não, porque até mesmo a escolha de um candidato numa eleição revela quem se é e quais valores de fato importam[5].

Nozick diz corretamente que o poder político expresso através do voto simboliza nossa igualdade em dignidade humana e em autonomia. Em suas palavras:

> As instituições democráticas e as liberdades que se coordenam com elas não são simplesmente um meio eficaz para controlar o poder do governo e direcioná-lo para assuntos de preocupação conjunta; elas, em si mesmas, expressam e simbolizam, de maneira pontual e oficial, a nossa dignidade humana igual, nossa autonomia e o poder de autodireção. Votamos [...] em parte como expressão e afirmação simbólica do nosso estatuto como seres autônomos e autogovernados, cujos juízos ponderados ou mesmo opiniões devem ter igual peso que os dos outros (NOZICK, 1990, 286).

O ponto central que Nozick destaca adequadamente é que nossas escolhas políticas, representadas pelo voto, não seriam importantes apenas para direcionar o poder do governo para certas áreas como saúde, educação ou economia, entre outras. Além disso, elas seriam importantes por simbolizar nossa capacidade de autodirecionamento, isto é, de direcionar nossas ações e decisões sem interferência externa. Com isso em mente, até mesmo nossas opiniões políticas deveriam ter igual peso, sob o perigo de perdermos nosso estatuto de seres autônomos. Pois, que tipo de sociedade teríamos se perdêssemos o estatuto de seres autorregulados, isto é, se não nos reconhecêssemos mais como autogovernados?

---

5. Scanlon distingue três tipos de valor em uma escolha: instrumental, representativo e simbólico. O valor instrumental é exemplificado pela escolha de um prato em um cardápio, onde o valor se dá pela expectativa de um prazer futuro. Por sua vez, o valor representativo é exemplificado pela escolha de um presente para esposa, em que o valor estaria em sua representação, a saber, o amor ou atenção. Por fim, o valor simbólico é exemplificado pela escolha da esposa, em que o valor estaria na expressão da própria autonomia, isto é, na capacidade em tomar decisões por si mesmo. Esta forma de conceber a escolha como tendo valor representativo e simbólico, além de instrumental, parece ser um importante antídoto contra o paternalismo. Ver SCANLON, 1998, 251-256.

Em segundo lugar, é importante reconhecer uma especificidade da política que é a pluralidade, isto é, que há divergências entre as visões de mundo dos cidadãos e não somente ignorância e irracionalidade na escolha das políticas ou mesmo dos candidatos. Em *The Domain of the Political and Overlapping Consensus*, de 1989, John Rawls faz uma interessante reflexão sobre o que propriamente constituiria a esfera política. Para ele, existem cinco fatos gerais deste domínio que deveriam ser reconhecidos por todos. O primeiro é o do pluralismo, que nos diz que a diversidade de doutrinas abrangentes (religiosas, morais e filosóficas) não é uma contingência histórica, mas sim um traço permanente da cultura pública das democracias contemporâneas. O segundo é o da opressão, que nos mostra que somente o poder tirânico estatal poderia manter uma adesão duradoura a uma doutrina abrangente única, o que pode ser exemplificado com a instituição da Inquisição no medievo. O terceiro fato nos informa que um regime democrático duradouro precisa ter apoio livre de uma maioria substancial dos cidadãos politicamente ativos, não estando dividido por doutrinas antagônicas e por classes sociais hostis umas às outras. O quarto fato nos aponta que a cultura pública de uma sociedade democrática relativamente estável contém certas ideias intuitivas que podem ser a base para uma concepção política de justiça. E o quinto fato tem relação com os limites da razão, que nos mostra que emitimos vários dos nossos mais importantes juízos em condições tais que se torna improvável que pessoas racionais e razoáveis cheguem sempre às mesmas conclusões após um debate livre (RAWLS, 1999b, 474-475, 478). E, mais importante, quando analisa as características da política, ressalta que a relação política se dá entre os que vivem em uma sociedade, da qual ingressam ao nascer e só saem ao morrer, o que implica uma diferença do campo associativo, que é voluntário, bem como difere do campo familiar e pessoal, que são afetivos num sentido estranho à política. Em síntese, a política se dá no espaço público que é involuntário, não podendo ser reduzida à esfera privada (RAWLS, 1999b, 482-484).

Ao invés de pensar no domínio político como sendo constituído por certos fatos que deveriam ser reconhecidos pelo experto, Rawls o interpreta a partir do paradigma do pluralismo razoável. Essa compreensão de política nos leva a tomar os desacordos não como expressão de preconceitos, de interesses pessoais e grupais, da cegueira, da teimosia, da irracionalidade, da burrice, como faz Brennan, pois seria o mesmo que questionar a boa-fé dos que discordam de nós. Para Rawls, as fontes do desacordo são outras. Ele diz que: (i) a prova empírica que sustenta o caso pode ser contraditória e complexa; (ii) podemos divergir no tocante ao peso relativo sobre o tipo de consideração que é pertinente e assim chegar a julgamentos diferentes; (iii) todos os nossos conceitos, de certa forma, são vagos e indeterminados, e não apenas os juízos morais e políticos; (iv) nossa experiência total durante a vida influencia a forma como avaliamos uma prova e os valores morais e políticos; (v) existem conflitos básicos entre valores de forma que parece haver razões normativas para várias ações incompatíveis, entetanto, é preciso decidir-se por algo; (vi) instituições sociais precisam selecionar alguns valores políticos e morais e estabelecer sua prioridade (RAWLS, 1999b, 476-477)[6].

Essa compreensão das fontes do desacordo é relevante, pois mostra a complexidade da política. Por exemplo, para Brennan, haveria evidências relevantes que devem ser identificadas por aquele que tem conhecimento e o não reconhecimento destas evidências seria sinônimo de ignorância. Para Rawls, alternativamente, as evidências empíricas que sustentam um caso são complexas e podem ser interpretadas de várias formas. Por exemplo, podemos atribuir peso relativo diferente às evidências e chegar, assim, a diferentes conclusões. Além disso, nossas experiências pessoais parecem influenciar fortemente a forma com que avaliamos uma evidência e os valores envolvidos nela. Imaginem a discussão entre um agente que defende uma política de bem-estar social, especialmente políticas de ações afirmativas, e outro agente que defende uma política de Estado mínimo. Para Brennan, penso, haveria evidências neutras que deveriam ser acessadas pelo experto para fundamentar sua decisão. Para Rawls, ao contrário, essas evidências podem ser interpretadas de maneira diversa, a partir das diferentes experiências de vida dos agentes. Por exemplo, ser negro ou mulher e ter enfrentado atos racistas e sexistas ao longo da vida, pode influenciar decisivamente um agente na forma como interpreta as evidências e os valores envolvidos na defesa de certa ação afirmativa, como o sistema de cotas, por exemplo. Pode não ser igual se imaginarmos um agente que nunca sofreu preconceitos. O problema da política, assim, não seria só de ignorância e irracionalidade, mas de perspectiva.

---

6. O ponto central do argumento de Rawls, então, é dizer que uma vez que reconheçamos os cinco fatos gerais do domínio político, e considerando que rejeitamos o uso tirânico estatal para impor uma doutrina única a fim de garantir a unidade social, seremos levados ao reconhecimento dos princípios democráticos e do fato do pluralismo razoável como um traço permanente da vida política. Ver RAWLS, 1999, 490-492.

O domínio do político seria, então, compreendido mais adequadamente não como um espaço de fatos neutros, que seria decidido pelo sábio, mas como um espaço público em que convivem pessoas que professam diferentes doutrinas religiosas, morais, econômicas etc. e que têm posições distintas e algumas vezes até antagônicas sobre como resolver os diversos problemas da sociedade. Por isso, seria muito importante garantir as liberdades e os direitos básicos, sobretudo os direitos de votar e de concorrer a cargos políticos. Se, no final das contas, a decisão será dada pela regra da maioria, seria temerário restringir os direitos políticos apenas de certos cidadãos a partir de um critério um tanto arbitrário como a ignorância, assim como proposto por Brennan, uma vez que poderia ser o caso de simples diversidade de opiniões[7].

IV

A partir desta problematização do conhecimento/ignorância e do domínio político, nosso próximo passo será refletir sobre as virtudes públicas da prudência e da amizade cívica, sobretudo investigando o seu processo de aquisição. O que é relevante, pois, para Brennan, a participação política favoreceria a estupidez e a inimizade cívica. Vejamos.

Para Brennan, a participação política tende a corromper-nos, ao invés de melhorar o caráter intelectual e moral dos cidadãos, tornando-nos inimigos uns dos outros. Ele inicia o primeiro capítulo de *Against Democracy* fazendo uma contraposição entre Mill e Schumpeter. Diz ele que Mill defendia que o envolvimento político faria os cidadãos mais inteligentes, preocupados com o bem comum, melhor educados e nobres, fazendo com que adotassem uma perspectiva de maior alcance, deixando de só pensar nos seus interesses imediatos. Por sua vez, para Schumpeter, o cidadão típico tem uma performance mental baixa no campo político, tendo por foco apenas o seu interesse privado, tornando-se novamente primitivo com a participação política. Diz, também, que na situação presente em

---

7. Nesse sentido, diz Rawls: "Assim, as liberdades políticas iguais e as liberdades de pensamento e de expressão nos capacitam a desenvolver e a exercer esses poderes, participando da vida política da sociedade e avaliando a justiça e a eficácia de suas leis e de suas políticas sociais; a liberdade de consciência e a liberdade de associação nos permitem desenvolver e exercer as nossas faculdades morais, formando, revisando e perseguindo racionalmente as nossas concepções de bem [...]" (RAWLS, 1999, 495)

que vivemos, a maioria das formas comuns de engajamento político não apenas falha em tornar as pessoas mais educadas ou virtuosas, mas tende a tornar as pessoas estúpidas e corruptas. Como elas não se preocupam com a política, inclusive ignorando certos temas, isso quando não são absolutamente irracionais, a saída não seria aumentar a participação política, mas restringi-la (BRENNAN, 2017, 1-3). No último capítulo, conclui a obra dizendo que a política tende a fazer-nos odiar uns aos outros e ver os membros do grupo adversário como inimigos, não favorecendo a amizade cívica (BRENNAN, 2017, 231-232).

O argumento de Brennan parece concluir que devemos nos afastar da política porque ela tanto favorece a estupidez, a irracionalidade e a ignorância, quanto nos torna inimigos uns dos outros, e como não se pode ter estabilidade social sem amizade cívica, o que significa os concidadãos se "verem engajados em um empreendimento cooperativo para vantagem mútua", devemos evitar "a política tanto quanto possível" (BRENNAN, 2017, 234-235). Esse argumento parece estar relacionado com a concepção de Brennan de conhecimento político como de tudo ou nada e com a sua concepção de política como jogo de soma zero. Mas, como vimos, se tomarmos o conhecimento como expressão de certas virtudes intelectuais que se adquire com o hábito, através de exercícios repetidos, e a política, não reduzida às disputas eleitorais, mas enquanto possibilidade de alcançarmos consensos normativos básicos, então, tanto o conhecimento político, que pode ser visto como prudência (sabedoria prática), como a amizade cívica, serão possíveis com o engajamento político, mas não com a sua restrição, uma vez que não se pode adquirir nenhuma virtude sem exercício e que as virtudes públicas só podem ser adquiridas na própria esfera política. É difícil imaginar um cenário em que uma virtude pública, tal como a justiça, por exemplo, seja desenvolvida exclusivamente na esfera privada.

Ao invés de tomarmos Schumpeter como referência, como parece fazer Brennan, partimos do argumento educacional de Mill, como apresentado em *Considerations on Representative Government*, de forma a compreender como o engajamento político pode desenvolver virtudes tanto morais como intelectuais nos agentes. Mill considera que a atividade política e civil requer que os cidadãos julguem a partir de uma visão imparcial dos interesses dos outros e busquem o bem-comum. Isto requer um pensamento de longa duração, bem como o engajamento em questões morais, filosóficas e de ciência social. Se for isso, então, a atividade política tenderá a aumentar as virtudes cívicas e a tornar os cidadãos melhor informados. O argumento de Mill destaca que o engajamento político desenvolveria as habilidades de pensamento crítico dos cidadãos e aumentaria seu conhecimento. Defende corretamente que o envolvimento em política levaria os cidadãos a ter uma perspectiva mais complexa e imparcial dos problemas, levando-os a ter maior empatia com os concidadãos e a desenvolver uma forte preocupação com o bem-comum (MILL, 1975, 196-197).

O problema levantado por Brennan com o argumento educacional de Mill é que ele precisaria apresentar dados empíricos de que a participação política de fato enobrece e educa os agentes. E a partir de dados sociológicos negativos sobre a democracia deliberativa e dados psicológicos dos vieses cognitivos, Brennan conclui que o argumento educacional não é sólido, e, por isso, devemos evitar a participação política (BRENNAN, 2017, 60-73). O problema é que esta abordagem pretende dizer como é a natureza humana e a natureza das relações sociais, afirmando que são inalteráveis, o que revela uma visão um tanto essencialista. Por isso, é interessante refletir sobre a especificidade das virtudes, que podem ser vistas como uma segunda natureza, uma vez que são adquiridas pelo hábito. No que segue, abordaremos as virtudes públicas da prudência e da amizade cívica, que exigem engajamento político para sua aquisição. Para tal, partimos de uma definição destas virtudes e procuramos analisar sua importância. Por fim, refletimos sobre o processo de sua aquisição.

A prudência (*phronesis*) é classicamente definida como uma disposição para encontrar os meios mais adequados para realizar um fim bom. Ela é vista como a capacidade de deliberar bem sobre o que contribui para a vida boa. O que implica a capacidade de apreender os fins que são bons e, mais especificamente, e capacidade deliberativa para chegar a um resultado bem-sucedido, escolhendo os meios mais eficientes para a realização do fim[8]. É uma virtude que parece essencial para a política, uma vez que esta atividade, em geral, exige a identificação dos meios necessários para alcançar um fim. Imaginando que o fim de um Estado seja alcançar a prosperidade econômica dos seus cidadãos, bem como garantir a sua segurança, não seria prudente adotar uma política econômica que excluísse

---

8. Para Aristóteles, a *phronesis* é uma capacidade verdadeira e raciocinada de agir com respeito às coisas que são boas ou más para os agentes. Em suas palavras: "A prudência (*phronesis*) é a disposição da mente que se ocupa das coisas justas, corretas e boas para o ser humano, sendo essas as coisas cuja prática é característica de um homem bom (virtuoso)" (ARISTÓTELES, 1999, 1143b21-25).

a maior parte dos agentes de certos bens, como educação, saúde e emprego, por exemplo. Um político prudente poderia identificar mais facilmente que uma política de bem-estar social seria mais adequada para o fim almejado. Não é à toa que Aristóteles considera um paradigma do agente prudente Péricles, político grego que foi muito importante para assegurar tanto a prosperidade como a paz em Atenas, em razão de sua capacidade em identificar o que é bom tanto para si como para os outros, isto é, o bem-comum, sendo esta uma capacidade fundamental para governar bem tanto uma casa como um Estado (ARISTÓTELES, 1999, 1140b1-2).

A sua importância do ponto de vista público estaria ligada, em primeiro lugar, com a capacidade de identificação dos meios adequados para se chegar ao fim bom, como já referido. Muitos desejam a paz e a prosperidade econômica, mas nem todos conseguem identificar os meios mais adequados para realizar esse fim, isto é, identificar as políticas públicas mais eficientes. Dessa forma, esta seria uma virtude central para um agente público, tal como um legislador ou membro do executivo. Além dessa perspectiva, penso que a prudência é também muito importante para os cidadãos em geral. E isso porque o agente prudente poderia assumir mais facilmente as suas responsabilidades para com os outros, de forma a levar em conta as consequências de seus atos, assumindo mais facilmente os seus deveres de civilidade, tal como respeitar as leis de trânsito, seguir as normas sociais, jurídicas e políticas, bem como atribuir o mesmo peso aos interesses de todos, demostrando bom julgamento quando se depara com valores conflitantes ao decidir pelo bem-estar dos concidadãos.

A amizade cívica (*politike philia*), por sua vez, é uma virtude pública fundamental para garantir a unidade das sociedades e auxiliar no seu cuidado. É uma disposição que implica uma preocupação mútua em relação ao caráter virtuoso dos cidadãos, isto é, significa desejar o bem do outro pelo próprio bem do outro. Como bem dito por Aristóteles, na *Política*, a amizade cívica é uma aspiração comum em relação a um padrão e excelência para todos os concidadãos (ARISTÓTELES, 1995, 1295b1-3). Diferentemente da amizade pessoal, o conhecimento íntimo e a proximidade emocional não estão presentes. Com isso, os traços comportamentais são expressos no reconhecimento de normas sociais no que diz respeito ao como devemos tratar as pessoas, o que significa conhecer a natureza da Constituição e suas qualidades, o nível de apoio entre a população no que é publicamente esperado do agente em sociedade, o que são os seus deveres comuns, entre outros. Como bem dito por Schwarzenbach, diferentemente da amizade pessoal, a amizade cívica se realiza em um processo de educação pública[9].

A partir desta definição da virtude de amizade cívica fica mais claro ver qual seria sua importância. Ela pode ser tomada como condição necessária para a justiça em uma sociedade, uma vez que sem amizade cívica dificilmente se obteria estabilidade social. E isso porque mesmo que uma sociedade tenha regras de justiça, que garantem a liberdade, igualdade, dignidade dos cidadãos, sem essa disposição para desejar o bem dos outros, compartilhar valores, objetivos e um senso de justiça, dificilmente os agentes seguirão regras de justiça que possibilitariam uma vida em comum. Isso parece relevante mesmo quando pensamos em um estado liberal contemporâneo, que faz a distinção entre esfera privada e pública. Até mesmo Rawls, em sua teoria da justiça como equidade, vê como condição necessária que os cidadãos tenham certas virtudes políticas, como a disposição para honrar o dever de civilidade, a fim de assegurar a estabilidade social pelas razões corretas, sendo estas virtudes tomadas como um capital político muito importante da sociedade, uma vez que são construídas ao longo do tempo e dependem tanto da força das instituições sociais como do desempenho dos cidadãos em sua vivência pública (RAWLS, 2001, 115-119)[10].

Agora, a questão mais relevante é refletir sobre o processo de aquisição destas virtudes públicas de prudência e amizade cívica. Como vimos brevemente, adquirimos as virtudes por um processo de habituação, em que exercícios repetidos formam o caráter do agente, revestindo-o de uma segunda natureza. Nem a coragem, a moderação ou a generosidade são traços de caráter naturais. Eles são adquiridos por um processo de afastamento dos extremos. Por exemplo, a coragem no afastamento em relação à temeridade, que é o subestimar os perigos,

---

9. No artigo *On Civic Friendship*, Sibyl Schwarzenbach esclarece que em uma sociedade justa, os cidadãos experienciam uma forma de amizade entre si distinta da amizade pessoal; eles desejam o bem dos outros, fazem coisas importantes para os concidadãos e compartilham valores, objetivos e um senso de justiça que os possibilita uma vida comum. E defende a possibilidade da amizade cívica em um Estado liberal, o que não se confunde com a pretensa comunidade platônica onde todas as coisas seriam compartilhadas, preservando a autonomia e a privacidade. Ver SCHWARZENBACH, 1996, 122-123.

10. Para Rawls, os valores políticos da razão pública refletem um ideal de cidadania, que é a nossa disposição para tratar das questões políticas fundamentais considerando os cidadãos como livres e iguais, racionais e razoáveis, e este ideal nos conduz ao dever de civilidade pública, que nos direciona às questões constitucionais essenciais e às questões básicas da justiça a partir de uma limitação pelo princípio da legitimidade. Ver RAWLS, 2001, 91-92.

e à covardia, que é superestimá-los. Esse processo se inicia com a disposição do agente, a partir de sua aspiração a ser melhor, é certo, mas há um importante papel social, e isto porque as virtudes são critérios normativos socialmente mediados. Em uma sociedade, é o grupo quem elogia um certo tipo de comportamento e censura outro. Por exemplo, elogia geralmente atos corajosos, moderados, generosos e justos e censura em geral atos covardes, intempestivos, egoístas e injustos. Assim, podemos dizer que adquirir virtudes é um empreendimento coletivo.

Com isso em mente, não é difícil de imaginar que o processo de aquisição das virtudes se dará no campo educacional, tanto na educação familiar como no da educação escolar. Além do processo educativo, podemos apontar, também, para o importante papel das instituições políticas e jurídicas. As virtudes dos cidadãos são devedoras, e muito, das virtudes das instituições públicas de uma sociedade. Sendo elas justas, por exemplo, será grande possibilidade de os agentes também se tornarem justos. Agora, e a participação política? Ela teria alguma relevância na aquisição destas virtudes? Penso que sim. Tomando a política como não reduzida a uma disputa eleitoral, em que teríamos sempre um ganhador e um perdedor, podemos considerar que o engajamento político favorecerá a aquisição tanto da prudência como da amizade cívica. Vejamos.

Imaginem uma assembleia constituinte. Nela, os cidadãos votam para eleger os legisladores constituintes que terão a tarefa de preparar a Constituição. Depois de eleitos, estes constituintes ouvem parcelas significativas da sociedade, como empresários, professores, comerciantes, agricultores, pecuaristas, sem-teto, sem-terra, ecologistas, grupos LGBTQIA+ etc. A partir destas consultas, e trabalhando em comissões, vão apresentando o texto como está sendo formulado. Ele sofre críticas de uns, pressões de outros, elogios de muitos e, por fim, a Constituição é promulgada. A participação nesse processo constituinte, penso, favorece o surgimento da amizade cívica, uma vez que o texto que será a referência normativa política central para aquela sociedade teve o envolvimento de todos. Imaginem se um determinado grupo fosse impedido de participar deste processo constituinte, talvez pela razão de ser ignorante e irracional. Como o grupo se sentiria? Provavelmente esta restrição geraria ressentimento ou até mesmo raiva contra aqueles que o impediram de participar. Essa situação de assimetria provavelmente seria determinante para uma baixa autoestima. Mas, fundamentalmente, essa restrição poderia criar facilmente uma inimizade cívica.

Vejamos um outro exemplo. Imaginem uma sociedade epistocrática em que os cidadãos não elegem os legisladores e membros do executivo, da mesma forma que em sociedades democráticas não elegemos os juízes, e considerando que estas autoridades públicas têm as mesmas funções que em democracias contemporâneas, isto é, fazer as leis, executar e julgar, mas ao invés de serem eleitos, eles são selecionados por concurso. Mesmo considerando que estas autoridades sejam competentes para garantir o bem-estar de todos, provavelmente os cidadãos teriam bastante dificuldade em reconhecer os seus deveres comuns, isto é, a sua reponsabilidade política e social, como não fazer ações que coloquem o outro em perigo. Como adquirir a virtude da prudência, isto é, da sabedoria prática, estando alheio ao engajamento político? Como a prudência tem uma característica muito peculiar, por ser uma virtude intelectual que é condição de possibilidade tanto para as outras virtudes intelectuais como para as virtudes morais, parece que ela só será cultivada plenamente no domínio público, não sendo suficiente para o seu total florescimento o domínio privado. Se Péricles não tivesse podido se engajar politicamente, teria ele se tornado um exemplo de agente prudente, isto é, aquele que consegue tanto identificar o fim bom como conhecer os meios adequados para sua realização, pensando especialmente no bem comum? Dificilmente[11].

V

Vimos até agora que o argumento epistocrático condicional de Brennan, que propõe restringir o voto dos cidadãos irracionais e ignorantes em política, tem por base uma compreensão tradicional do conhecimento, isto é, assumindo-o como sinônimo de crença verdadeira justificada, e, por decorrência, a ignorância como equivalente a ter crenças falsas, que seriam aquelas não amparadas por evidências adequadas, bem como um entendimento de política como jogo de soma zero, em que a vitória de uns implicaria necessariamente a derrota de outros, tomando os cidadãos como agentes que decidem de forma emocional e a partir da perspectiva de seu próprio grupo, isto é, tribalisticamente. Nessa última

---

11. Tholen diz acertadamente que a responsabilidade política pode ser vista como uma virtude, significando que ela pode ser apreendida e adquirida pelos agentes. Diz, também, que a verdadeira prática política é aquela realizada pelo bom político, isto é, pelo político virtuoso. E um bom político é aquele que é reconhecido por saber lidar melhor com os conflitos típicos da política. Ver THOLEN, 2018, 31.

seção do texto, quero destacar e me contrapor a um certo essencialismo que parece pressuposto na concepção de Brennan, uma vez que ele estaria tomando a natureza humana como egoísta e irracional e as relações sociais mediadas apenas pelo autointeresse, vendo-as como imutáveis. Por isso, sua conclusão lógica seria diminuir a participação política, não aumentá-la. Para tomar uma expressão de Buchanan, Brennan estaria assumindo o "dogma do tribalismo", uma vez que parece defender a tese de que a natureza moral dos seres humanos é tribalística (BUCHANAN, 2020, xv; 6-8). Mas, seria correto ver a natureza humana como imutável? Não estaria mais de acordo com as descobertas recentes da neurociência ver as capacidades mentais humanas, especialmente as morais, como plásticas, isto é, como flexíveis e adaptáveis, comportando dessa forma tanto o tribalismo como a moralidade inclusiva, isto é, um altruísmo expandido para os membros de outros grupos?

Com isso em mente, deixem-me fazer referência ao fenômeno do progresso moral a fim de evidenciar que, embora o tribalismo esteja presente em nossas decisões, sobretudo as políticas, de um ponto de vista histórico, somos, atualmente, menos tribalistas do que já fomos no passado, o que significa uma maior inclusividade no círculo de proteção moral ou uma "expansão no círculo da ética", ou, ainda, uma "moralidade inclusivista"[12]. O progresso moral, assim, pode ser tomado como uma evidência de que embora os vieses cognitivos sejam uma realidade em nossas práticas decisórias, eles não impossibilitaram o processo de inclusão de certos agentes no grupo, garantindo o mesmo *status* moral para uma classe de indivíduos que eram previamente excluídos, como os outros povos, os membros de outras etnias, gênero, além dos animais não humanos e até mesmo da natureza. Outra forma de ver a questão é reconhecer que o progresso moral é uma evidência

---

12. Uma forma fácil de compreender o fenômeno é tomá-lo como uma maior inclusão no círculo moral. No passado, considerando as sociedades de caçadores-coletores, a proteção de cuidado e reciprocidade estava restrita aos membros de um pequeno grupo, de forma que só os seus estariam protegidos da agressão, enquanto os outros agentes não eram considerados como iguais, mas constituíam antes uma ameaça. Internamente, porém, havia arbitrariedade em relação a certos integrantes, como no caso da discriminação às mulheres. Com o decorrer do tempo, passou-se a incluir na preocupação ética os outros povos, as pessoas de outras etnias, as mulheres, os animais não humanos e até mesmo a natureza. Em outras palavras, o progresso moral é a saída do tribalismo em direção a uma maior inclusividade normativa-ética. Singer, por exemplo, explica o fenômeno como uma "expansão do círculo da ética", enquanto Buchanan e Powell o compreendem como uma "moralidade inclusivista". Ver SINGER, 2011, 111-124. Ver, também, BUCHANAN; POWELL, 2018, 62-66.

de que o conhecimento político, embora difícil, é possível, mas que ele deve ser interpretado em uma perspectiva progressiva. Por exemplo, no passado tanto a instituição da escravidão como as práticas sexistas eram tomadas como normais e vistas como corretas moralmente. Hoje elas são consideradas injustas e são fortemente censuradas pelo conjunto da sociedade. Mas, vejamos mais detalhadamente um exemplo paradigmático deste tipo de progresso, a saber, o reconhecimento universal dos direitos humanos.

Logo após o término da Segunda Guerra Mundial, a Declaração Universal dos Direitos Humanos foi elaborada por representantes de diferentes realidades jurídicas e culturais de todas as regiões do mundo, sendo proclamada pela Assembleia Geral das Nações Unidas em 10 de dezembro de 1948, instituindo uma proteção normativa a todos os membros da espécie humana. Diz no seu Preâmbulo que se deve reconhecer que a "[...] dignidade inerente a todos os membros da família humana e de seus direitos iguais inalienáveis é o fundamento da liberdade, da justiça e da paz no mundo". Também, que é fundamental "[...] promover o desenvolvimento de relações amistosas entre as nações" e afirmar a "[...] fé nos direitos humanos fundamentais, na dignidade do ser humano e na igualdade de direitos entre homens e mulheres". Os seus 30 artigos asseguram os direitos à vida, à liberdade e à segurança para todos os seres humanos, condenando a discriminação racial, de gênero, de religião e mesmo de posicionamento político. Garantem, também, a proteção contra a tortura, o castigo cruel, a escravidão, defendendo, igualmente, a igualdade de todos perante a lei e o direito ao asilo político, ao trabalho, à instrução e à saúde, entre outros direitos[13].

Veja-se que até a criação da ONU e da proclamação da Declaração Universal o meio mais usual para resolução de conflitos entre as nações era a guerra, sendo que, inclusive, a tortura e o ataques a civis eram meios usuais para se obter a vitória, bem como o nacionalismo e o patriotismo eram virtudes exaltadas em todos os continentes. Inclusive, se olharmos para a antiguidade, veremos que até escravidão era legitimada em razão de uma derrota bélica. Do ponto de vista econômico e político, o colonialismo e o imperialismo eram naturalizados até pouco tempo atrás. E do ponto de vista dos direitos civis, não era estranho depararmo-nos com regimes de segregacionismo racial, tal como na África do Sul e nos Estados Unidos da América. Após esse período, iniciamos um processo de ampliação do

---

13. Ver ORGANIZAÇÃO DAS NAÇÕES UNIDAS, 1948.

círculo moral e político, de forma a garantir aos excluídos uma proteção normativa. Torturas e castigos físicos cruéis foram banidos das práticas na maior parte dos países, bem como o nacionalismo e o patriotismo passaram a enfrentar oposição de demandas cosmopolitas. Não existem mais impérios coloniais e o imperialismo é fortemente censurado em termos planetários, assim como políticas segregacionistas não são mais habituais.

Dito isto, é importante reconhecer que o ambiente social e político deste tipo de progresso normativo exemplificado pelo reconhecimento planetário dos direitos humanos foi o das democracias representativas liberais que se caracterizam pela descentralização do poder político, ou, mais especificamente, pela limitação do poder dos governantes em relação aos direitos dos cidadãos, o que implica o respeito às diversas demandas dos grupos da sociedade civil, garantindo a autonomia do indivíduo e da sociedade. Veja-se que sem as garantias de liberdade de expressão e de associação dificilmente a escravidão teria sido abolida, assim como dificilmente as mulheres teriam conquistado o direito ao voto. Além disso, sem uma ordem hierárquica múltipla, com separação dos poderes, e, em especial, independência do judiciário, provavelmente o segregacionismo racial não teria terminado. Até o direito à propriedade privada e a instituição do livre mercado com justiça social parecem ter auxiliado na mobilidade social e na maior inclusão econômica dos desfavorecidos. Mas, mais importante, sem uma ordem democrática, em que se parte do pressuposto de que as diversas demandas da sociedade civil são legítimas, dificilmente os homossexuais teriam conquistado uma condição de igualdade com os outros cidadãos, igualdade que hoje lhes protege da punição, uma vez que em muitos países a homossexualidade era crime, e lhes garante o direito ao casamento ou à união civil e à adoção de crianças. Pode-se dizer que as democracias representativas liberais são condição de possiblidade do progresso moral[14].

---

14. Allen Buchanan também defende que a ordem liberal-democrática pode ser tomada como uma condição necessária para o progresso moral em larga escala. Ele destaca o papel vital que as instituições desempenham para se alcançar este progresso, destacando a defesa da liberdade de expressão, religiosa, de associação, bem como o poder descentralizado. Ele defende, inclusive, a hipótese de que o "contexto epistêmico social" foi uma condição necessária para o progresso moral, contexto que se caracteriza pela: (i) disseminação de ideias através dos livros, (ii) liberdade de expressão e associação, (iii) reconhecimento da diversidade cultural, (iv) cultura de apresentar razões ou justificações, (v) práticas de tolerância e (vi) direitos assegurados aos inovadores morais. Ver BUCHANAN, 2020, 146-151.

O ponto a que quero chamar a atenção é que o "tribalismo" não impediu essa maior inclusividade normativa, de forma que é possível ver uma exigência de altruísmo tanto nas relações entre as nações, como entre os diferentes membros de uma mesma nação. Penso que o progresso moral, embora não linear nem necessário, pode ser compreendido como uma evidência da plasticidade de nossas capacidades morais deliberativas, que nos possibilita restringir progressivamente a arbitrariedade em nossos juízos morais e políticos em direção a um altruísmo expandido. Creio, também, que este progresso pode ser interpretado como uma evidência de que o conhecimento político, embora complexo e não redutível a uma identificação neutra das evidências, é possível, sobretudo se considerado não sob a perspectiva de tudo ou nada, mas como uma questão de graus, em que se alcança a sabedoria progressivamente. Dado que as democracias representativas se constituíram historicamente como o ambiente social hegemônico da expansão do círculo ético, penso que não temos uma razão conclusiva para defender uma restrição da participação política. Ao contrário, talvez devêssemos mesmo considerar que um aumento desta participação produzisse ainda mais justiça.

CAPÍTULO IV

EQUILÍBRIO REFLEXIVO E CONHECIMENTO MORAL

O objetivo deste capítulo é investigar o escopo do método do equilíbrio reflexivo e sua relação com o conhecimento moral, refletindo sobre o papel deste método na teoria da justiça como equidade de John Rawls. Para tal, iniciamos mostrando a influência do método na filosofia moral e política. Depois, a investigação tem por foco analisar a importância do equilíbrio reflexivo na teoria rawlsiana, destacando o uso do equilíbrio reflexivo estreito e amplo, sobretudo nas obras *Outline of a decision procedure for ethics*, *A Theory of Justice* e *The independence of moral theory*, e o uso do equilíbrio reflexivo geral e pleno nas obras *Justice as Fairness, Political Liberalism, Reply to Habermas* e *The Law of Peoples*. Na parte final do texto, a ideia é defender o equilíbrio reflexivo como um método bastante adequado para a obtenção da objetividade das crenças éticas, interpretado como um tipo de conhecimento moral, partindo do uso de um equilíbrio reflexivo coletivo para resolver o problema de como os veículos autônomos devem decidir em casos de emergências.

I

Passados cinquenta anos da publicação da obra mais conhecida de John Rawls, a saber, *A Theory of Justice*, publicado originalmente em 1971, podemos constatar que o seu impacto foi arrasador na área de filosofia moral e política, não apenas pela defesa de um modelo contratualista para justificar princípios morais, no caso princípios de justiça que têm por conteúdo a igual liberdade, a igualdade equitativa de oportunidades e o bem-comum, o que caracteriza um liberalismo igualitário ou social, mas também em razão do método ou procedimento para justificar as próprias concepções morais dos agentes. Este é o método do equilíbrio reflexivo (ER). E em que pese a controvérsia que o método suscitou, o ER se tornou o procedimento por excelência na ética normativa e aplicada, bem como na filosofia social e política, exercendo alguma influência até mesmo na área do direito. E isto porque propôs deixar de lado tanto as questões controversas sobre o significado e a verdade dos conceitos e juízos morais, como as sobre a existência ou não de propriedades éticas, identificando a objetividade moral de forma inferencial. O ponto central do método é defender que a justificação moral não dependerá de um fundamento último, mas da coerência entra as crenças morais e não morais que são relevantes para um certo tema, sendo o ponto final de um processo deliberativo em que refletimos e revisamos nossas crenças. Como afirmado por Scanlon, ele é único método defensável em questões morais, sendo as outras aparentes alternativas puras ilusões (SCANLON, 2003, 149)[1].

Kai Nielsen define o ER como um método coerentista de explanação e justificação usado em filosofia moral, filosofia social e política, filosofia da ciência, filosofia da mente e epistemologia. A ideia central é confrontar os juízos morais particulares, os princípios gerais e as regras e práticas morais, modificando-as no caso de alguma incompatibilidade entre elas, até que se tenha alcançado um padrão normativo consistente e coerente. Este é um processo indefinido, pois novas crenças podem entrar no sistema coerente, forçando a revisão de uma ou algumas das crenças. Assim, o método se caracteriza por ser falibilista, antiabsolutista, holístico, pluralista e construtivista (NIELSEN, 2004, 546).

Em que pese sua forte influência na ética, este método surgiu inicialmente com Nelson Goodman, em seu clássico texto *Fact, Fiction, and Forecast*, publicado em 1955, com a abordagem da justificação das regras de lógica indutiva ou dedutiva. A ideia central defendida por ele é que podemos justificar as regras inferenciais em lógica colocando-as em equilíbrio com o que julgamos serem inferências aceitáveis em um conjunto significativo de casos. Assim, nenhuma regra inferencial seria aceitável como princípio lógico se não fosse compatível com o que tomamos por instâncias aceitáveis de raciocínio inferencial. Dessa forma,

---

1. DePaul é outro ardoroso defensor do método, dizendo que: "O melhor que podemos fazer é refletir sobre as coisas e confiar nas conclusões a que chegamos" (DePAUL, 2006, 618). De forma similar, Walden afirma que: "Esta é a única concepção de normatividade que nos resta, uma vez que descobrimos que um tipo de absolutismo é impraticável" (WALDEN, 2013, 254). A esse respeito, ver também FLOYD, 2017, 367-381; DANIELS, 1979, 256-257; NIELSEN, 1994, 89-101.

os princípios de inferência dedutiva são justificados por sua conformidade com as próprias práticas dedutivas. E estas práticas podem e devem ser revisadas na medida em que se avança e se recua na tentativa de identificação dos princípios provisórios para a prática, eliminando as inconsistências reveladas por estudos psicológicos e as nossas experiências diárias. A ideia era se contrapor ao fundacionismo, evitando a justificação dos princípios em crenças autojustificadas[2].

Este método de justificação holístico e antifundacionista foi adotado na ética normativa por Rawls, que o aplicou sobre as crenças morais, ou melhor, sobre um domínio específico da moralidade, a saber, o da justiça social. Assim, iniciamos com os juízos sobre a justiça, que se tem grande confiança e segurança (juízos ponderados), com um conjunto de princípios que explicam estes juízos. Por exemplo, as convicções de que a intolerância religiosa e a discriminação racial são injustas são juízos proferidos sem distorções, considerando nossa realidade social democrática, é claro, e, assim, os princípios de justiça de igual liberdade, igualdade equitativa de oportunidades e o da diferença explicam estas convicções, ou, dito de outra forma, descrevem nosso senso de justiça (RAWLS, 1971, 46-47/41-42 rev.). Posteriormente, testamos estes princípios em diferentes casos, de forma a verificar se gerariam outros juízos que estivéssemos preparados para endossar, ou, se for o caso, revisar, quando os princípios ou juízos não fossem consistentes. Por exemplo, julgar que a taxação progressiva fere o direito de propriedade parece incoerente com o princípio liberal da propriedade privada e com o princípio da decisão democrática, princípios que são comumente aceitos pelos agentes por serem básicos em uma democracia liberal, o que exigirá a revisão desta crença. Todo este processo está aberto à revisão, sendo um ideal que continua indefinidamente[3].

---

2. Goodman reconhece que o método é circular, mas que a circularidade é virtuosa. Em suas palavras: "Principles of deductive inference are justified by their conformity with accepted deductive practice. Their validity depends upon accordance with the particular deductive inferences we actually make and sanction. If a rule yields unacceptable inferences, we drop it as invalid. Justification of general rules thus derives from judgments rejecting or accepting particular deductive inferences. This looks flagrantly circular. [...] But this circle is a virtuous one. The point is that rules and particular inferences alike are justified by being brought into agreement with each other. A rule is amended if it yields an inference we are unwilling to accept; an inference is rejected if it violates a rule we are unwilling to amend" (GOODMAN, 1983, 61-62).

3. Daniels explica que a descrição do nosso senso de justiça é um processo exploratório e deliberativo por meio do qual descobrimos os princípios que podemos justificar enquanto restrição ao nosso comportamento, o que não significa que nossa concepção do que a justiça requer permaneça fixa. Ver DANIELS, 2016. Scanlon, por sua ver, explica o método do ER como contendo

O ER é um exemplo de um modelo em filosofia moral cuja característica central é a sua atitude revisionista, uma vez que nenhuma crença moral está imune à revisão e qualquer crença pode ser descartada se for incoerente com novas informações ou com um novo sistema de crenças morais coerentes, o que demonstra um profundo afastamento do dogmatismo e absolutismo ao defender a ideia de um agente moral como alguém que deve sempre estar disposto a revisar suas crenças e a considerar seriamente o ponto de vista das outras pessoas. E isto parece mais adequado a um projeto que busca identificar uma concepção de justiça para ordenar a estrutura básica em uma sociedade democrática e pluralista[4].

Ainda sobre a relevância do método, é importante fazer referência ao texto *Toward Fin de siècle Ethics: Some Trends*. Em sua reconstrução do percurso histórico da metaética no século XX, Darwall, Gibbard e Railton, apontam que o ER, assim como proposto por Rawls, teve o mérito de ter superado a investigação ética que estava reduzida apenas a uma análise lógica da linguagem moral, como se pode observar nas investigações sobre o significado e a verdade dos conceitos e juízos morais ou ainda sobre a existência ou não das propriedades morais, tais como as conduzidas por Moore, Schlick, Hare, Stevenson, entre outros, o que praticamente paralisou a discussão sobre questões morais e políticas substanciais em razão de uma forte postura anticognitivista, tomando os juízos morais apenas como expressões de sentimentos ou como forma de aprovação subjetiva, não os considerando como objetivos. Quando Rawls propôs testar os princípios morais (de justiça) com base na coerência com nossos juízos ponderados e com as teorias em equilíbrio reflexivo, ele oportunizou uma alternativa em epistemologia moral, reintroduzindo a ética normativa em um domínio cognitivo, o que caracterizou, para os autores em questão, a grande expansão da metaética no final do

---

três estágios: (i) se inicia identificando um conjunto de juízos ponderados sobre a justiça, sendo estes aqueles que parecem corretos sob certas condições, não estando influenciados por condições distorcidas; (ii) se tenta formular princípios que sejam expressões destes juízos; (iii) em caso de divergência, então se deve modificar os juízos ou os princípios para se obter consistência. Ver SCANLON, 2003, 140-141. Ver, também, o artigo de Tersman sobre o recente trabalho abordando o equilíbrio reflexivo e o método em ética (TERSMAN, 2018).

4. Andreazza destaca corretamente que muitos filósofos tomam o ER como exemplo de uma epistemologia moral "[...] cuja grande virtude é a capacidade para acomodar o que podemos chamar de uma atitude revisionista: nenhuma crença moral é imune à revisão e qualquer crença moral está sujeita a ser descartada se se mostrar incoerente com novas informações ou com um novo sistema de crenças morais" (ANDREAZZA, 2015, 473-474). Sobre a característica da revisibilidade, ver também SCANLON, 2003, 149; DANIELS, 1996, 28; BRINK, 1989, 130-131.

século XX, pois oportunizou investigações posteriores muito frutíferas sobre normatividade, razões, escolha racional, teoria dos jogos, bem como sobre justificação prática (DARWALL; GIBBARD; RAILTON, 1992, 121-124).

Entretanto, mesmo com a grande aceitação do ER, principalmente na filosofia prática, ainda existem muitas críticas que questionam a validade do método. Os principais problemas identificados são de conservadorismo e relativismo. Uma acusação já bem conhecida desde a publicação de *A Theory of Justice*, é que a pretensão coerentista do método seria problemática porque tomaria como base as intuições morais, isto é, as convicções ponderadas, e isto poderia implicar certo conservadorismo, de forma que os juízos morais apenas refletiriam os próprios preconceitos dos agentes. Este é o problema sobre a credibilidade inicial das crenças[5]. Outra preocupação é que o antifundacionismo do método poderia implicar certo relativismo, uma vez que ele é dependente da revisibilidade das crenças, não contando com crenças básicas, autojustificadas que o método não alcançaria a objetividade pretendida. Apenas obter coerência entre diversas crenças não seria suficiente para se chegar ao conhecimento moral[6].

Dito isto, o objetivo do texto é refletir sobre o escopo do ER, investigando em que sentido ele pode implicar conhecimento moral, uma vez que pretende alcançar a objetividade nas avaliações éticas. E como Rawls o utilizou em sua teoria, queremos compreender melhor qual é o seu papel na construção e justificação dos princípios da justiça como equidade, considerando se as críticas endereçadas ao método são ou não pertinentes. Para tal, iniciamos abordando a influência do ER na ética normativa, na filosofia política, na bioética e no direito. Em seguida, como dito anteriormente, investigamos o papel do ER na teoria da justiça de Rawls, identificando inicialmente o uso do ER estreito (*narrow*) e amplo (*wide*), sobretudo nas obras *Outline of a decision procedure for ethics*, *A Theory of Justice* e *The independence of moral theory*, e, posteriormente, analisando o uso do ER geral (*general*) e pleno (*full*), especialmente nas obras *Justice as Fairness*, *Political*

---

5. Brandt critica o método do ER porque ficções coerentes ainda continuam sendo ficções, e, no caso moral, parecem apenas refletir nossos próprios preconceitos. Ver BRANDT, 1979, 16-22. Sua acusação é que o coerentismo acaba fazendo uso de um tipo de intuicionismo, mas não ofereceria nenhuma distinção epistemológica para creditar mais credibilidade a certas convicções morais. O ponto central é que essa abordagem implicaria conservadorismo epistêmico. Ver BRANDT, 1990, 265-272.

6. Sobre esta crítica, ver KELLY; McGRATH, 2010, 334-341. Ver também as críticas de HARE, 1973; e de SINGER, 1974.

Liberalism, *Reply to Harbermas* e *The Law of Peoples*. Por fim, defenderemos o ER como um método adequado para se obter a objetividade dos julgamentos morais, possibilitando um tipo de conhecimento ético relevante para subsidiar nossas decisões, sobretudo em situações de incerteza, analisando a proposta de Savulescu, Gyngell e Kahane sobre o uso de um ER coletivo como um processo deliberativo coletivo para orientar as decisões dos veículos autônomos em casos de emergência.

II

Como já dito anteriormente, a despeito das muitas críticas que foram e ainda são endereçadas ao ER, sobretudo com a acusação de conservadorismo e relativismo, podemos facilmente perceber a grande influência que este método exerceu e ainda exerce nas áreas da ética normativa, da ética aplicada, e em especial da bioética, da filosofia social e política e, também, da filosofia do direito, sendo uma referência relevante, até mesmo, para algumas teorias de responsabilidade moral, como é o caso da teoria semicompatibilista defendida por Fischer e Ravizza. Gilbert Harman, por exemplo, faz esta constatação ao identificar que o modelo holístico e antifundacionista do ER consta como uma das três principais tendências em filosofia moral e política dos últimos cinquenta anos, usando a estratégia de harmonizar os juízos particulares e os princípios morais entre si na tentativa clara de alcançar um ajuste mútuo. Ao invés de reivindicar um tipo de intuicionismo ou de naturalismo, o ponto central desta tendência defende que podemos encontrar uma justificação objetiva das crenças através da correção de nossas intuições ponderadas sobre certos casos particulares pela coerência com certos princípios gerais e vice-versa. A ideia básica é que progredimos na investigação realizando um ajuste mútuo em nossas próprias concepções normativas. E os exemplos desta tendência antifundacionista seriam para ele, além da própria teoria da justiça de Rawls, a concepção de direito como integridade de Ronald Dworkin, a ética das virtudes naturalística de John McDowell, além de diversas éticas das virtudes, tal como as propostas por Stuart Hampshire e Rosalind Hursthouse[7]. Eu ainda

---

7. Para Harman, a segunda tendência foi o uso das intuições sobre casos particulares para se chegar a certos princípios morais, como se pode verificar nas discussões sobre os *trolley problems* desenvolvidas por Foot e Thomson, enquanto a terceira tendência foi o aumento da interação

acrescentaria à lista a teoria neocontratualista de T. M. Scanlon e as propostas neopragmatistas de Hilary Putnam e Richard Rorty[8].

Como bem apontado por Harman, a concepção de direito como integridade defendida por Dworkin é um importante exemplo da influência antifundacionista do ER. E isto porque Dworkin defende princípios morais e políticos como fornecendo interpretações de nossas práticas políticas e jurídicas. Por exemplo, ele diz que certas maneiras de entender a integridade e a santidade da vida humana se harmonizam com nossas práticas atuais e fazem com que as práticas sejam boas de acordo com nossa compreensão. Tal como Rawls, Dworkin inicia com as nossas visões e práticas atuais sobre um domínio específico, neste caso o direito, ao invés de definições ou outros princípios autoevidentes. É importante ressaltar que o projeto de Dworkin, como crítico tanto do positivismo como do jusnaturalismo, tem por base o interpretativismo, cujos elementos centrais são fornecidos pelos conceitos de integridade e coerência. Em *Law's Empire*, por exemplo, ele defende a tese de que o raciocínio jurídico é um exercício de interpretação construtiva, de forma que (i) o direito constitui a melhor justificativa do conjunto de nossas práticas jurídicas e que (ii) é a narrativa que faz dessas práticas as melhores possíveis. Assim, decisões jurídicas interpretam a prática jurídica contemporânea como uma política em processo de desenvolvimento, identificando os valores de integridade, continuidade e coerência (DWORKIN, 1986, vii-x). E, em *Justice in Robes*, Dworkin afirma que a objetividade não depende de pressupostos metafísicos realistas, de forma que a verdade objetiva de uma proposição dependeria de

---

entre pesquisas científicas e filosóficas sobre a moralidade. Harman também observa que McDowell defende uma posição antifundacionista em sua ética das virtudes naturalística, apelando para o que ele chama de reflexão "neurathiana", ponderando que mesmo na ética somos nós como que navegadores a arrumar o barco em mar aberto, não podendo contar com crenças autoevidentes para a justificação. Ver HARMAN, 2003, 415-420.

8. Putnam propõe seguir um modelo pragmatista em ética, entendendo a objetividade sem objetos, isto é, sem ter que contar com objetos metafísicos que sustentariam a verdade dos juízos morais, assumindo uma posição falibilista. Assim, a ética estaria ligada à solução de problemas práticos e deve ser guiada por vários apoios mútuos. Ver PUTNAM, 2004, 15-32; 52-70. Rorty também advoga pelo pragmatismo para enfrentar os problemas morais e políticos, compreendendo a objetividade como intersubjetividade ou solidariedade e não como fundada em uma realidade independente da linguagem humana, defendendo expressamente o antirrepresetacionismo. Ver RORTY, 1991, 1-34. Por sua vez, Scanlon defende uma teoria neocontratualista que especifica o critério moral pela justificação pública e razoabilidade, de forma que o que faz uma ação ser certa ou errada é o que pode ser justificado para outros enquanto fundamentos que não podem ser razoavelmente rejeitados, não vinculando a objetividade em alguma realidade metafísica. Ver SCANLON, 1998, 1-13; 198-247.

um fundamento em uma realidade que iria além das próprias razões substantivas. Para ele, as razões substantivas, tomadas em conjunto e mutuamente confirmadas, são suficientes para assegurar a objetividade (DWORKIN, 2006, 259-261)[9].

A respeito da ética normativa, podemos mencionar a teoria das virtudes defendida por Stuart Hampshire que se valeu claramente do modelo holístico do ER. Em *Two Theories of Morality*, ele compara duas concepções radicalmente distintas de moralidade, a saber, as teorias de Aristóteles e de Spinoza. E o ponto central da análise é a investigação sobre a relação entre intuições e teorias morais a partir de sua compreensão das características da ética aristotélica. Assim, para ele, a ética é análoga às teorias que tratam das práticas resultantes de um processo de habituação, como os jogos. Além disso, a concepção de um melhor tipo de vida e de uma lista de virtudes necessárias para vivê-la são elementos essenciais de uma teoria moral, pois os valores são irredutivelmente plurais. E, o mais importante, é que o raciocínio prático, incluindo o raciocínio moral, envolve o equilíbrio e a reconciliação das considerações diversas e muitas vezes divergentes. A ideia defendida por ele é a de que o papel de uma teoria moral é, portanto, articular a estrutura das diversas crenças morais que os agentes têm boas razões para defender. Dito de outro modo, a teoria deve auxiliar o agente a descobrir as crenças que são equivocadas em razão de não serem consistentes com a própria estrutura das crenças. E, dessa forma, a teoria pode ser usada para corrigir as intuições morais, assim como a teoria e as intuições devem ser confrontadas e harmonizadas para se obter um equilíbrio reflexivo (HAMPSHIRE, 1977, 1-95)[10].

É importante ressaltar que o ER é um método bastante utilizado em ética normativa, especialmente quando é necessário arbitrar entre as concepções

---

9. É importante destacar que esta reflexão sobre a objetividade é feita na parte do livro em que Dworkin analisa a importância da concepção de justiça de Rawls para o direito (*Rawls and the Law*). E ao refletir sobre a verdade e objetividade, faz menção à concepção de objetividade advogada por Rawls em *Political Liberalism*, que não se baseia na verdade perceptiva, mas tem por centro a coerência entre os juízos ponderados tomados como fatos básicos e os conceitos e princípios que são aceitáveis por nós sob uma reflexão apropriada. Para Dworkin: "Substantives reasons are enough. But they must not be isolated reasons. Our arguments for objectivity are sufficient only if they are sufficiently systematic and mutually and reciprocally examined" (DWORKIN, 2006, 260).

10. Em *Morality and Conflict*, Hampshire argumenta que a moralidade não pode ser definida apenas por princípios racionais e universais. Ao contrário, diz que ela deve estar fundada em ideais conflitantes e mutáveis, valores peculiares a um tempo e cultura específicos, sendo essencial ao raciocínio moral os conflitos. Ver HAMPSHIRE, 1984, 116.

divergentes dos agentes sobre o bom, o correto, o justo e, sobretudo, as nossas obrigações morais. A esse respeito, quero destacar uma teoria geral sobre a responsabilidade moral que faz um uso muito particular desse procedimento. Em *Responsibility and Control*, de 1998, Fischer e Ravizza defendem uma teoria semicompatibilista da responsabilidade moral, tomando a concepção strawsiana de responsabilidade, uma vez que, para eles, ser moralmente responsável é ser um candidato apropriado das atitudes reativas, tais como ressentimento, indignação, gratidão e até mesmo culpa. Esta teoria toma por escopo tanto as ações e omissões, como as consequências dos atos, incluindo, também, o caráter dos agentes. Os autores defendem que o agente é moralmente responsável por seu comportamento, apesar da verdade do determinismo causal. E, assim, a responsabilidade moral não requer o tipo de controle que envolve a existência de possibilidades alternativas genuinamente abertas ao agente, o que eles classificam de controle regulativo (*regulative control*), mas requer o controle de direcionamento (*guidance control*) na sequência efetiva da ação, implicando com isso uma capacidade do agente de responder às razões, devendo apresentar uma regularidade para reconhecer as ações morais (FISCHER; RAVIZZA, 1998, 34-46).

Agora, uma questão relevante é saber como eles procedem na construção de tal teoria. E a resposta é que fazem uso da metodologia do ER. Iniciam dizendo que se deve tentar articular as concepções compartilhadas de responsabilidade moral contidas em uma sociedade democrática. Então, supõe-se que haja um acordo suficiente sobre estas questões de obrigação moral – em um certo nível de reflexão – para justificar o engajamento sobre as concepções compartilhadas. Nas palavras dos autores: "Nosso método será, então, similar ao método rawlsiano de buscar um 'equilíbrio reflexivo' em um domínio relevante" (FISCHER; RAVIZZA, 1998, 10). Desse modo, a adoção do ER significará que se inicia identificando os juízos ponderados sobre os casos particulares, casos reais e hipotéticos, em que um agente tem responsabilidade moral sob tal caso. Então, explora-se os padrões destes juízos e se tenta encontrar princípios mais gerais que os sistematizem e iluminem. Com isso, estes juízos intuitivos são considerados em um nível maior de generalidade, podendo, então, incluir outros princípios plausíveis e atrativos, bem como outros fatos sobre a natureza humana e a sociedade, o que remete a um ER amplo (*wide*) (FISCHER; RAVIZZA, 1998, 10-11)[11].

---

11. Como classificado por Daniels, um ER amplo (*wide*) se caracteriza por testar a coerência de certas crenças morais em um nível maior de generalidade, o que implica testar a coerência

Para além da ética normativa, o ER parece exercer uma influência ainda maior na ética aplicada, em especial na bioética. A utilização deste método em questões de bioética, como as que tratam da correção ou incorreção do aborto, da eutanásia, da medicina reprodutiva e do melhoramento humano, apenas para exemplificar, tem tido grande sucesso em razão da expectativa de que possa mostrar um ponto comum normativo que nos levaria ao consenso, em que pese a grande controvérsia envolvida nestas questões. Por exemplo, uma das teorias mais influentes na bioética, a saber, o principialismo de Beauchamp e Childress, diz fazer expressamente uso desta metodologia ao buscar um ajuste apropriado entre as crenças em um nível maior de generalidade. Em *Principles of Biomedical Ethics*, é afirmado que o objetivo do ER é produzir um equilíbrio entre todas as crenças (morais, empíricas e teóricas), fazendo um ajuste constante e buscando a coerência entre elas, de forma que as intuições morais devem ser coerente com os princípios, como os de autonomia, não maleficência, beneficência e justiça, com as virtudes de cuidado, compaixão, discernimento, confiabilidade e integridade etc., e com as teorias morais, tais como a deontológica, a utilitarista, a ética do cuidado, entre outras[12].

É importante destacar que na obra *Principles of Biomedical Ethics*, o ER é introduzido como um modelo integrador. Na seção intitulada *An Integrated Model Using Reflective Equilibrium*, os autores defendem que tanto um procedimento

---

destas crenças não apenas com certos princípios morais, mas com outros princípios mais gerais, além de testar sua coerência com certos fatos não morais encontrados em determinadas teorias, como fatos sobre a natureza humana e sobre a organização social e econômica. A ideia central é que um sistema coerente mais abrangente pode evitar o conservadorismo, uma vez que as convicções ponderadas dos agentes são contrastadas com crenças científicas. Na próxima seção, faremos uma distinção mais detalhada entre ER estreito (*narrow*) e amplo (*wide*). Nas palavras de Fischer e Ravizza: "We shall be seeking deeper, more general explanations of the patterns in those judgments, explanations that are satisfying and can fit the core of truths of the natural and social sciences. In other words, we shall be seeking what Norman Daniels has called a 'wide reflective equilibrium'" (FISCHER; RAVIZZA, 1998, 11).

12. Eles destacam que os juízos morais ponderados de um sistema coerente devem ter uma história rica em experiências morais significativas, o que implica que devem ser adquiridos, testados e modificados ao longo do tempo, reforçando a confiança de que são credíveis e confiáveis. Argumentam que a fonte destes juízos ponderados confiáveis, necessários para a justificação, é a moralidade comum. Como exemplo desta moralidade comum está a fonte dos princípios básicos que exigem que respeitemos as pessoas (autonomia), que levemos em consideração seu bem-estar (beneficência e não maleficência) e que as tratemos justamente (justiça). Dessa forma, eles unem o modelo do ER com a moralidade comum. Ver BEAUCHAMP; CHILDRESS, 2009, 401-403.

de cima para baixo quanto um de baixo para cima precisam de complementação, pois os princípios precisam ser especificados para os casos e estes precisam de justificação a partir dos princípios. A ideia geral é que nem dedutivistas nem indutivistas estariam corretos, uma vez que não haveria uma ordem fixa de influência ou dependência do geral para o particular, e vice-versa. Por isso, os autores argumentam que para a bioética poder avançar, é necessário um modelo integrador como o do ER, de forma a estabelecer coerência entre as intuições, os princípios e as teorias morais (BEAUCHAMP; CHILDRESS, 2009, 381-387)[13].

Por fim, um último comentário sobre a influência do ER também na ética aplicada. Em recente artigo, Savulescu, Gyngell e Kahane defenderam o método do ER, de forma a usá-lo para acomodar a preferência pública sobre como os veículos autônomos devem decidir em situações de emergência, em tensionamento com os princípios de certas teorias éticas, como o utilitarismo, a deontologia e o contratualismo. Eles chamaram este método de "Equilíbrio Reflexivo Coletivo na Prática" (*Collective Reflective Equilibrium in Practice* – CREP). Em CREP, os dados coletados e tabulados sobre as preferências públicas ao redor do mundo, com a utilização da plataforma *on-line Moral Machine*, devem servir apenas como *input* em um processo deliberativo público que busca pela coerência entre as atitudes, comportamentos e princípios éticos, e não como a última palavra sobre a questão, uma vez que as intuições morais podem expressar preconceitos, vieses e interesses pessoais e/ou corporativos (SAVULESCU; GYNGELL; KAHANE, 2021, 1-2). A ideia é ver se os juízos ponderados sobrevivem se confrontados aos princípios éticos do utilitarismo, do kantismo e do contratualismo. Em caso de inconsistência, devemos revisar nossas crenças iniciais que temos grande confiança para alcançar uma situação de reflexão adequada. De posse disto, eles propõem uma política pública para normatizar esta situação (SAVULESCU; GYNGELL; KAHANE, 2021, 5-12). Mas, veremos em maior detalhe esta proposta na

---

13. Sobre a influência do ER no principialismo de Beauchamp e Childress, ver DALL'AGNOL, 2011, 151-156. Além de apontar as características centrais do procedimento nesta teoria bioética em questão, o autor também endereça uma importante crítica a ela: que o método do ER seria incoerente com a defesa de uma moralidade comum (eterna), uma vez que o fundacionismo seria inconsistente com o coerentismo do ER. Ver DALL'AGNOL, 2011, 156. Ainda sobre um aspecto crítico, Arras pondera que a vantagem do ER estaria em sua característica inconclusiva, isso se explicando pelo método ser muito abrangente, dado que envolve crenças em todos os níveis de generalidade, além de ser indeterminado, pois não haveria uma direção evidente de como obter a coerência integral entre crenças divergentes e até mesmo contraditórias. Ver ARRAS, 2007, 55.

última seção do texto. Agora, vamos analisar o papel exercido pelo ER na teoria da justiça como equidade de John Rawls.

III

Uma diferença que penso ser fundamental para compreender o papel específico do ER na nova teoria moral (contratualista) criada por Rawls, chamada de justiça como equidade (*justice as fairness*), que se pretende mais adequada do que as teorias morais utilitaristas, kantianas (deontológicas) ou mesmo perfeccionistas (como a teoria das virtudes) para a tarefa de estabelecer (criar) princípios morais de justiça para ordenar a estrutura básica da sociedade, é a distinção entre o ERE (Equilíbrio Reflexivo Estreito) e o ERA (Equilíbrio Reflexivo Amplo). No ERE, a coerência ou consistência deve ser alcançada entre certas crenças morais ponderadas e um ou alguns princípios éticos, de forma que as crenças justifiquem os princípios ou que os princípios justifiquem as crenças por sua consistência interna. Já no ERA, a coerência deve ser alcançada entre as crenças morais ponderadas, os princípios éticos e mais um conjunto de princípios gerais e as crenças pertencentes às teorias científicas, como as que procuram explicar o funcionamento social, econômico e psicológico, por exemplo. E, importa frisar, esta justificação se dá em nível pessoal, de forma que um agente estaria justificado em acreditar que tal coisa é correta em um certo domínio. Esta distinção é importante porque já antes da publicação de *A Theory of Justice*, Rawls utilizava o ERE em suas investigações sobre um procedimento de decisão em ética.

Em *Outline of a Decision Procedure for Ethics*, que sintetizou sua tese de doutorado, *A Study in the Grounds of Ethical Knowledge: Considered with Reference to Judgments on the Moral Worth of Character*, Rawls faz uso do ERE, tendo uma abordagem mais científica e menos política da questão de como justificar as decisões éticas. O ponto central foi defender que podemos identificar a objetividade da moralidade não na existência de entidade morais ou nas emoções como causas dos juízos éticos, mas através de um método confiável para validar uma regra moral que será a evidência da decisão ética correta. Estabelecendo uma analogia com o método científico, a ética terá o papel de criar um procedimento indutivista, descobrindo critérios razoáveis para determinar a correção de uma proposição moral. E este critério será dado por princípios morais razoáveis, que são os reconhecidos por juízes competentes (RAWLS, 1951, 177). Importa destacar que, para

Rawls, este procedimento que visa a esclarecer como devemos pensar e decidir em casos morais conflitantes tem três etapas.

A primeira etapa consiste em definir uma classe de juízes morais competentes (*competent moral judges*), entendidos como aqueles que: (i) possuem um certo grau de inteligência, (ii) têm conhecimento de certos fatos relevantes sobre si e o mundo, (iii) são razoáveis e (iv) tem um conhecimento empático dos interesses humanos nos casos conflitantes. E a pessoa razoável é definida da seguinte maneira: (1) tende a usar o critério de lógica indutiva para determinar o que é apropriado acreditar; (2) mostra uma disposição para encontrar razões contra e a favor de uma certa linha de conduta, quando confrontada com uma questão moral; (3) exibe um desejo de tratar as questões com a mente aberta, significando a capacidade de reconsiderar as próprias posições a partir das evidências apresentadas em uma discussão; (4) conhece ou tenta conhecer suas predileções emocionais, intelectuais e morais e se esforça para levar isso em conta na reflexão do mérito da questão, o que implica ter consciência da influência dos preconceitos e vieses cognitivos nas avaliações, não sendo fatalista sobre estes efeitos. Assim, os juízes morais competentes são definidos não pelos princípios que escolhem, mas pelas características que possuem, a saber, pela capacidade de sua inteligência e conhecimento e por suas virtudes de razoabilidade e empatia/imparcialidade (RAWLS, 1951, 178-179).

Na segunda etapa, deve-se selecionar uma classe de juízes morais ponderados (*considered judgments*), definidos como imunes às condições distorcidas, como, por exemplo, a de ter receio de punição ou retaliação, precedidos de uma investigação cuidadosa, que mantêm a integridade do juiz, e de fácil julgamento na vida cotidiana, por serem estáveis, certos e intuitivos com respeito aos princípios éticos (RAWLS, 1951, 181-183). Já a terceira etapa consiste em descobrir e formular uma explicação satisfatória do alcance destes juízos ponderados de juízes competentes, sendo este "[...] processo visto como um dispositivo heurístico que pode gerar princípios razoáveis e justificáveis" (RAWLS, 1951, 184)[14].

---

14. Importa destacar que o objetivo de Rawls era desenvolver uma investigação ética com a tarefa específica de descobrir e validar princípios éticos, identificando a objetividade destes princípios em sua razoabilidade, sendo descobertos por sua aceitabilidade e validados por sua reflexividade, especificando a autoridade normativa no sentido coletivo do correto de homens e mulheres livres e iguais, com a característica de falibilidade. Para Rawls: "The view of moral authority, as adopted in the present essay, is that it can finally be located only in the collective sense of right

Com isso se chega ao teste para verificar se um juízo em um caso particular é racional. Em outras palavras, evidencia-se a racionalidade do juízo mostrando que, dados os fatos e os interesses em conflito, o juízo é capaz de ser explicado por um princípio ou conjunto de princípios justificáveis. Mas, o que faz os princípios serem razoáveis e justificáveis? Rawls apresenta quatro critérios para tal: (i) eles explicam os juízos ponderados de juízes competentes; (ii) a razoabilidade do princípio é atestada por sua capacidade de ser aceita por juízes morais competentes após deliberarem livremente nos seus méritos, (iii) verificando se funcionariam em casos de difícil solução e (iv) se se mantêm em contraposição a uma subclasse de juízos ponderados de juízes competentes (RAWLS, 1951, 187-189).

Agora, deixam-me ilustrar o método com um caso de aplicação para a sua melhor compreensão. O problema da justificação da punição é um exemplo de uma questão de difícil solução e que apresenta posições conflitantes, como a utilitarista (preventivista) e a retributivista, por exemplo, entre outras. Então, se um princípio ou conjunto de princípios pode ser formulado evidenciando uma capacidade de resolver este problema, tendo a aceitar todos ou quase todos juízes competentes; logo, neste caso específico, este princípio passaria no teste (RAWLS, 1951, 188). Em *Two concepts of rules*, Rawls propõe que a instituição da punição se justifica por seu efeito preventivo e que o ato particular punitivo só se justificaria se centrado na culpa do agente. E, assim, o princípio da punição com fins preventivistas que proíbe a punição do inocente se justifica pela coerência com os nossos juízos ponderados. Uma vez que um legislador ideal não criaria uma regra que permitisse punir um inocente com fins preventivos, porque (i) haveria o risco de abuso do poder discricionário das autoridades e (ii) estaria em desacordo com nossos juízos ponderados, que tomam como correto punir apenas o culpado (RAWLS, 1955, 4-13). Este princípio é razoável porque explica os nossos juízos ponderados, sendo aceito por juízes competentes após reflexão adequada e porque resolve o problema ao congregar elementos normativos das duas teorias mais influentes do debate.

---

of free and intelligent men and women. Even then, such an authority is not final, or infallible" (RAWLS, 1950, 8). A ideia básica é a de que juízos racionais de pessoas razoáveis são fundamentais para estabelecer uma base adequada para o conhecimento ético. Estes juízos ponderados serão o material a partir do qual se construirão os princípios, servindo tanto como base para sua explicação e construção, quanto como teste para qual seja a teoria proposta. Ver RAWLS, 1950, 8-68. Ver, também, RAWLS, 1946, 29-48.

Com isso, podemos identificar a defesa de um tipo de racionalismo ético com o ERE, considerando este racionalismo não com a posição de que existem princípios morais aceitáveis que podem ser justificáveis pela razão teórica sozinha, mas, analogamente à razão indutiva, com a concepção de que existem princípios para justificar decisões éticas, ambas relacionadas a nós mesmo e aos outros, em que os princípios são capazes de satisfazer o teste de aceitabilidade de pessoas competentes[15].

Diferentemente dos textos anteriormente referidos, em *A Theory of Justice*, Rawls emprega o método do ERA, como podemos verificar nas seções 4 e 9, nas quais ele agrega para além da coerência entre os juízos ponderados e os princípios éticos, as crenças de sociedade cooperativa e pessoas morais contidas na teoria contratualista da justiça, de forma que os princípios serão tomados como objetivos se os envolvidos (partes) no acordo (posição original) puderem aceitá-los a partir de uma situação de simetria (véu da ignorância), sendo testados por sua coerência com os juízos ponderados, expressando o nosso próprio senso de justiça. E esta distinção já responde ao alegado problema de conservadorismo, o que implicaria que os princípios de justiça expressariam apenas os preconceitos dos agentes, mas não o justo.

Rawls diz que o objetivo de sua teoria é estabelecer os termos da cooperação equitativa que devem orientar agentes morais, livres e iguais, em sua escolha dos princípios de justiça para orientar as principais instituições políticas, econômicas e sociais de uma sociedade democrática. Nessa concepção, a perspectiva apropriada para escolher entre concepções conflitantes de justiça é a de um contrato social hipotético em que as partes contratantes têm o conhecimento restrito de sua situação específica, bem como de suas motivações mais profundas, não sendo influenciados pela sorte natural nem por circunstâncias sociais. Como esta situação de escolha é equitativa (*fair*) para todos, Rawls chama de *justice as fairness* a concepção que daí emerge. Sob estas restrições (situação de simetria), Rawls

---

15. A ideia epistemológica básica é a de que a ética deve examinar cuidadosamente as instâncias das decisões morais intuitivas, aceitáveis e razoáveis. E como as instâncias adequadas para a epistemologia serão encontradas em teorias científicas reconhecidas, as instâncias adequadas para a ética serão encontradas nas decisões que resultam das discussões mantidas por eticistas, juristas e outros que tenham pensado cuidadosamente no assunto. O ponto central é que as evidências devem ser aceitáveis sob os cânones do procedimento indutivo. Ver RAWLS, 1951, 194. Sobre uma análise deste aspecto de cientificidade da ética em Rawls, ver REIDY, 2014, 12-23.

postula que os contratantes escolheriam princípios mais razoáveis que garantiriam a igual liberdade, a igualdade equitativa de oportunidades e o princípio que permitiria a desigualdade apenas se melhorasse a situação dos menos favorecidos (RAWLS, 1971, 17-19/15-17 rev.).

Além disso, há uma condição adicional para justificar os princípios de justiça, a saber, eles devem se harmonizar com as nossas convicções ponderadas de justiça em ERA, convicções nas quais intuitivamente temos grande confiança, como as que afirmam que "[...] a intolerância religiosa e a discriminação racial são injustas" (RAWLS, 1971, 19/17 rev.). E Rawls destaca que estas convicções são pontos fixos provisórios (*provisional fixed points*) que, presumimos, qualquer concepção de justiça deve satisfazer. Contudo, não havendo coerência, devemos modificar estas restrições de escolha na situação contratual ou revisar nossos juízos existentes, ou até mesmo os juízos que tomamos provisoriamente como pontos fixos. A ideia é que fazendo essa revisão, podemos encontrar uma descrição da situação de escolha que expresse as condições razoáveis e assegure os princípios coerentes com nossos juízos ponderados. Por exemplo, podemos revisar nossas convicções sobre a correta distribuição da riqueza e autoridade à luz dos princípios éticos que acomodam nossas convicções morais mais firmes (RAWLS, 1971, 20/18 rev.). Nas palavras de Rawls:

> Chamo a essa situação de equilíbrio reflexivo. É um equilíbrio porque, finalmente, nossos princípios e juízos coincidem; e é reflexivo uma vez que sabemos a quais princípios nossos juízos se conformam e as premissas de sua derivação. [...] Por enquanto, fizemos tudo ao nosso alcance para tornar coerentes e justificar nossas convicções de justiça social. Alcançamos uma concepção da posição original (RAWLS, 1971, 20-21/18 rev.)[16].

Essa condição significa uma garantia adicional de que o resultado do processo deliberativo sobre os termos equitativos de cooperação na posição original conta realmente com um enfoque na justiça e não em outro domínio. O modelo de construção – contrato – nos ajuda a determinar quais princípios devemos escolher entre as visões concorrentes de justiça, mas a justificação no seu uso para

---

16. Rawls observa em nota de rodapé que este processo de ajuste mútuo de princípios e juízos ponderados não é peculiar à filosofia moral, fazendo referência à obra de Nelson Goodman, *Fact, Fiction, and Forecast*, em que se pode verificar este procedimento de justificação dos princípios de inferência dedutiva e indutiva. Ver RAWLS, 1971, nota 7, 20/18 rev.

garantir a estabilidade social deve vir do ERA. E isso porque Rawls defende que os princípios propostos não sejam verdades necessárias ou derivados de tais verdades, como deduzidos de premissas autoevidentes. Ao contrário, a justificação dos princípios "[...] é uma questão de apoio mútuo de várias considerações, de tudo se encaixando em uma visão coerente" (RAWLS, 1971, 21/19 rev.).

Na seção 9 de *A Theory of Justice*, fica mais fácil compreender que o método que está sendo adotado por Rawls é o do ERA. E isso porque, para ele, o papel da teoria moral é descrever nossa capacidade moral (gramática moral) ou, no presente caso, o papel é descrever nosso senso de justiça, que são expressos pelos juízos ponderados dos agentes. Rawls diz que: "[...] Uma concepção de justiça caracteriza nossa sensibilidade moral quando os juízos que fazemos cotidianamente estão de acordo com estes princípios" (RAWLS, 1971, 46/41 rev.). O ponto defendido é que não podemos entender nosso senso de justiça até sabermos sistematicamente uma ampla gama de casos que serão abarcados pelos princípios. E no artigo *The independence of moral theory*, Rawls diz explicitamente que, "[...] porque nossa investigação é filosoficamente motivada, estamos interessados em quais concepções as pessoas afirmariam quando alcançassem um equilíbrio reflexivo amplo (*wide*) e não apenas estreito (*narrow*)", de modo que é preciso investigar que princípios as pessoas aceitariam se tivessem a oportunidade de considerar outras concepções plausíveis de justiça (RAWLS, 1975, 8)[17].

Note-se que os juízos ponderados são os que expressamos quando nossa capacidade moral é exercida sem distorções. Isso representa descartar juízos feitos com hesitação ou com pouca confiança, bem como descartar os juízos feitos quando estamos aborrecidos ou ameaçados. Assim, pode-se dizer que a justiça como equidade é a hipótese de que os princípios escolhidos na posição original são idênticos aos que se encaixam com nossos juízos ponderados, de modo que estes princípios descrevem nosso senso de justiça (RAWLS, 1971,

---

17. John Mikhail identifica duas funções diferentes do ER nas seções 4 e 9 de *A Theory of Justice*. Na seção 4, o ER teria a função de resolver as discrepâncias que podem surgir entre os juízos ponderados e os princípios escolhidos na posição original, sendo melhor entendido como um ERE. Na seção 9, por sua vez, Rawls caracteriza o ER diferentemente, não apenas como uma situação de equilíbrio para justificar os princípios, mas também como uma situação que surge após a pessoa ter tido a oportunidade de avaliar e refletir sobre as concepções de justiça concorrentes a partir de seu próprio senso de justiça, o que pode implicar uma revisão dos juízos iniciais, caracterizando assim um ERA. Ver MIKHAIL, 2011a, 11-26.

48/42 rev.)¹⁸. Observa-se, assim, que, do ponto de vista de uma teoria moral, a melhor concepção de senso de justiça para uma pessoa é o que se harmoniza com seus juízos em todos os níveis de generalidade, isto é, quando a pessoa pesou várias concepções propostas e revisou seus juízos de acordo com os princípios. No ERA, ampliamos o campo de crenças morais e não morais relevantes, incluindo a teoria social geral, para incluir tanto uma descrição das condições sob as quais seria justo para pessoas racionais e razoáveis escolherem entre princípios concorrentes, como a evidência de que os princípios resultantes constituem uma concepção viável de justiça, ou seja, que as pessoas poderiam sustentar seu compromisso com tais princípios. O argumento é que seria a justiça como equidade que emergia no ERA, e não alguma concepção utilitarista ou perfeccionista (RAWLS, 1971, 49-50/43 rev.)¹⁹.

IV

Pelo que vimos anteriormente, embora haja distinções relevantes entre o ERE formulado de maneira mais científica e o ERA formulado a partir de uma teoria contratualista, é importante compreender seus pontos de contato, a saber, que os princípios de justiça (que são princípios morais razoáveis) se justificam por sua aceitabilidade por pessoas racionais e razoáveis (ou juízes morais competentes), por sua coerência com os juízos morais ponderados assegurados por estes agentes e por sua capacidade de resolver o problema em uma situação difícil

---

18. É importante reconhecer que, para Rawls, as restrições da posição original são justas para todos os contratantes, uma vez que são livres e iguais, o que implica que podem formar e revisar suas concepções de bem e têm um senso de justiça. Há também um apelo ao ideal de uma sociedade bem ordenada na qual os princípios de justiça desempenham um papel particular como princípios públicos para reconciliar disputas. Similarmente, há uma descrição dos bens primários necessários para que os agentes que não conhecem suas próprias preferências reais decidam quais princípios seriam melhores escolher. Ver DANIELS, 2016.

19. Em *The independence of moral theory*, Rawls esclarece que o ERA não implicaria conservadorismo porque: (i) pressupõe a revisibilidade das crenças, uma vez que os juízos ponderados devem ser tomados em todos os níveis de generalidade; (ii) requer que os agentes façam a revisão com convicção e confiança e que possam afirmar estes princípios por sua aceitabilidade na prática; (iii) o método satisfaz certas condições de racionalidade, uma vez que exige a análise de outras concepções de justiça. Assim, o ERA garante a objetividade dos princípios por sua coerência com nossa sensibilidade moral em todos os níveis de generalidade, o que conduzirá à coerência inclusive com certas crenças científicas. Ver RAWLS, 1975, 7-10.

em que há conflito, no caso um conflito sobre a abrangência e significado da justiça social. E esta constatação é relevante para entender um pressuposto central da teoria moral-política desenvolvida por Rawls: sua ideia original foi conectar a descrição com a prescrição, isto é, conectar os aspectos normativos da justificação dos princípios de justiça com os aspectos descritivos da explicação das diversas práticas de justiça, conectando os valores a partir de uma regularidade dos próprios fatos, estabelecendo a objetividade moral a partir da construção de um ponto de vista normativo que todos podem aceitar por sua razoabilidade, o que já torna possível responder a objeção de que este modelo construtivista implicaria relativismo. E esta conexão entre fatos e valores, penso, fica ainda mais clara em suas obras posteriores, como em *Political Liberalism* e em *The Law of Peoples*[20].

Por exemplo, na Conferência III do *Political Liberalism*, Rawls diz que:

> Dizer que uma convicção política é objetiva implica dizer que existem razões, especificadas por uma concepção política razoável e reconhecida mutuamente, suficientes para convencer todas as pessoas razoáveis de que isto é razoável (RAWLS, 1996, 119).
>
> O construtivismo político não busca algo para estabelecer a razoabilidade da afirmação de que a escravidão é injusta, como se a razoabilidade dela precisasse de algum tipo de fundamento. Podemos aceitar provisoriamente, embora com confiança, certos juízos ponderados como pontos fixos, aqueles que tomamos como fatos básicos, como, por exemplo, a escravidão ser injusta. Mas apenas alcançaremos uma concepção política totalmente filosófica quando tais fatos forem coerentemente conectados entre si por conceitos e princípios aceitáveis para nós sob a devida reflexão (*due reflection*) (RAWLS, 1996, 124).

O ponto a ser destacado é que estes fatos básicos, como considerar a escravidão, a tirania, a exploração e a perseguição religiosa como injustas, são tomados como pontos fixos provisórios, compreendidos como uma referência normativa

---

20. Rawls defende que a objetividade moral é entendida em termos de construção de um ponto de vista normativo-social que todos poderiam aceitar em razão de sua razoabilidade. E a razoabilidade é um critério normativo muito usual para pautar as relações sociais nas sociedades democráticas contemporâneas. E para além do próprio procedimento de construção dos princípios não há fatos morais, estando a própria verdade ou correção relacionadas apenas ao próprio procedimento adequado de construção – a justiça procedimental pura. E isto se opõe claramente ao intuicionismo, que defende a separação dos fatos e valores, e ao naturalismo, que quer identificar o fundamento dos valores nos fatos. Ver FREEMAN, 2007, 29-42. Para uma crítica da tentativa rawlsiana de conectar fatos e valores, ver DE MAAGT, 2017, 447.

factual para o estabelecimento da justiça como equidade. Não é sem razão que Rawls inicia o *Political Liberalism* descrevendo as características das sociedades democráticas que se instituíram a partir da modernidade, logo, a partir da defesa das ideias de liberdade, igualdade, tolerância, democracia etc. Assim, a partir de um tipo de descrição de certas práticas, pode-se identificar certas ideias normativas centrais, como a da sociedade equitativa de cooperação social ao longo do tempo, que congrega as ideias de sociedade bem ordenada e a de cidadãos como livres e iguais. E são estas ideias que serão pressupostas na posição original (PO) para a escolha dos princípios. Com isso, a normatividade será propriamente encontrada na prática da justiça das sociedades democráticas. Entretanto, ela precisa ser testada. Aqui aparece a clara função do ER: "Expressamos isto dizendo que uma concepção de justiça, para ser aceitável, deve estar de acordo com nossas convicções ponderadas, em todos os níveis de generalidade, sobre uma reflexão adequada, ou o que eu chamei em outro lugar de 'equilíbrio reflexivo'" (RAWLS, 1996, 8)[21]. Como afirmado em *Reply to Habermas*, é importante frisar que este ER deve ser compreendido como um ponto ao infinito que nunca poderemos alcançar, mas que podemos chegar próximo, "[...] no sentido de que através da discussão, nossos ideais, princípios e juízos pareçam mais razoáveis para nós" (RAWLS, 1996, 385).

Assim, Rawls abandona a sugestão de que todas as pessoas poderiam convergir no mesmo ERA compartilhado em sua adesão à concepção de justiça como equidade. Essa importante mudança ocorre em razão do reconhecimento dos limites da razão (*the burdens of judgment*) e do fato do pluralismo razoável (*reasonable pluralism*). O ponto da mudança está no reconhecimento de que a complexidade, a incerteza e a variação das experiências humanas levam a razão, quando exercida em condições de liberdade, que é protegida pelos princípios de justiça, a um pluralismo inevitável de visões morais, religiosas e filosóficas abrangentes. Ao invés de apostar que a estabilidade seria alcançada quando os agentes defendessem os princípios de justiça no ERA, agora Rawls se contenta em considerar a estabilidade como resultado de um consenso sobreposto (*overlapping consensus*) ou de um Equilíbrio Reflexivo Geral (ERG), o que significa que os cidadãos

---

21. Rawls destaca em nota de rodapé que uma característica específica do ER é que ele inclui nossas convicções ponderadas em todos os níveis de generalidade, e que nenhum nível, sejam os princípios abstratos, ou os juízos ponderados em casos específicos, podem ser vistos como fundacionais; entretanto, todos têm uma credibilidade inicial. Ver RAWLS, 1996, 8, nota 8.

podem apoiar os dois princípios morais a partir do seu comprometimento com certas doutrinas abrangentes (religiosas, morais, metafísicas) diferentes, que, no entanto, podem conviver entre si, isto é, através de vários ERAs[22].

É importante frisar que a necessidade de chegar a um acordo na forma de um consenso sobreposto a partir de pontos de vista diversos surge internamente sob as condições de liberdade e os limites da razão, sendo evidenciado ainda pelas diferentes perspectivas que podemos obter de uma visão global das questões. Como dito corretamente por Daniels, Rawls impôs três condições básicas aos princípios da justiça. Primeiro, eles devem ser escolhidos entre alternativas plausíveis em condições justas para todos os contratantes, isto é, devem ser escolhidos na PO. Em segundo lugar, o que as partes escolhem deve corresponder aos nossos juízos morais ponderados e outras crenças em ERA. E, em terceiro lugar, os princípios devem incluir uma concepção estável de justiça, que é política, de forma que as pessoas se comprometeriam com eles em consenso sobreposto, isto é, a partir de seus diversos comprometimentos abrangentes, o que é o mesmo que um ERG. Entretanto, para os agentes estarem plenamente justificados em adotar a concepção política de justiça como equidade, concepção obtida em ERG, eles devem incorporar isto em ERA, de forma a incluir suas próprias doutrinas abrangentes. E isto apenas contará como uma concepção razoável se a concepção pública de justiça for coerente com suas outras crenças em ERA[23].

Em *Reply to Habermas*, Rawls esclarece o significado do ERG, bem como do Equilíbrio Reflexivo Pleno (ERPl). Ao negar a acusação de Habermas de que a PO seria monológica, ele ressalta o aspecto intersubjetivo da justificação empregada na justiça como equidade, uma vez que a conjectura da PO deve ser testada por: (i) um ERA em diferentes níveis de generalidade, (ii) um ERG para garantir a esta-

---

22. É esclarecedor considerar que a ideia do ER é de uma teoria sob as condições das quais as crenças morais são justificadas, mas é também associada ao método para se obter tais crenças. Tersman compreende que o ER é um estado a que se chega resolvendo as inconsistências entre as nossas concepções morais mais profundas e certos princípios morais aceitos por sua razoabilidade, o que oportuniza a revisão destas crenças, de forma que propiciam um apoio mútuo entre si. Ver TERSMAN, 2018, 2-4.

23. Daniels observa corretamente que para os indivíduos estarem em um equilíbrio reflexivo político é necessário que os cidadãos estejam em ERG conectado com um ERA. Ele define o equilíbrio reflexivo político da seguinte maneira: é um equilíbrio reflexivo amplo que inclui elementos da razão pública e uma disposição de se engajar em métodos políticos de justificação dos princípios. Assim, as afirmações sobre a justiça podem ser tomadas como objetivas sem pressuposição da verdade, apenas contando com a razoabilidade e coerência. Ver DANIELS, 2016.

bilidade ou um consenso sobreposto e (iii) um ERPl, que conecta o ERA e o ERG. Rawls explica que o ERA é alcançado quando um cidadão considerou cuidadosamente as concepções alternativas de justiça e a força de seus argumentos e pode justificar sua crença nos princípios da justiça como equidade por sua coerência com seus juízos morais ponderados e suas convicções mais gerais. O problema é que em sociedades plurais, há um desacordo moral e religioso generalizado, de forma que muitos agentes podem chegar a conclusões diferentes estando em ERA. Lembrando que uma sociedade bem ordenada é efetivamente regulada por uma concepção política de justiça, que é autossuficiente (*freestanding*), podemos imaginar cada cidadão desta sociedade como tendo alcançado um ERA distinto. Por exemplo, pessoas com credos religiosos diversos (cristão, judeu, islâmico, budista ou mesmo ateu), com posições teóricas distintas sobre a moral (utilitarista, kantiano ou niilista, ou mesmo realista ou antirrealista), podem concordar com os mesmos princípios de justiça a partir de seus juízos ponderados distintos, mas que serão coerentes com os princípios.

Dado que os cidadãos reconhecem que eles aceitam a mesma concepção pública de justiça, eles também alcançam um ERG. E isso porque, como explicado por Rawls "[...] a mesma concepção é afirmada nos juízos ponderados de cada um" (RAWLS, 1996, 384). Com isso, os cidadãos chegam a um ERPl, que é o mesmo que chegar a uma situação que conecta o ERA e o ERG. Dessa forma, em tal sociedade, não apenas existiria um ponto de vista público do qual todos os cidadãos podem deliberar sobre questões de justiça política, mas também este ponto de vista seria mutuamente reconhecido em ERPl, o que implica que este equilíbrio seja inteiramente intersubjetivo (RAWLS, 1996, 384-385, nota 16)[24].

Na parte final desta seção, penso ser relevante expor o funcionamento do ER tal como ele opera na teoria de justiça global desenvolvida por Rawls. Em *The Law of Peoples*, ele propõe uma ampliação de seu modelo contratualista para especificar

---

24. Em *Justice as Fairness*, Rawls destaca que a ideia de justificação conectada com ERPl é não fundacionista, tem um objetivo prático e é racionalmente reflexiva da seguinte forma: nenhum conjunto específico de juízos ponderados de justiça política são tomados como tendo o peso integral da justificação pública. Assim, os juízos ponderados de todos os tipos e níveis devem ter uma razoabilidade intrínseca ou aceitabilidade para as pessoas que persistem após a reflexão apropriada. Ver RAWLS, 2001, 29-32. Para ele: "The most reasonable political conception for us in the one that best fits all our considered convictions on reflection and organizes them into a coherent view. At any given time, we cannot do better than that" (RAWLS, 2001, 31).

as regras do direito internacional. Inspirado na ideia de uma federação pacífica de povos, Rawls estende o conceito de justiça de nível interno – de sociedades liberais nacionais – para um nível externo – denominado por sociedade dos povos –, o que inclui os povos decentes, que são caracterizados por "hierarquias de consulta decente", isto é, povos que respeitam os direitos humanos mas que não assumem a igualdade de gênero e a democracia como valores centrais, por exemplo. Para tanto, se realiza a primeira PO, em que as partes nas sociedades nacionais escolhem os princípios de justiça que garantem a igual liberdade, a igualdade equitativa de oportunidades e o bem-comum com o princípio da diferença. Em um segundo nível dessa PO, as partes, que são representantes dos povos, deliberam e escolhem oito princípios de justiça: os povos (1) são livres e independentes, devendo ser respeitados por outros povos; (2) devem observar tratados e compromissos; (3) são partes iguais dos acordos que os vinculam; (4) devem observar um dever de não intervenção; (5) têm o direito à autodefesa, mas nenhum de instigar guerras por outras razões que não a autodefesa; (6) devem honrar os direitos humanos; (7) devem observar certas restrições específicas na conduta da guerra; (8) têm o dever de ajudar outros povos que vivem em condições desfavoráveis (RAWLS, 1999c, 37)[25].

A controvérsia em questão é que estes princípios de justiça apenas garantiriam questões de civilidade e humanidade, sendo limitados no quesito de justiça global, isto é, no que diz respeito a um princípio de justiça distributiva entre os povos e, também, no que diz respeito à afirmação do valor incondicional da democracia (SEN, 2009, 26). A crítica principal ao texto, numa perspectiva cosmopolita global, foi a de não ter estendido ao nível internacional aquilo que a justiça como equidade defendeu no plano interno, isto é, uma perspectiva igualitarista (TAN, 2001, 495). Agora, importa perguntar: por que isso ocorreu?

No meu entender, em primeiro lugar, pelo reconhecimento do fato do pluralismo razoável, o que significa compreender que vivemos em um mundo plural, que congrega muitas concepções abrangentes distintas, mas que podem conviver

---

25. Destaca-se que as partes (1) são razoavelmente e equitativamente situadas como povos livres e iguais, (2) são racionais, (3) deliberam sobre o conteúdo do Direito dos Povos, (4) tem sua deliberação em termos de razões corretas (restritas pelo véu da ignorância), (5) selecionam baseadas nos interesses fundamentais dos povos, o que implica o não conhecimento do tamanho do território ou da população, de seus recursos naturais ou no nível de desenvolvimento econômico. O critério adotado é o da reciprocidade para a obtenção de uma cooperação contínua entre os povos, fundamentada em um reconhecimento mútuo de legitimidade (RAWLS, 1999c, 32-35).

entre si. Por isso, o objetivo do direito dos povos é inclusivo, pois visa a incluir, neste acordo, as sociedades bem-ordenadas e aquelas hierarquicamente decentes, garantindo a autonomia dos povos, considerando que a autonomia é o critério normativo central compartilhado pelos povos (RAWLS, 1999c, 85).

Em segundo lugar, em razão do ER, o que significa que os princípios que emergem da PO sob o véu da ignorância dependem amplamente dos juízos ponderados cumulativos no âmbito moral relevante, que devem ser aceitos por agentes (povos) racionais e razoáveis. Para Rawls: "A concepção de contrato social do direito, mais do que qualquer outra concepção conhecida por nós, deve tomar em conjunto, em uma visão coerente, nossas convicções políticas ponderadas e juízos políticos (morais) em todos os níveis de generalidade" (RAWLS, 1999c, 58).

Com uma melhor compreensão do uso do ER no Direito dos Povos, penso que podemos reconhecer que a teoria rawlsiana é fortemente dependente do contexto. No âmbito nacional de sociedades democrático-liberais, por exemplo, parte-se dos valores comuns de liberdade, igualdade, bem-comum, democracia etc. Mas, e no âmbito do direito internacional, quais seriam os valores comuns? Nesse domínio, Rawls pensa que devemos olhar para a cultura política pública global que reúne, para além de povos democrático-liberais, povos que respeitam os direitos humanos, mas que são provenientes de uma tradição teocrática e hierárquica. E assim, os princípios escolhidos expressariam nosso senso de justiça universal com os valores de autonomia, reciprocidade, humanismo, justiça, benevolência, entre outros, que podem ser endossados por sua razoabilidade após uma reflexão adequada ou em um ER global (RAWLS, 1999c, 86)[26].

V

Nesta última parte do texto, quero enfrentar a questão se seria equivalente alcançar um estado de ER a ter conhecimento moral ou não. Se tomarmos o

---

26. É importante destacar que a especificidade do uso do ER por Rawls surge da especificidade do seu projeto de identificar um consenso sobreposto e não de considerações abstratas sobre a essência do método. A esse respeito, Walden afirma corretamente que Rawls especifica um tipo particular de juízos, os juízos ponderados, como o *input* de seu procedimento, porque estes juízos são o local apropriado do consenso sobreposto buscado, sendo sua confiança nestes juízos um reconhecimento de uma restrição pragmática sobre o uso do ER em filosofia política, a saber, que a autoridade normativa da justiça será derivada de sua aceitabilidade. Ver WALDEN, 2013, 257.

conhecimento de forma tradicional, como crença verdadeira justificada, a resposta à questão é certamente negativa, uma vez que a objetividade moral que resulta do ER é intersubjetiva, não se valendo de uma instância independente de fatos morais que seria a base correspondentista das verdades morais objetivas. Entretanto, como a questão do conhecimento ainda é uma questão em aberto, haja visto os exemplos de Gettier que, em *Is Justified True Belief Knowledge?*, mostram que se pode ter crença verdadeira justificada aleatoriamente[27], e dado que a história da filosofia moral nos revela que a noção de verdade ética é problemática, penso que o procedimento do ER nos possibilita identificar os critérios normativos mais relevantes para nós a partir da maximização da coerência e do reconhecimento de sua razoabilidade. É claro que o método é insuficiente para identificar critérios normativos absolutos, uma vez que a revisibilidade/reflexibilidade é sua marca central. Mas, penso que ele é consistente com o ritmo e a direção do progresso moral ao longo da história e com o fenômeno do desacordo moral entre as pessoas em sociedades nacionais complexas e entre os diversos povos no mundo, sendo bastante eficiente para nos ajudar a decidir em casos morais difíceis que estão circunscritos pelo pluralismo razoável, isto é, por diversas concepções morais, religiosas e filosóficas[28].

No fim, é possível pensar que chegar a um estado de uma reflexão adequada, em que nossas convicções morais ponderadas estão em coerência com certos princípios éticos reconhecidos pela tradição e com certas crenças científicas

---

27. O primeiro exemplo dado por Gettier é: a proposição "O homem que conseguirá o emprego tem dez moedas em seu bolso" dita por Smith é verdadeira, mas não é conhecimento, uma vez que quem consegue o emprego é ele mesmo e não Jones, como ele acreditava e estava justificado em sua crença em razão das evidências testemunhal e perceptual e, por sorte, ele também possuía dez moedas em seu bolso. O segundo exemplo é: Smith tem a crença justificada de que "Jones possui um Ford". Smith conclui (justificadamente, pela regra de adição) que "ou Jones possui um Ford, ou Brown está em Barcelona", embora Smith não tenha nenhum dado sobre onde Brown se encontra. Jones não possui um Ford, mas por estranha coincidência, Brown se encontra em Barcelona. De novo, Smith tinha uma crença que era verdadeira e estava justificada, mas não parece que tivesse conhecimento. Ver GETTIER, 1963, 122-123.

28. O fenômeno do progresso moral pode ser compreendido como uma expansão do círculo ético, isto é, envolve uma ampliação do *status* moral básico para a classe de indivíduos que eram previamente excluídos do cuidado e equidade, como os outros povos, as etnias diferentes, as mulheres, os animais não humanos e mesmo a natureza. Exemplo disto são o fim da escravidão, a conquista da igualdade de gênero, a criação da Declaração Universal dos Direitos Humanos, a condenação à crueldade com animais etc., que pode ser visto como uma correção nas distorções de juízos morais tribalistas em direção a uma maior inclusividade. Sobre o tema, ver BUCHANAN, 2020, 1-34.

aceitas como válidas, é equivalente a ter conhecimento moral, compreendendo o conhecimento neste domínio em termos de graus e não em termos de tudo ou nada. E, claro, o conhecimento em tela não seria o mesmo que ter uma crença verdadeira justificada, mas algo como chegar a uma crença justificada em ERA[29]. Penso que esta perspectiva pode ser claramente compreendida na forma com que Rawls argumenta sobre a objetividade dos princípios de justiça. Eles são objetivos no sentido em que seriam aceitos por cada pessoa independentemente de suas preferências ou desejos pessoais, estando o conceito de objetividade referido à ideia de que a correção de certas crenças é universal, especificamente neste domínio prático, podendo ser interpretado como um sentido mínimo de objetividade[30].

Nesse sentido, o método tem um caráter fortemente antiessencialista sobre as intuições ou convicções dos agentes, sobre os fatos e os princípios morais, e, mesmo, sobre a metodologia que possibilitará o conhecimento. Como dito por Walden: "O [...] equilíbrio reflexivo deve ser entendido não como um método particular que apresenta teses sobre a natureza da evidência, sobre a metodologia e os critérios para o sucesso epistêmico, mas como o que resta de nossos métodos quando negamos que podemos fazer isso" (WALDEN, 2013, 255). Entretanto, nos oportuniza um roteiro bastante relevante para investigarmos casos morais e políticos difíceis, em que não há consenso, postulando uma solução que pode ser aceita por todos por sua razoabilidade, sobretudo considerando que vivemos em sociedades democráticas.

---

29. Como afirmado por Kai Nielsen, o ERA, em que os juízos morais e políticos ponderados estão coerentemente alinhados com uma série de princípios éticos reconhecidos como razoáveis e com uma série de teorias científicas relevantes em um mundo democrático, oportuniza a intersubjetividade e a reflexividade sustentável, tornando possível a objetividade moral. Ver NIELSEN, 2004, 548. Floyd também argumenta que a última defesa do ER é que ou se pode construir uma alternativa que tenha um argumento convincente de sua superioridade, ou se deve continuar utilizando esse método em razão de ser mais eficiente. Ver FLOYD, 2017, 12.

30. O ponto que quero frisar é que a justiça como equidade é formulada com o postulado de que podemos ter um tipo de objetividade prática, podendo ser compreendida como intersubjetiva, isto é, como um ponto de vista social, que é distinta da objetividade científica, que toma por pressuposto uma referência evidencial perceptiva. Nas palavras de Rawls: "This standpoint is also objective and express our autonomy (§ 78). [...] Thus to see our place in society from the perspective of this position is to see it *sub specie aeternitatis*: it is to regard the human situation not only from all social but also from all temporal points of view. The perspective of eternity is not a perspective from a certain place beyond the word, nor the point of view of a transcendent being; rather it is a certain form of thought and feeling that rational persons can adopt within the world" (RAWLS, 1971, 587/514 rev.).

Sobre isto, deixe-me comentar a interessante proposta de Savulescu, Gyngell e Kahane, que fazem uso de um tipo de ER coletivo para tratar do problema de como os veículos autônomos devem decidir em situações de emergência, propondo, por fim, uma política pública eticamente defensável e politicamente legítima. A ideia é usar os dados sobre a preferência pública global – coletados a partir da plataforma *on-line Moral Machine* – como *input* em um processo deliberativo coletivo que buscará a coerência entre as atitudes, comportamentos e princípios éticos. A questão é ver se os juízos ponderados sobrevivem se confrontados aos princípios éticos do utilitarismo, kantismo e contratualismo. E, em caso de inconsistência, devemos revisar nossas crenças iniciais que temos grande confiança para alcançar uma situação de reflexão adequada (SAVULESCU; GYNGELL; KAHANE, 2021, 5-12). Mas, antes de detalhar este procedimento, vamos circunscrever o estudo *Moral Machine*.

O estudo *Moral Machine* – conduzidos por pesquisadores do MIT – consistiu em uma pesquisa via plataforma *on-line* das preferências das pessoas ao redor do mundo sobre como os veículos autônomos (que já estão em testes) deveriam decidir em situações de emergência em que a morte de alguém é iminente. Por exemplo, um carro sem freios deveria desviar de sua rota para não atropelar cinco pessoas ao custo de atropelar uma? Ele deveria estabelecer preferência entre seres humanos e animais? Ou, ainda, deveria privilegiar os que cumprem as leis de trânsito? Assim, foram coletados 40 milhões de decisões em 10 línguas e em 233 países. A partir da tabulação dos dados, as preferências públicas foram, sobretudo, que o veículo deve salvar vidas humanas em contraposição aos animais, que deve salvar mais vidas humanas e deve salvar preferencialmente os jovens em relação aos idosos e as mulheres em relação aos homens (AWAD et al., 2018, 59).

Para Savulescu, Gyngell e Kahane, é muito relevante podermos contar com estes dados das preferências públicas para se estabelecer uma política pública para normatizar esta situação por duas razões centrais. A primeira é que não contamos com verdades morais disponíveis ao nosso conhecimento, que nos mostrem o que seria o certo e o errado em tais circunstâncias, considerando, inclusive, que as teorias morais mais conhecidas dão respostas diferentes a estes dilemas. Por exemplo, para o utilitarismo seria correto salvar mais vidas, uma vez que seu critério normativo é o da maximização do bem-estar; entretanto, para o kantismo isto seria errado, pois feriria o princípio da dignidade humana ou da não instrumentalização. A segunda razão é que em democracias liberais a legitimidade das leis e políticas depende do apoio público, sobretudo quando se trata de casos complexos em que há forte desacordo. Para eles: "A questão é, então, como integrar tal evidência sobre intuições tão abrangentes na reflexão ética, e especialmente nas decisões sobre a regulação de novas tecnologias" (SAVULESCU; GYNGELL; KAHANE, 2021 5).

Agora, embora muito relevante, estes dados podem expressar preconceitos, viés de tribalismo e interesses pessoais e/ou corporativos. Por exemplo, os autores ressaltam que estas preferências não são igualmente fortes em todas as três regiões pesquisadas. Nos países da região oriental, por exemplo, a preferência por jovens é mais fraca do que a preferência pelos que cumprem as regras de trânsito. Nos países da região sul, por outro lado, a preferência por pessoas de maior *status* social é quase tão forte quanto a preferência por jovens. A crítica é que se utilizarmos estas preferências, precisamos decidir se vamos escolher as preferências mais fortes ou apenas as preferências mais fortes em uma região específica do mundo. Mais importante ainda, é que algumas preferências não devem ser usadas como base de uma política pública, pois muitas delas são tribalistas, estabelecendo prioridade aos compatriotas em relação aos estrangeiros, ou aos parentes em relação aos estranhos, além disso, muitas delas discriminam com base na etnia, classe social ou gênero. Então, o que fazer? Como muitas preferências podem expressar distorções, elas devem ser justificadas. Assim, o ER será usado para tal fim[31].

Savulescu, Gyngell e Kahane adotam o método do ER tal como formulado por Rawls, adaptando-o para um ER Coletivo na Prática (ERCP), entendido como um processo deliberativo em que tanto as intuições públicas como as teorias éticas serão igualmente importantes para que se possa identificar o consenso através de uma reflexão adequada[32]. Assim, inicia-se com o *input* fornecido pelas

---

31. Savulescu, Gyngell e Kahane ponderam que os participantes no estudo conduzido por Awad et al. não foram perguntados se estabeleceriam preferências por salvar membros de seu próprio grupo étnico ou em salvar compatriotas ao invés de estrangeiros, da mesma forma que os participantes não foram perguntados se estabeleceriam alguma preferência por salvar a sua própria vida e a de sua família. O problema é que estudos realizados em menor escala relevam estas preferências tribalistas e autointeressadas, priorizando os compatriotas e parentes ao invés de estrangeiros e estranhos. Em alguns casos, as preferências expressam discriminação com base na etnia, na classe social e no gênero. Ver SAVULESCU; GYNGELL; KAHANE, 2021, 3-4.

32. Os autores esclarecem as diferenças entre o ER rawlsiano e o ERCP: (i) Os deliberadores são políticos, eticistas, juristas, cientistas, médicos e cidadãos em geral; (ii) as intuições iniciais (*input*) são preferências do público; (iii) a referência teórica é dada pelos valores e princípios contidos nas teorias éticas tradicionais; (iv) o resultado (*output*) é alcançado em uma política pública

intuições públicas, que são as preferências mostradas pelo estudo *Moral Machine* e, então, se filtram estas intuições para selecionar os juízos ponderados, retirando as intuições que são frutos de preconceitos e distorções. No ERCP, os juízes competentes não estão usando suas próprias intuições e devem aplicar determinados critérios para verificar a razoabilidade destas preferências. Eles selecionam três preferências que poderiam ser tomadas como juízos ponderados: salvar mais vidas, salvar os jovens e salvar as mulheres. Eu acrescentarei a preferência por salvar vidas humanas. Em uma segunda etapa, busca-se a coerência entre os juízos ponderados e os princípios morais de três teorias éticas, a saber, utilitarismo, kantismo e contratualismo. Para eles, "[…] precisamos verificar se estas intuições estão realmente respondendo a razões eticamente plausíveis, o que aumentaria nossa confiança em sua validade. Afinal, mesmo os juízos ponderados abrangentes podem estar errados" (SAVULESCU; GYNGELL; KAHANE, 2021, 8).

Por exemplo, o kantismo, com o princípio da dignidade humana, aprovaria a preferência por salvar vidas humanas, mas proibiria a preferência por salvar mais vida, uma vez que toda vida humana tem a mesma dignidade, e pela mesma razão proibiria a preferência aos jovens e às mulheres. O utilitarismo, por sua vez, a partir do princípio da maximização do bem-estar, aprovaria a preferências por salvar vidas humanas em razão do critério preferencial da vida que será mais útil, bem como aprovaria as preferências por salvar mais vidas e salvar os jovens, mas rejeitaria a preferência às mulheres, uma vez que não parece maximizar o bem-estar. De forma similar, o contratualismo, com o critério da imparcialidade fornecido pelo véu da ignorância, aprovaria as preferências por salvar vidas humanas, salvar mais vidas e salvar os jovens, mas rejeitaria, também, a atitude preferencial às mulheres, pois recoberto pelo véu da ignorância não se saberia se se é homem ou mulher.

Com este trabalho de confrontar as intuições públicas com os princípios das teorias éticas mais influentes no debate, a terceira etapa seria propor uma política pública justificada, cujo critério normativo seria salvar preferencialmente os seres humanos e o maior número de pessoas. A preferência por salvar os jovens poderia ser objeto de posterior deliberação, pois demandaria pesquisa empírica.

---

justificada em um processo democrático. O ponto central é entender o ERCP como um processo deliberativo público realizado por um agente coletivo e não como uma deliberação realizada por uma pessoa privada. Ver SAVULESCU; GYNGELL; KAHANE, 2021, 6.

A preferência pelas mulheres seria rejeitada, o que significaria realizar uma revisão nas convicções morais. Com isso se identifica claramente que: "A contribuição do ERCP é esclarecer o papel dos dados sobre as preferências públicas e das restrições impostas pelas teorias éticas nesse processo" (SAVULESCU; GYNGELL; KAHANE, 2021, 9).

A conclusão é que mesmo tratando de um caso difícil e em que há forte desacordo tanto entre as pessoas como entre as teorias éticas, chegar a um sistema coerente de crenças entre nossos juízos morais ponderados, certos princípios éticos aceitos pela tradição e, ainda, a certas teorias científicas validadas pela comunidade, em uma reflexão adequada, é já apresentar uma justificação pelo respaldo que se obtém pelo "apoio mútuo de muitas considerações, de tudo se encaixando em uma visão coerente" (RAWLS, 1971, 21/19 rev.), e isto pode ser tomado como um tipo de teste que nos garante a objetividade, sendo já um certo antídoto contra o ceticismo, mas que nos deixa atentos para o perigo do dogmatismo. É claro que seria mais seguro poder contar com uma teoria ética que nos mostrasse de forma absoluta o certo e o errado, o bem e o mal, o justo e o injusto, de forma que contaríamos com verdades morais objetivas que seriam evidências incontestáveis para nossas decisões e comportamento. Mas, como isto não está disponível para nós até o momento, se engajar em uma investigação reflexiva e holística sobre um certo domínio da moralidade parece ser ainda tudo o que nos resta.

CAPÍTULO V
EQUILÍBRIO REFLEXIVO PRUDENTE

O objetivo deste capítulo é propor a inclusão da expertise de um agente prudente no procedimento do equilíbrio reflexivo, adicionando uma disposição para identificar crenças razoáveis que seriam vistas como o ponto de partida do método, o que poderia evitar as críticas de conservadorismo e subjetivismo. Para tanto, inicio analisando as características centrais do método e suas principais fraquezas. Depois, investigo as características da prudência como uma disposição para bem deliberar, isto é, para identificar os meios adequados para realizar um fim bom. De posse disto, aplico a prudência no procedimento, de forma que ele será executado por um agente que bem delibera, identificando crenças morais razoáveis, para em seguida justificá-las a partir de sua coerência com os princípios éticos e as crenças factuais de teorias relevantes para o caso. Por fim, defendo que este processo deliberativo é consistente com o pluralismo ético e a democracia, podendo ser tomado como um tipo de conhecimento moral.

I

O equilíbrio reflexivo (ER), assim como proposto por John Rawls em sua teoria da justiça como equidade (RAWLS, 1971, 17-22, 46-53; 2001, 29-32), se tornou o procedimento por excelência tanto na ética normativa como na ética aplicada, assim como na filosofia social e política, exercendo influência até na área do direito, pensando na relevância da teoria do direito como integridade de Dworkin. E isto porque propôs deixar de lado as questões controversas sobre o significado e a verdade dos conceitos e juízos morais, e sobre a existência de propriedades éticas, identificando a objetividade moral de forma inferencial. O ponto básico do método busca defender que a justificação moral não dependerá de um fundamento último, mas, sim, da coerência entre as crenças morais, os princípios éticos e as crenças científicas que são relevantes para um certo tema, sendo o ponto final de um processo deliberativo em que se refletem e revisam nossas crenças. Como afirmado por DePaul, "o melhor que podemos fazer é refletir sobre as coisas e confiar nas conclusões a que chegamos" (DePAUL, 2006, 618)[1].

O ER, assim, parece comportar um modelo normativo não absolutista, uma vez que é o fim de um processo deliberativo em que se pesa razões e se escolhe um certo curso de ação sem a referência a padrões morais absolutos, tais como fatos morais, que seriam o fundamento correspondentista dos princípios éticos, servindo para a justificação de uma avaliação moral em uma situação de incerteza. É um procedimento em que se testa a correção de uma crença ou de um conjunto de crenças morais por sua confiança inicial, tornando-as juízos ponderados, e pela coerência com um ou alguns princípios éticos e certos fatos confirmados por teorias científicas relevantes (ER amplo – ERA). É uma maneira eficiente de conectar os valores aos fatos, defendendo que se pode ter objetividade nas decisões éticas em razão da consistência interna e não em razão da verdade. Por exemplo, se poderia justificar a crença moral de que "a comunidade LGBTQIA+ deve ter o direito de constituir uma família" a partir de sua coerência com os princípios éticos que tomam a discriminação de gênero como errada e a tolerância como correta, bem como por sua coerência com o texto constitucional pátrio que assegura a igualdade de todos perante a lei e condena toda forma de discriminação, assim como com as descrições científicas sobre a orientação sexual feitas pela medicina e pela psicologia.

Mas, a despeito de sua grande influência, um conjunto significativo de críticos questionam sua eficácia. A crítica central ao ER sempre teve por foco o fato de que o resultado a que se chega depende exclusivamente do ponto de partida, a saber, os juízos ponderados. Autores como Brandt, Hare, Lyons e Singer, por exemplo, argumentaram logo após a publicação de *A Theory of Justice* que se não existir razões independentes para se confiar no ponto de partida, não se deve esperar

---

1. Scanlon, Daniels e Walden são outros influentes defensores do procedimento, dizendo que ele é o único método defensável em questões morais, pois as outras aparentes alternativas são puras ilusões, sendo esta, portanto, a concepção de normatividade que nos resta, uma vez que reconhecemos que um modelo absolutista é impraticável. Ver SCANLON, 2003, 149; WALDEN, 2013, 254; DANIELS, 1979, 256-257. Ver, também, TERSMAN, 2018.

muito do resultado além de sua coerência interna. Esse seria o problema da credibilidade inicial das crenças morais. Como as crenças morais seriam selecionadas apenas por serem confiáveis, essa confiança poderia revelar certos preconceitos ou vieses, o que implicaria conservadorismo. Ademais, como as pessoas, até de uma mesma cultura, podem chegar a sistemas coerentes de crenças bastante diversos, muitos filósofos viram aqui um convite ao subjetivismo (BRANDT, 1979; HARE, 1973; LYONS, 1975; SINGER, 1974)[2].

A partir do exposto, penso que seria relevante investigar em que medida se poderia resolver essa fraqueza epistemológica do método com a inclusão de uma epistemologia das virtudes, tendo por foco a razão prática ou prudência. A ideia geral é poder contar com a disposição e habilidade do agente prudente para identificar os meios mais adequados para realizar um fim bom, isto é, para bem deliberar, o que pode significar chegar a crenças morais razoáveis. Assim, ter-se-ia um ganho em poder contar com a expertise de um agente prudente no ER, de forma que nossas crenças morais iniciais se tornariam mais razoáveis e a qualidade de nossa reflexão ética se sofisticaria. Isso aportaria uma habilidade-disposição para identificar crenças razoáveis, que seriam tomadas como ponto de partida do método do ER, o que poderia evitar a crítica padrão a respeito da falta de credibilidade inicial das crenças. Contar com um agente prudente no ER seria uma forma de evitar tanto o conservadorismo como o subjetivismo.

Para tal fim, inicio investigando as características centrais do ER e seus principais limites, tendo por foco a recente crítica feita por Kelly e McGrath (2010), que defendem que mesmo impecavelmente executado, o método pode levar o agente a assegurar crenças não razoáveis, o que implicaria uma conclusão de inadequação do ER. Posteriormente, abordo as características da prudência como uma disposição para bem deliberar, isto é, para identificar os meios adequados para realizar um fim bom, sendo uma virtude epistêmica que estará conectada com certas virtudes morais. O próximo passo será o de aplicar as características da prudência no ER, de forma que o procedimento será executado por um agente com sabedoria prática que pode identificar as crenças razoáveis. De posse destas

---

2. Uma crítica mais recente feita por David Copp ressalta que o ER poderia implicar conservadorismo na teoria moral, uma vez que a justificação das crenças se daria apenas pela consistência entre as crenças e não pela verdade das crenças iniciais. O problema central estaria na determinação dos juízos ponderados que seriam identificados apenas pela confiança do agente. Ver COPP, 1985, 141-169.

crenças, o processo de justificação se dará pela coerência delas tanto com os princípios éticos como com as crenças factuais. E isso, penso, poderá inclusive representar um ganho para a própria ética das virtudes que não tem um procedimento da justificação da decisão do prudente, decisão essa que é sempre tomada como o critério normativo da virtude. Por fim, defendo que um ER prudente é consistente com o pluralismo ético e com a democracia, podendo ser tomado como um tipo de conhecimento moral.

II

Embora o método do ER tenha sido apresentado nas seções 4 e 9 de *A Theory of Justice*, de 1971, Rawls melhor o esclarece no artigo de 1975 *The Independence of Moral Theory*. Nesse texto, ele defende uma tese da inversão metodológica, dizendo que o avanço em filosofia moral independe do estudo sobre o significado dos conceitos morais, a existência de propriedades morais, a verdade dos juízos morais e a questão da identidade pessoal. A ideia geral é colocar entre parênteses o problema das verdades morais objetivas e investigar as concepções morais substantivas que se defenderia em uma situação definida. E, assim, a proposta é encontrar: (i) um esquema de princípios que seja coerente com (ii) os juízos ponderados e (iii) as convicções gerais em equilíbrio reflexivo. Por exemplo, os princípios de justiça de igual liberdade, igualdade equitativa de oportunidades e o princípio da diferença, postulados na posição original sob o véu da ignorância, seriam coerentes com as convicções morais de repúdio à escravidão e à intolerância religiosa e com as ideias de sociedade cooperativa e pessoas morais contidas em certas teorias científicas, como as sociológicas e psicológicas. Dessa forma, se poderia justificar os princípios morais por sua coerência com um sistema coerente de crenças. Nas palavras de Rawls:

> [...] a parte central da filosofia moral é o que eu chamei de teoria moral; ela consiste no estudo comparativo de concepções morais, que é, em grande medida, independente. Primeiro discuti o método do equilíbrio reflexivo e sugeri que uma questão como a da existência de verdades morais objetivas parece depender de um tipo de acordo que seria obtido entre pessoas racionais que tivessem alcançado ou que tivessem suficientemente se aproximado de um equilíbrio reflexivo amplo. Isto ilustra a dependência da epistemologia moral à teoria moral (RAWLS, 1975, 21).

A ideia geral defendida foi confrontar os juízos morais particulares, os princípios éticos gerais e certos fatos, modificando-os no caso de alguma incompatibilidade entre eles, até que se tenha alcançado um padrão normativo consistente. E este é um processo indefinido, pois sempre novas crenças podem entrar no sistema coerente, forçando a revisão de uma ou mais crenças. Assim, O ER é um exemplo de um modelo em filosofia moral cuja característica central é a sua atitude revisionista, uma vez que nenhuma crença moral está imune à revisão e qualquer crença pode ser descartada se for incoerente com novas informações ou com um novo sistema de crenças coerentes, o que demonstra um profundo afastamento do dogmatismo e do absolutismo ao defender a ideia de um agente moral como alguém que deve estar disposto a revisar suas crenças e considerar seriamente o ponto de vista dos outros. E isto parece mais adequado a um projeto que buscou identificar uma concepção de justiça para ordenar a estrutura básica em uma sociedade democrática e pluralista (RAWLS, 1971, 11-17).

Em que pese a grande aceitação da teoria rawlsiana e o amplo uso do método tanto na filosofia moral como na filosofia social e política até hoje, muitas críticas apontam, sobretudo, para a fraqueza epistemológica do ER, uma vez que não se poderá contar com verdades morais objetivas independentes do que é aceitável para os envolvidos em um acordo. Uma crítica recorrente é a respeito da credibilidade inicial das crenças, questionando que o ER não faz mais do que revisar ou reorganizar posicionamentos já aceitos em uma sociedade, o que poderia conduzir ao conservadorismo. Uma outra crítica muito importante tem por alvo o caráter construtivista do método, considerando que se os pontos de partida de duas ou mais pessoas forem diferentes, elas chegariam em equilíbrios diferentes, e nesse caso, então, como avaliar qual dos equilíbrios seria ao mais adequado? Isso não recairia em subjetivismo, uma vez que não haveria nada além da coerência interna das próprias crenças dos agentes? Mas, vejamos essas críticas em maior detalhe.

Iniciemos com o problema da credibilidade inicial das crenças morais. O ponto de partida do ER são os juízos ponderados (*considered judgments*), que seriam aquelas crenças em que temos grande confiança e às quais chegamos sem distorções, como a que afirma que "a escravidão é errada", sendo crenças com razoabilidade intrínseca (RAWLS, 2001, 29-30). Agora, o que torna as crenças morais ponderadas razoáveis? Apenas possuir confiança nas crenças pode não ser suficiente para que as mesmas sejam razoáveis. Pode ser o caso em que o agente tem segurança na crença, mas chega a ela através de um viés cognitivo, como tribalismo, confirmação ou, mesmo, disponibilidade. E isso poderia significar conservadorismo epistêmico-ético, de forma que o agente identificaria uma ou algumas crenças morais como ponderadas apenas por fazerem parte do repertório de seu próprio grupo. Veja o exemplo de se tomar a poligamia como errada, dada a perspectiva de alguma religião cristã e de se viver no Ocidente, onde a prática da poligamia é, inclusive, crime em vários países, a exemplo do Brasil. Assim, a confiança na crença de que a poligamia é errada poderia ser apenas um tipo de preconceito, sendo tanto o que os membros do meu grupo tomam como certo, como o que confirma o meu próprio ponto de vista e o que está disponível em nossa cultura. Como dito por Singer, um juízo ponderado seria apenas um juízo moral particular feito intuitivamente que pode estar baseado em sistemas religiosos rejeitados, preconceitos e autointeresse (SINGER, 1974, 516)[3].

A segunda crítica mais usual que se faz ao método é o perigo de subjetivismo. O problema aqui é que não haveria um único ER considerando diferentes indivíduos, uma vez que, a partir de diferentes convicções ponderadas como ponto de partida, se pode chegar a sistemas coerentes, embora distintos. E isso seria o mesmo que concluir que o método não oportunizaria nenhum conhecimento moral, uma vez que conhecimento parece requerer verdades morais. Chegar a um conjunto de crenças (morais e não morais) e de princípios morais coerentes não implicaria verdade, e, assim, se poderia estar justificado em acreditar em uma crença falsa ou mesmo em uma teoria falsa. Singer, por exemplo, identifica esse perigo de relativismo sobre a moralidade dizendo que: "Se eu vivo em uma sociedade, e aceito um conjunto de juízos morais ponderados, enquanto você vive em outra sociedade e defende um conjunto diferente, teorias morais muito diferentes poderiam ser 'válidas' para cada um de nós" (SINGER, 1974, 494).

O problema ganha dramaticidade porque mesmo pessoas de uma mesma sociedade podem chegar a sistemas coerentes de crenças muito díspares. Imaginem

---

3. Em *The independence of Moral Theory*, Rawls responde a crítica de conservadorismo chamando a atenção para três fatores de sua teoria: (i) ela considera os juízos ponderados em todos os níveis de generalidade como pontos fixos provisórios; (ii) ela requer que os agentes façam as revisões com convicção e confiança e que possam afirmar os princípios de justiça quando se pode aceitá-los na prática; (iii) e o ER proposto é amplo (*wide*), o que satisfaz certas condições de racionalidade através de uma análise de outras teorias morais, tais como o intuicionismo, o utilitarismo, o perfeccionismo e o kantismo. Ver RAWLS, 1975, 7-8.

alguém que é vegano (A) e outro que come carne regularmente (B), de forma que A pensa que "comer carne é errado" e B tem a convicção que "comer carne é certo". Imaginem, adicionalmente, que A pensa que se deve respeitar todos os animais, humanos e não humanos, uma vez que ambos são sencientes, isto é, sentem dor e prazer, de forma que seria errado ser cruel com eles. Imaginem também que A pondera sobre os problemas ambientais advindos da criação de animais. Por outro lado, imaginem que B pensa que há uma distinção importante entre seres humanos e animais não humanos em razão da capacidade reflexiva dos primeiros, de forma que seria errado a crueldade com os animais não humanos, mas se poderia criá-los e abatê-los de forma "humanizada". Adicionalmente, B pondera que a proteína animal é importante para a saúde, que não há nenhuma lei que proíba a criação e o consumo de carne e que não existe nenhuma proibição religiosa, só de algum tipo específico de carne para certas religiões, como a carne de porco para judeus e muçulmanos.

Veja-se que ambos chegariam a sistemas coerentes de crenças, mas afirmando crenças morais antitéticas. Ambos estariam justificados em sua crença moral pela coerência interna do sistema de crenças, mas isso parece insuficiente para sabermos se de fato o consumo de carne é certo ou errado. Ainda assim, poder-se-ia questionar se esse tipo de justificação não implicaria circularidade viciosa, mesmo considerando um amplo sistema coerente de crenças, uma vez que a crença moral seria justificada apenas por sua consistência com certos princípios éticos e certos fatos. Mas isso não seria arbitrário?[4]

Recentemente, Kelly e McGrath introduziram uma especificidade na crítica geral de fraqueza epistemológica, argumentando que mesmo que impecavelmente executado, o método poderia levar o agente a assegurar crenças não razoáveis, o que conduziria a chegar a conclusões inadequadas (KELLY; McGRATH, 2010, 326). O argumento é apresentado da seguinte maneira:

(1) Se o ER fosse o melhor método de justificação, então as crenças a que se chegaria com uma execução impecável não poderiam ser as do tipo não razoáveis;

---

4. Siegel, por exemplo, defende que há uma circularidade viciosa no ER, uma vez que o procedimento não ofereceria nenhum outro elemento além daqueles que se justificariam internamente pela própria coerência. Por isso, no seu entender, o método falha como uma concepção plausível de justificação dos nossos juízos concernentes com esses princípios inferenciais. Ver SIEGEL, 1992, 43-44.

(2) Mesmo executando impecavelmente o método, alguém pode de fato chegar a crenças não razoáveis;
(3) Logo, o ER não é o melhor método (KELLY; McGRATH, 2010, 326-327).

O ponto central da crítica considera que um agente pode aplicar o procedimento de forma impecável e, mesmo assim, terminar afirmando crenças não razoáveis, e isso em razão da justificação das crenças se dar apenas por sua consistência com um conjunto mais amplo de crenças (KELLY; McGRATH, 2010, 346-354). É importante ressaltar que essa crítica sempre foi recorrente no debate. Não é à toa que muitos pensadores defendem que o ER deveria abandonar o coerentismo e abraçar um fundacionismo moderado, sobretudo algum tipo de intuicionismo, tomando os juízos ponderados como verdadeiros, assim, o resultado obtido poderia ser tomado como conhecimento moral[5].

Creio que uma maneira de enfrentar o problema da fraqueza epistemológica e responder às principais críticas endereçadas ao ER seja incluir a virtude da prudência no método, de forma que o agente prudente possa identificar crenças razoáveis, consideradas como ponto de partida do procedimento. O ganho de uma proposta assim, penso, será compreender o fim desse processo deliberativo como conhecimento moral, tomando o conhecimento não como crença verdadeira e justificada, mas como expressão de certas virtudes do agente. Contudo, para tal, precisamos antes investigar o que seja a prudência e de que forma uma ética/epistemologia das virtudes pode auxiliar-nos nessa tarefa.

III

A prudência é uma virtude intelectual, o que significa que ela é uma disposição para identificar os meios mais adequados para realizar um fim bom, ou, dito de maneira mais precisa, é uma disposição-habilidade para determinar o que auxiliará na realização de um fim bom. Tem relação com a deliberação, ou pode ser vista como a capacidade para deliberar bem, pois ela é uma habilidade calculativa de pesar razões e decidir o melhor curso de ação a partir dessa ponderação.

---

5. Recentemente, Andreazza defendeu que apenas uma abordagem intuicionista do ER, e somente ela, responderia satisfatoriamente às principais objeções endereçadas ao método por seus críticos. Ver ANDREAZZA, 2018, 82-114. Para outra importante abordagem intuicionista do método, ver EBERTZ, 1993, 202-214.

É uma virtude porque é uma disposição de caráter, ou um traço de caráter, que se adquire em um processo de habituação, isto é, de exercícios constantes, e que é desejável, porque entendemos que a sua posse garantirá ou auxiliará na conquista de uma vida bem-sucedida ou boa. É intelectual ou epistêmica porque possibilita, em primeiro lugar, a identificação de um fim bom, ou a distinção entre um fim justo e outro injusto, e, mais especificamente, por ser uma operação mental de avaliação dos meios[6].

É importante reconhecer que a prudência só é uma virtude quando está a serviço de um fim estimável, pois de outro modo seria apenas uma habilidade de bem calcular mesmo quando o fim é errado, assim como esse fim só é completamente virtuoso quando servido por meios adequados, pois de outro modo seria apenas bons sentimentos ou uma boa intenção. Ela leva em conta as consequências da ação e não os princípios éticos como absolutos. Leva em consideração o bom senso e o que é comum à humanidade. Por exemplo, um agente prudente identificaria que é melhor mentir a alguém que persegue um inocente injustamente do que falar a verdade. É claro que ele saberia que, em situações comuns, se deve falar a verdade, ou que é desejável ser honesto, e isso porque a honra parece exigir a honestidade e a honra é importante para ser bem-sucedido. Entretanto, ele também saberia que ele deve proteger as pessoas inocentes, sobretudo em circunstâncias de injustiça, como seria o caso das pessoas que foram perseguidas pelo regime nazista na Segunda Guerra Mundial. Assim, um agente prudente, após pesar essas razões, decidiria pelo melhor curso de ação, isto é, pelo curso de ação benevolente e justo, sendo a correta determinação nessa circunstância específica. Se falar a verdade implicar a morte de um inocente, injustamente perseguido, essa decisão não poderia ser considerada prudente. Poderia ser tomada como uma ação honesta, mas não como virtude, e isso porque uma tal decisão seria tomada à revelia da justiça, da benevolência e até mesmo da coragem. O prudente tem a capacidade de ver corretamente o que deve ser feito no caso específico[7].

---

6. Julia Annas defende que a virtude envolve um raciocínio prático que é similar ao exercício de uma habilidade prática, tal como nadar, jogar ou tocar um instrumento musical. Assim, o raciocínio prático do agente virtuoso compartilha características importantes daquela do experto prático, mas que deve contar com uma aspiração específica para ser uma pessoa melhor (perfeição). Ver ANNAS, 2011, 1-7.

7. Hursthouse também compreende ser esse o saber específico do prudente, chamando-o de "modelo perceptual": "O que podemos chamar de 'modelo perceptual' toma o conhecimento

É importante lembrar que a prudência é uma das quatro virtudes cardeais tanto da Antiguidade como da Idade Média. Aristóteles, por exemplo, refletiu sobre a prudência (*phronesis*) no Livro VI da *Ethica Nicomachea* (EN), considerando-a uma disposição que permite deliberar corretamente sobre o que é bom ou mau para o homem, não sobre o bem em si, mas sobre o bem no mundo tal como é, não de forma geral, mas em uma determinada situação específica, de modo que possa agir a partir dessa boa deliberação. Em suas palavras: "A *phronesis* deve, pois, ser uma capacidade verdadeira e raciocinada de agir com respeito aos bens humanos" (ARISTÓTELES, 1999,VI, 5, 1140b20-21), "[...] pois dizemos que essa é acima de tudo a obra do homem dotado de sabedoria prática: deliberar bem" (ARISTÓTELES, 1999, VI, 7, 1141b8-10)[8]. Mas, o que de fato é deliberar? A grosso modo, deliberação é uma ponderação sobre as razões que estão envolvidas em uma questão difícil que o agente precisa decidir. Será boa, quando o fim for alcançado, o que é igual a uma ação boa, e será má, quando não[9].

Para o nosso propósito de querer contar com a expertise do prudente, a fim de identificar as crenças razoáveis, visando resolver o problema da fraqueza epistemológica do ER, penso que é importante refletir sobre a própria natureza da prudência. Especialmente a partir de uma perspectiva aristotélica, e não socrático-platônica, a prudência é tomada como um saber prático, não como uma

---

especial do *phronimos* como tendo uma capacidade perceptual de ver corretamente o que ele deve fazer ou como agir bem em uma situação particular" (HURSTHOUSE, 2006, 285).

8. A concepção de *phronesis* de Aristóteles pode ser resumida da seguinte forma: (i) é uma capacidade de deliberar bem (*eubolía*) sobre o que é bom e conveniente para o agente, para o que contribui para a vida boa; (ii) deliberar implica escolher coisas que podem ser de outro modo, não sendo um conhecimento científico (*episteme*) ou razão intuitiva (*noûs*); (iii) é uma capacidade verdadeira e raciocinada de agir com respeito às coisas que são boas e más, justas e injustas para os agentes, tendo a ver com os bens humanos e tendo por fim a ação boa; (iv) é uma virtude intelectual, mas não é uma simples disposição racional; (v) versa sobre coisas variáveis; (vi) é uma boa deliberação, se ocupando do particular imediato, que é objeto não de conhecimento científico, mas de percepção; (vii) se ocupa dos particulares, e não apenas dos universais, que se conhece pela experiência, pois é prática; (viii) está no âmbito do silogismo prático, sendo seu papel central identificar a premissa menor (ARISTÓTELES, 1999, VI, 5, 1140a25-9, 1142b35).

9. Do ponto de vista filológico, deliberação provém do latim *deliberatio*, que deriva da raiz *liber*. *Libertas* significava um estado de ausência de coação. Disto se depreende que a deliberação depende da liberdade para tomar decisões, seja esta uma liberdade externa (ausência de coação), seja interna (ausência de ignorância, incontinência ou inautenticidade). É um termo que sugere, então, a ponderação entre diferentes fatores e a eleição da opção que surge entre eles. Ver o *Dicionário de Latim-Português* da Editora Porto (2001, 211, 394). Sobre o raciocínio prático e a deliberação moral, ver AUDI, 2006, 172-199.

ciência. Lembremos que para Aristóteles a ética não está no registro do conhecimento teórico, mas sim no do conhecimento prático, o que significa que só poderá operar com verdades aproximadas e em esboço, uma vez que a ética trata de questões sobre o justo e o bom, questões estas envolvidas por incerteza e diversidade (ARISTÓTELES, 1999, I, 3, 1094b15-25). Nessa dimensão, importa ver a prudência como uma capacidade de identificar as circunstâncias relevantes no caso. Não se trata de descobrir premissas verdadeiras, mas de escolher entre valores relevantes, decidindo o melhor curso de ação. Assim, pode ser melhor compreendida como um "saber como" e não um "saber que". Como um "saber como", é necessário levar em conta a experiência do agente e a sua atenção às circunstâncias particulares, pois só se delibera quando se tem escolha, isto é, quando nenhuma demonstração é possível ou suficiente. E essa deliberação leva em conta o futuro, estando atenta ao que acontece e ao que pode acontecer. Não é à toa que Aristóteles aponta Péricles como exemplo de agente prudente (*phronimos*), e não algum filósofo, pois, em razão de sua experiência como administrador de um Estado, ele teria a capacidade de perceber o que é bom para si e para os outros, o que implica identificar o fim bom (bem comum) e deliberar sobre os meios necessários para o fim (ARISTÓTELES, 1999, V, 5, 1140b10)[10].

Também é importante para nosso propósito central entender de que forma as diversas virtudes estão conectadas em uma ação prudente, aspecto que será fundamental na identificação das crenças razoáveis. De forma esquemática, a prudência, que é uma virtude intelectual, é tomada como condição de possibilidade das virtudes morais, tal como a justiça, a benevolência, a coragem, entre outras, e isso porque, sem ela, não se saberia o que é propriamente o justo, o benevolente, o corajoso em uma situação particular, apenas se saberia que é desejável ser justo, benevolente e corajoso. Tomás de Aquino, por exemplo, bem mostrou que, das quatro virtudes cardeais, a prudência é a que deveria reger as outras três, a saber, a temperança, a coragem e a justiça. Sem a prudência, elas não saberiam o que se deve fazer, nem como, implicando que seriam virtudes cegas

---

10. Tiberius e Swartwood apontam as seguintes características do agente prudente: (i) tem um entendimento profundo dos casos; (ii) tem capacidade reflexiva; (iii) tem habilidade para resolver problemas; (iv) está motivado a escolher bem e a ajudar os outros a escolher bem. Para eles, o prudente objetiva fazer boas escolhas, ajudar os outros a fazer boas escolhas e a desenvolver e manter o entendimento, as habilidades e a motivação associadas à prudência. Ver TIBERIUS; SWARTWOOD, 2011, 280-283.

ou indeterminadas. Na ausência dessa capacidade deliberativa, o justo amaria a justiça sem saber como realizá-la, o corajoso não saberia o que fazer de sua coragem, e o temperante não saberia como alcançar a moderação. Especificamente, eles não saberiam o que constituiria a mediedade. Por outro lado, a prudência sem as virtudes morais seria vazia, ou não seria mais que uma habilidade de bem calcular, podendo chegar a um resultado vicioso, como seria o caso, na atualidade, de se defender um sistema totalitário/ditatorial para alcançar a prosperidade de uma nação. Sem a justiça e a benevolência, por exemplo, o agente identificaria, erradamente, a ditadura como o meio mais adequado para a prosperidade, desconsiderando o quanto injusto seria retirar a liberdade das pessoas, bem como quanto malefício causaria censurá-las, prendê-las e mesmo torturá-las. O prudente deve demonstrar uma certa unidade das virtudes[11].

Tendo claro que essa unidade das virtudes é fundamental para a prudência, devemos, ainda, chamar a atenção para o fato de que o cálculo deliberativo pode ser compreendido como um silogismo prático, em que a premissa maior é representada por princípios éticos gerais ou universais e a premissa menor é identificada com o caso particular, o que conduz a uma conclusão que exigirá uma ação correspondente. A deliberação moral, então, que é própria do prudente, tratará especificamente de identificar a premissa menor no silogismo prático. Deixem-me exemplificar a questão. Considerando que o agente prudente sabe que a coragem é um meio adequado para ser bem-sucedido (Premissa maior), o passo seguinte é identificar se um tal ato específico é um ato de coragem (Premissa menor), o que segue o conhecimento de que este ato específico será um meio para o seu sucesso (Conclusão), o que exigirá uma ação corajosa. Poderia ser o caso de saber que mentir a um agente que persegue injustamente alguém inocente é um ato corajoso. Note-se que essa é uma deliberação sensível ao contexto, uma vez que o raciocínio prático implica que qualquer apreciação adequada dos atos de coragem requer juízos ponderados com base nas experiências de um agente

---

11. Tomás de Aquino sustenta na *Suma Teológica* que outras virtudes intelectuais, como a sabedoria, a ciência e a arte, podem existir sem a virtude moral, mas a prudência não. E isto em razão da prudência ser a reta razão da ação, sendo precedida pelo julgar e ordenar com respeito aos fins e meios que lhes conformam, não sendo isso possível sem a remoção dos obstáculos representados pelas paixões (AQUINO, 2005, I-II, q. 58, a. 4). Similarmente, Zagzebski caracteriza a prudência como uma habilidade para coordenar as várias virtudes intelectuais e morais em uma única linha de ação. Ver ZAGZEBSKI, 1996, 220-225.

maduro, o que exige um vasto conhecimento do mundo, de nós mesmo e de nossa obrigação com os outros, de forma que a decisão deliberada sempre terá que levar em conta as consequências das ações. Saber que mentir para salvar a vida de alguém inocente injustamente perseguido é um ato de coragem é o saber próprio do agente prudente, um saber esse que conecta as virtudes da prudência com as da coragem, justiça e benevolência[12].

Mas, um problema deste tipo de deliberação moral é que ele não conta com um processo de justificação. O que o agente prudente toma como correto, isto é, o melhor curso de ação, é tomado como critério normativo suficiente para caracterizar a ação virtuosa. A limitação é que isto não é checado, sem contar que, como o próprio Aristóteles alertava, o prudente pode errar em sua deliberação em algum momento. Assim, parece desejável usar um procedimento para justificar as crenças morais/ações escolhidas pelo agente prudente. Penso que o método do ER seria apropriado para tal fim em razão de sua característica falibilista, que parece bastante similar ao aspecto não absoluto do raciocínio prático. Se, para além da própria prudência e de sua conexão com as virtudes morais relevantes em cada caso, pudéssemos contar também com a coerência como critério normativo, penso que seria um ganho metodológico para a ética/epistemologia das virtudes, pois conectaríamos o conhecimento do prudente com um processo de justificação de crenças, que contaria com a coerência de certos princípios morais e de certos fatos descritos pelas ciências.

IV

Na seção anterior vimos as características da virtude da prudência como um raciocínio moral deliberativo, mas faltou abordar em que medida uma ética/epistemologia das virtudes pode auxiliar-nos no aperfeiçoamento do método do ER. E isso é imperativo para melhor compreender os ganhos específicos que tenho em

---

12. David Carr faz uma reflexão muito interessante nesse sentido, ressaltando que o conhecimento do prudente tem relação com a premissa menor. A sua tese é a de que não se delibera especificamente sobre ser desejável o perdão aos agentes quando possuidores de desculpas apropriadas, o que é intuído sem muita dificuldade pelo agente prudente. O caso específico de deliberação é considerar se o agente culpado em tal circunstância é, de fato, desculpável ou não. O erro deliberativo aqui levaria a uma conclusão falsa, a saber, a de que o agente deveria ser punido. Ver CARR, 2020, 1391-1393.

mente. Creio que uma epistemologia das virtudes nos auxilia porque explica o conhecimento em termos de obtenção de crença verdadeira, dado o caráter virtuoso do agente, e não de crença verdadeira justificada, de forma que ela seria um crédito desse agente, porque o sucesso cognitivo é atribuído, ao menos parcialmente, à sua capacidade e exercício cognitivo. Como uma das críticas que se faz ao ER é que ele não conta com a verdade, mas apenas com a coerência para a justificação, pensar no conhecimento como o exercício de certas virtudes, o que possibilita um contato cognitivo do agente com a realidade, pode ser de grande valia para responder à acusação de fraqueza epistemológica. Tratarei dessa questão na última seção, apontando que um ER executado pelo prudente pode ser visto como conhecimento moral, tomando o conhecimento como crença razoável justificada em ERA. Agora nossa tarefa é apresentar detalhadamente como funcionaria o ER com o acréscimo da prudência, o que eu chamarei de ER prudente (ERP).

De forma geral, o ERP contará com a expertise do agente com sabedoria prática para bem deliberar, isto é, para deliberar adequadamente sobre os meios necessários para alcançar um fim bom, o que pode ser visto como chegar a crenças razoáveis. E isto será importante para responder à crítica de Kelly e McGrath (2010), que dizem que mesmo sendo impecavelmente executado, o método pode levar o agente a assegurar crenças não razoáveis, o que conduziria a uma conclusão inadequada. E após o estabelecimento das crenças razoáveis pelo prudente, o próximo passo será justificar estas crenças, tanto por sua coerência ou consistência com os princípios éticos fornecidos pelas principais teorias morais aceitas no debate contemporâneo, como por sua coerência com certas crenças factuais afirmadas por teorias científicas relevantes no caso específico.

Mas, por que a boa deliberação do pudente poderia contar como a obtenção de crenças razoáveis? Em primeiro lugar, porque o resultado a que o prudente chega não pode ser tomado como crenças verdadeiras, uma vez que a exatidão da ética está circunscrita às circunstâncias práticas que envolvem diversidade e incerteza; entretanto, este resultado é objetivo porque está associado a uma ciência, mesmo que prática. Em segundo lugar, porque a deliberação do prudente, que é a escolha do melhor curso de ação – em razão de conectar várias virtudes relevantes no caso particular –, pode ser interpretada como crenças que os agentes razoáveis aprovariam, porque a razoabilidade é uma condição de possibilidade da própria convivência harmônica entre as diferentes pessoas, sendo uma disposição do agente em abrir mão de seus desejos individuais e prestar atenção nos interesses dos outros. Em outros termos, o razoável é um certo equilíbrio entre as razoes do próprio agente e as dos outros, sendo aquilo que não é excessivo. Inclusive, a razoabilidade pode ser entendida como uma verdade prática, como sendo o que pessoas razoáveis identificam como adequado[13].

Considerando, então, que a decisão de um agente prudente não poderia ser considerada não razoável, uma vez que a determinação da mediania é sua característica básica, o curso de ação escolhido por ele será tomado aqui como equivalente a chegar a crenças razoáveis. Agora, de posse disto, o segundo passo do ERP é justificar estas crenças por sua coerência com um conjunto de princípios morais fornecidos pelas principais teorias éticas aceitas no debate contemporâneo, como o utilitarismo, o deontologismo e o contratualismo. E esse passo será importante para checar se a decisão do prudente seria aprovada ou recusada pelos princípios assegurados por essas teorias ou pela maioria delas. Aqui a ideia é que se uma crença razoável ou que se pensava razoável for condenada pelos princípios das teorias morais, ela deve ser revisada, lembrando que a deliberação moral do prudente pode errar o alvo. Como terceiro passo, o agente deve considerar se estas crenças razoáveis são coerentes com certas crenças factuais asseguradas pelas teorias científicas relevantes para avaliar o caso em questão. Esse último passo metodológico é importante para assegurar que as decisões éticas estejam em contato com o mundo, formando um sistema mais amplo de crenças. E, similarmente ao passo anterior, havendo inconsistência, o agente deveria rever sua crença inicial[14].

Deixem-me exemplificar o ERP retomando o dilema se seria correto ou não mentir para salvar a vida de alguém inocente que é injustamente perseguido,

---

13. De forma similar, Scanlon defende que os juízos ponderados no ER devem ser compreendidos como claramente verdadeiros. Sua opinião é de que não basta assegurar com confiança um juízo ponderado, mas que é necessário, também, que o agente o tome como claramente verdadeiro "quando eu estou pensando sobre a questão sob boas condições para chegar a julgamentos deste tipo" (SCANLON, 2014, 82). E, assim, a força justificatória dos juízos em ER dependem, também, dos méritos substantivos dos juízos que nós fazemos no processo e não apenas por sua coerência. Ver SCANLON, 2014, 76-84.

14. Essa conexão entre fatos e valores parece responder a uma crítica recorrente ao ER de que uma ficção coerente ainda seria uma ficção. A questão apontada é que, se a justificação de uma crença se desse apenas pela coerência a um sistema coerente de crenças, poderia ser o caso de se ter um sistema coerente de crenças que não guardasse nenhuma relação com a realidade. Em um ERA, os juízos ponderados devem ser justificados em todos os níveis de generalidade, o que inclui teorias científicas sobre a natureza humana e a natureza da sociedade, por exemplo. Ver NIELSEN, 1991, 21-22.

considerando um caso similar ao da perseguição nazista na Segunda Guerra Mundial. Creio que, assim, os três passos metodológicos ficarão mais claros.

Como vimos, o ponto de partida é a obtenção das crenças razoáveis pelo agente prudente. A partir de uma boa deliberação, o prudente concluiria que seria correto mentir para salvar a vida de uma pessoa inocente que está sendo injustamente perseguida. Pensemos na situação em que um judeu está sendo perseguido por um soldado nazista e que o prudente saiba onde o judeu está escondido. Em razão de uma pergunta sobre o paradeiro do fugitivo, o dilema moral seria entre falar a verdade ou mentir para salvar a vida da pessoa em questão. Considerando a situação de extrema injustiça, caracterizada pela perseguição arbitrária aos judeus e pelo genocídio, o agente prudente deveria se conectar emocionalmente ao que está sofrendo a injustiça e, num ato de coragem, mentir para salvar esta vida. E, assim, concluiria que mesmo havendo uma obrigação geral de se falar a verdade, este caso exigiria que se minta em prol da justiça e da benevolência. E essa seria uma crença razoável, porque o nazismo é intolerável para pessoas razoáveis.

O próximo passo é justificar esta crença razoável por sua coerência com um sistema coerente de crenças, que é formado por princípios éticos e crenças científicas. Iniciemos com os princípios éticos. Vamos considerar três princípios morais formulados pelas três principais teorias éticas aceitas no debate contemporâneo, a saber, o princípio da maximização do bem-estar (utilitarismo), o princípio da universalizabilidade e não instrumentalização (kantismo) e o princípio da rejeitabilidade razoável (contratualismo), e ver se a crença que exige a mentira seria aprovada ou não por estes princípios, considerando que a decisão do prudente já está de acordo com a teoria moral das virtudes.

No modelo utilitarista (de atos), a ação correta é a que maximiza o bem-estar dos envolvidos ou a sua felicidade. Claramente, ele apela para as melhores consequências do ato, para os melhores resultados, não considerando nenhum princípio moral como absoluto. Nesse caso, falar a verdade implicaria a morte de um inocente perseguido por um regime injusto. Por outro lado, mentir possibilitaria que esse inocente fosse salvo. Considerando os resultados de se falar a verdade e os resultados de se mentir, certamente a ação correta exigira a mentira. É claro que se poderia imaginar consequências indesejadas, como a do nazista descobrir a mentira e punir o agente por isso, o que poderia contribuir para ponderar que o correto seria falar a verdade. Mas, considerando apenas os resultados mais prováveis, a mentira estaria justificada.

Já no modelo deontológico kantiano a ação correta é a que seria aprovada por uma regra que se deseja que seja universalizada e que não instrumentalize ninguém, isto é, que não tome as pessoas apenas como meios. Seguindo a formulação do imperativo categórico (primeiro e segundo), seria errado mentir em qualquer circunstância, porque não se desejaria que a regra que aprova a mentira fosse universalizada. Assim, segundo uma interpretação ortodoxa da ética kantiana, a ação correta seria falar a verdade não importando as consequências. Mas, se adotarmos uma interpretação menos ortodoxa do método, poderíamos considerar que seria correto mentir, considerando que desejaríamos que a regra que aprova a mentira para salvar a vida de inocentes seja universal. Adicionalmente, poder-se-ia apelar para a terceira formulação do imperativo categórico, ponderando que mentir seria correto porque se tomaria o agente injustamente perseguido como um fim em si mesmo e não como um meio. Deixando essa controvérsia de lado, vejamos como outro modelo deontológico, a saber, o contratualismo, trataria da questão. Para esta teoria ética, a ação correta é a aprovada por um princípio que não pode ser razoavelmente rejeitado. Assim, o princípio em tela, que afirma que não se deve mentir, exceto para salvar a vida de inocentes injustamente perseguidos, seria justificado porque não seria possível rejeitá-lo razoavelmente, uma vez que não seria aceitável o princípio que defendesse a veracidade em contraposição à vida de alguém inocente[15].

É importante considerar que essa decisão também seria aprovada pela ética das virtudes, pois neste modelo ético a ação correta é aquela realizada por um agente virtuoso, sendo um agente virtuoso o que delibera sobre os meios adequados para um fim bom. E, como já vimos, na deliberação de um agente prudente, a decisão adequada seria pela mentira, tendo por foco a benevolência e a justiça da situação específica[16].

---

15. Na teoria contratualista de Scanlon, por exemplo, o que determina a razoabilidade é a aceitabilidade dos envolvidos. Em sua formulação, um ato é errado se for proibido por um princípio que ninguém poderia razoavelmente rejeitar, o que nos oferece uma razão direta de conexão com o ponto de vista dos outros. Nesse modelo deontológico, a justificação é intersubjetiva. Ver SCANLON, 1998, 189-247.

16. Hursthouse, em *Virtue theory and abortion*, apresenta o modelo da ética das virtudes de forma similar aos modelos consequencialista e deontológico, o explicando da seguinte forma: P.1. Uma ação é correta **sse** ela for o que um agente virtuoso faria em determinadas circunstâncias. P.1a. Um agente virtuoso é aquele que age virtuosamente, isto é, que tem e exercita as virtudes. P.2. Uma virtude é um traço de caráter que um ser humano precisa para florescer ou viver bem. Ver HURSTHOUSE, 1997, 219.

Pelo exposto, a crença razoável, que é um juízo ponderado, de que se deve mentir para salvar a vida de uma pessoa inocente injustamente perseguida seria aprovada pelas três teorias morais, ou, considerando o modelo kantiano ortodoxo, seria aprovada pela maioria das teorias morais, o que pode ser tomado como uma justificação da deliberação moral do prudente. O último passo, portanto, é ver se esta crença razoável seria coerente com certos juízos factuais assegurados por certas teorias científicas relevantes no caso. Por exemplo, a partir do conhecimento da ciência da história, da ciência política, da antropologia, da sociologia e das ciências jurídicas, se poderia saber da injustiça dos governos ditatoriais e genocidas, bem como se poderia reconhecer o valor da democracia e do estado democrático de direito para assegurar a prosperidade das nações. Assim, a crença razoável em tela seria claramente consistente com estas crenças factuais, o que poderia servir como uma justificação pela proximidade ao mundo.

Veja-se que esse método parece relevante porque ele nos oportuniza um procedimento para justificar ou não as crenças morais que estamos tomando como razoáveis. Imaginem a situação de considerar que um agente prudente poderia defender uma crença "razoável" de que "a ditadura seria um meio adequado para se alcançar a prosperidade da nação". Aplicando o método do ERP, essa crença "razoável" não seria justificada porque seria claramente incoerente com os princípios éticos da maximização do bem-estar, da universalizabilidade e não instrumentalização, da rejeitabilidade razoável e, inclusive, do agente virtuoso, e, além do mais, seria inconsistente com as descrições científicas. A história mostra que sistemas totalitários trazem instabilidade para as nações e não prosperidade, bem como as ciências sociais mostram claramente o valor da democracia. Mas, um agente prudente poderia agir à revelia das principais teorias éticas e desconhecer os principais fatos históricos e as mais relevantes contribuições da ciência? Penso que não.

V

De posse de um melhor entendimento da metodologia do ERP, que conecta a expertise do agente prudente com um procedimento de justificação das crenças por sua coerência interna, podemos agora considerar em que medida o seu resultado pode ser tomado como conhecimento moral. Mas, antes, é importante refletir sobre o problema do conhecimento e esclarecer o que entendemos por epistemologia das virtudes.

Tradicionalmente, já a partir do *Teeteto* de Platão, o conhecimento é tomado como crença verdadeira justificada, logo, para alguém ter conhecimento de uma coisa, essa coisa deve ser verdadeira, a pessoa deve acreditar que tal coisa é verdadeira e a crença deve ser justificada, pois poderia ser o caso de se chegar a uma crença verdadeira por sorte. Assim, por exemplo, para se ter conhecimento de que há uma ovelha no campo, a ovelha deve de fato estar no campo, o agente deve acreditar que a ovelha está no campo e justificar essa crença a partir de sua percepção visual. O problema com essa concepção tripartida do conhecimento, como já bem apontado por Gettier (1963), é que um sujeito pode ter uma crença bem justificada, mas que resulta verdadeira apenas por sorte. Consideremos um caso de tipo Gettier. Um sujeito profere uma crença de que há uma ovelha no campo a partir de sua percepção visual. De fato, a crença é verdadeira, pois há uma ovelha no campo; entretanto, o objeto avistado pelo agente era um cachorro parecido com uma ovelha. Mas, imaginemos que haja uma ovelha que está fora do campo visual do agente. Embora ele tenha uma crença verdadeira de que "há uma ovelha no campo" e esteja justificado adequadamente por uma evidência perceptual, este não é um caso de conhecimento, porque a verdade da crença se dá por fatores aleatórios ao processo cognitivo do sujeito[17].

Considerando o problema dessa concepção tradicional de conhecimento, inclusive ponderando sobre o problema específico do conhecimento moral, uma vez que conceitos de correção, bem e justiça, para exemplificar, não existiriam no mundo como objetos naturais, pelo menos não da mesma forma que existiria a ovelha no campo, parece bastante frutífera a abordagem da epistemologia das virtudes, uma vez que para ela o conhecimento é definido em termos do exercício de virtudes intelectuais do agente. Como dito por Sosa, a epistemologia das virtudes

---

17. Em *Is Justified True Belief Knowledge?*, Gettier apresenta dois contraexemplos à definição clássica de conhecimento como "crença verdadeira e justificada". No primeiro caso, Smith tem a crença de que "O homem que conseguirá o emprego tem dez moedas em seu bolso". Essa crença dita por Smith é verdadeira, mas não é conhecimento, pois quem consegue o emprego é ele mesmo e não Jones, como ele acreditava e estava justificado em razão das evidências testemunhal e perceptual e, por sorte, ele também possuía dez moedas em seu bolso. No segundo caso, Smith tem a crença justificada de que "Jones possui um Ford". Smith conclui, justificadamente, pela regra de adição, que "Ou Jones possui um Ford, ou Brown está em Barcelona", embora Smith não saiba onde Brown se encontra. Jones não possui um Ford, mas por estranha coincidência, Brown se encontra em Barcelona. Novamente, Smith tinha uma crença que era verdadeira e estava justificada, mas não parece que tivesse conhecimento. Ver GETTIER, 1963, 121-123.

é a concepção "de que o conhecimento é a crença cujo sucesso é 'creditável' ao sujeito que crê" (SOSA, 2011, 86).

Como já acenado, a tese central da epistemologia das virtudes é que um agente possui conhecimento quando ele tem uma crença verdadeira que foi formada com sucesso através das suas próprias habilidades cognitivas ou virtudes intelectuais, tais como a percepção, a memória e a visão, em uma perspectiva confiabilista, ou tais como a honestidade, a coragem e a humildade, em um modelo responsabilista[18]. O ponto central é considerar que quando a performance cognitiva é malsucedida, não atribuímos conhecimento ao sujeito, o que revela que o foco central não está na análise das crenças, mas nas virtudes e performance dos agentes. Como corretamente entendido por Zagzebski, o conhecimento coloca o sujeito em contato cognitivo com a realidade e o faz de tal maneira que pode ser caracterizado como bom, desejável ou mesmo importante. Em suas palavras: "O conhecimento é um estado de contato cognitivo com a realidade a que se chega por atos de virtudes intelectuais" (ZAGZEBSKI, 1996, 270).

Com isso em mente, o ERP pode ser visto, certamente, como um tipo de conhecimento moral, pois é o fim de um processo deliberativo em que se pesa razões e se escolhe o melhor curso de ação sem o auxílio de padrões morais absolutos, tais como fatos morais, que seriam o fundamento correspondentista dos princípios éticos, servindo para a justificação de um julgamento moral em uma situação de incerteza. E, assim, sua objetividade é assegurada tanto pela prudência do agente como pela coerência interna das crenças. Ele pode contar com a capacidade de bem deliberar do prudente para especificar as crenças razoáveis, o que inclui uma maior precisão no método, indo além da confiança inicial do agente e das condições adequadas para se chegar a um juízo moral ponderado. E isso porque a boa deliberação é um ato de pesar razões e escolher o que seria o melhor curso de ação, sendo a identificação dos meios mais adequados para realizar um fim bom. Como a prudência é a habilidade cognitiva de acertar o alvo que se pode creditar

---

18. A versão confiabilista da epistemologia das virtudes, representada sobretudo por Sosa e Greco, considera as virtudes intelectuais como faculdades cognitivas, tais como a percepção, a memória, a razão inferencial, a intuição etc. Por sua vez, a versão responsabilista, tal como representada por Zagzebski, toma as virtudes intelectuais como traços de caráter do agente, tais como a honestidade, a generosidade, a coragem, a humildade, entre outras. Ver ROBERTS; WOOD, 2007, 6-9. E sobre a conexão entre a epistemologia das virtudes e a ética das virtudes, ver DePAUL; ZAGZEBSKI, 2003, 1-12.

ao agente, não seria possível executar o ERP e chegar a crenças não razoáveis, uma vez que a prudência se caracteriza pelo encontro da mediania, que ainda é testada por sua coerência tanto com os princípios éticos como com as crenças científicas.

Assim, a conclusão do ERP parece equivalente a afirmar uma crença razoável em ERA, o que possivelmente evita os problemas epistemológicos de conservadorismo e subjetivismo, uma vez que a credibilidade inicial das crenças se dará pela capacidade epistêmica do prudente em determinar a mediania e porque a crença razoável é testada, para além da coerência, por sua proximidade ao mundo. Entretanto, esse método se mostra bastante consistente com o pluralismo ético e com a democracia, sendo um tipo de antídoto ao dogmatismo tão perigoso à diversidade. E isso em razão do procedimento estar sempre aberto à revisão das crenças, a partir de sua coerência interna, de sua conexão com o próprio mundo, e da disposição do agente em acertar o alvo e reconhecer os limites da razão. Esse modelo deliberativo compreende a importância de se engajar no debate com os outros sobre as diversas questões morais e tenta entender os problemas éticos a partir de uma perspectiva plural.

É claro que o ERP é limitado, pois não seria suficiente para resolver os casos complexos no âmbito privado da moralidade, como o de querer saber sobre a correção ou o erro de se "comer carne", assim como na questão disputada entre A e B. Aqui a tolerância parece exigir que se aceite os vários sistemas coerentes de crenças afirmados pelos agentes, que são variáveis em razão dos diferentes *inputs* legítimos em uma democracia. Mas, para determinar o certo e o errado no âmbito público da moralidade, o procedimento parece relevante na identificação da objetividade, uma vez que inclui no modelo deliberativo do prudente um procedimento de justificação de crenças com base na coerência interna, o que nos conduz a uma perspectiva claramente intersubjetiva. A razão para tal é que no âmbito público da moralidade se parte de uma mesma cultura e das mesmas referências normativas para a avaliação dos problemas, como seria o caso de se querer determinar a justa distribuição dos bens em uma sociedade ou então de justificar a punição de forma adequada, ou mesmo de especificar os direitos das minorias, como o da comunidade LGBTQIA+, por exemplo. Assim, ter uma crença razoável justificada em ERA, que tanto expressa certas virtudes do agente, como revela uma dimensão interpessoal, parece apontar para uma rota mais promissora do que as alternativas absolutistas e dogmáticas que tomam a verdade, mesmo que no domínio moral, como independente da própria natureza humana e social.

CAPÍTULO VI

A INJUSTIÇA EPISTÊMICA E O PAPEL DA *EPIEIKEIA*

O objetivo central deste capítulo é entender o fenômeno da injustiça epistêmica, especialmente a injustiça testemunhal, a fim de compreender o erro moral da arbitrariedade tanto na condução como na decisão judicial. Como uma solução ao problema, vou contar com a virtude da *epieikeia* (equidade) para ao menos mitigar a injustiça em questão, de forma a desenvolver uma sensibilidade epistêmico-moral nas autoridades públicas para dar valor igual aos testemunhos dos diferentes agentes que fazem parte da mesma comunidade, mas que possuem diferenças significativas, como as de gênero, as de classe social e as de raça/etnia, entre outras. Para tal fim, inicio caracterizando a injustiça epistêmica, assim como definida por Miranda Fricker (2007), e, em seguida, abordo alguns casos de injustiça epistêmica no judiciário nacional. Depois, analiso o conceito de *epieikeia* (equidade), como um tipo de justiça que tem por função corrigir a generalidade da lei e reconhecer as características centrais do caso. De posse disso, por fim, aplico a virtude da *epieikeia* como um antídoto à injustiça epistêmica recorrente no sistema judiciário.

I

Contemporaneamente, tem sido comum depararmo-nos em nosso país com decisões judiciais que pretendem fazer justiça independentemente do que diz a lei. É o que se chama "ativismo judicial", que pode ser interpretado como a escolha de um modo proativo que o Poder Judiciário possui de interpretar a Constituição, muitas vezes expandindo seu sentido e alcance. E isso pode ser evidenciado, sobretudo, por decisões judiciais que querem afirmar um direito que não consta no texto constitucional, tanto na decisão do Supremo Tribunal Federal (STF) que reconheceu a união homoafetiva, mesmo sem previsão legal, utilizando-se da mutação constitucional para atender a um anseio da sociedade para o qual o Poder Legislativo se manteve inerte, como na decisão do mesmo STF que permitiu e disciplinou as pesquisas com células-tronco embrionárias (ADI, n. 3.150). A objeção usual levantada é que o Judiciário não teria legitimidade para fazer o direito, mas apenas para aplicá-lo, uma vez que não tem mandato popular para tal fim (KOERNER, 2016). Embora isso seja um grande problema em nosso meio, gostaríamos de refletir sobre uma outra questão que corriqueiramente também ocorre no sistema judiciário, tanto na condução como na decisão judicial, que é a injustiça epistêmica, a saber, a injustiça que decorre do preconceito contra o testemunho de certos agentes em razão de estereótipos arbitrários, tais como os estereótipos de gênero contra as mulheres, de classe contra pobres e de raça/etnia contra negros etc.

É importante notar que a formação dos juízes e o exercício jurisdicional, apesar de terem como objetivo promover a imparcialidade e a justiça no momento da aplicação do direito, obedecendo a premissa constitucional de considerar todos os cidadãos como iguais perante à lei, por vezes não são suficientes para eliminar os diferentes estereótipos que existem no mundo social, que são usados de forma irrefletida ou na condução de um processo judicial, ou mesmo na decisão em um tribunal, seja por um policial, um juiz, um promotor ou um júri em casos mais específicos. Por exemplo, um estereótipo social bastante comum em julgamentos de casos de estupro é invalidar a acusação (testemunho) feita pela mulher em razão de ela não se encaixar no modelo de "mulher honesta", talvez por ter uma vida sexual ativa e livre, ou talvez por não ser casada nem mãe, mas, por outro lado, validar toda declaração do acusado por ser um "homem de bem", isto é, por ser um pai de família, não ser um criminoso ou pessoa violenta com diversas passagens pela polícia. Veja-se que este estereótipo de gênero é uma generalização que se refere ao comportamento e aos papéis que a sociedade espera que homens e mulheres desempenhem, o que cria uma hierarquia que reforça a situação de subordinação das mulheres na sociedade, violando a igualdade delas e seus direitos. Almeida e Nojiri constatam que: "Mulheres constantemente retratadas como mentirosas, vingativas ou loucas, têm seus depoimentos valorizados apenas se corresponderem à figura de vítima idealizada pela sociedade e pelo Judiciário brasileiro, caso contrário, podem passar de vítimas a culpadas" (ALMEIDA; NOJIRI, 2018, 828). Este padrão de julgamento pode ser visto, também, como um viés de gênero, revelando que dada a dificuldade de comprovação de uma denúncia de estupro, a atenção é deslocada para o comportamento social dos envolvidos, observando-se o histórico da vida da mulher e do acusado[1].

Poderia ser o caso, também, uma pessoa negra ter sua denúncia desacreditada por certa autoridade judicial exatamente pela cor de sua pele. Ou, alternativamente, poderia ser o caso de existir uma assimetria valorativa entre o testemunho de uma empregada doméstica e sua patroa em relação a uma acusação de furto, de forma que a palavra da patroa, dizendo que "foi roubada", teria mais valor exatamente porque a palavra da empregada não seria "igualmente" confiável, ao dizer que "não é culpada". Estes seriam casos de estereótipos de raça/etnia e de classe, respectivamente (BARATTA, 2002, 112; APPIAH, 1985), que influenciam negativamente uma condução ou decisão judicial. Todos estes estereótipos seriam casos de injustiça epistêmica porque revelam uma injustiça, isto é, uma parcialidade, em relação à palavra ou testemunho dos diferentes agentes, sendo a palavra validada ou invalidada em razão de algo arbitrário, como gênero, raça ou classe social, o que seria contrário ao dever do sistema judiciário de promover a imparcialidade e a justiça na aplicação do direito. Mas, o que é mesmo injustiça epistêmica e por que fazer uso desse conceito seria relevante?

Miranda Fricker, em *Epistemic Injustice: power and the ethics of knowing* (2007), diz que a injustiça epistêmica ocorre quando aspectos discriminatórios arbitrários influenciam no domínio do conhecimento, ou, em outras palavras, quando o preconceito identitário influencia as nossas práticas epistêmicas, originando um déficit de credibilidade no testemunho de um agente ou dificultando a compreensão da realidade social em razão da ausência de certos conceitos centrais. Para ela, há duas formas de injustiça epistêmica, a saber, a injustiça testemunhal e a injustiça hermenêutica (FRICKER, 2007, 1-8). Vejamos.

A injustiça testemunhal ocorre quando o preconceito contra certa identidade causa no ouvinte um nível deflacionado de credibilidade ao que foi afirmado pelo falante. Por exemplo, imagine-se uma situação em que um policial branco não acredita no que diz um agente apenas por ser negro. Nesse caso, teríamos um

---

1. Ver a pesquisa realizada por Danielle Ardaillon e Guita Debert, que analisaram os crimes de estupro, agressão e homicídios contra as mulheres, demonstrando a forte influência do estereótipo de gênero nas decisões judiciais (ARDAILLON; DEBERT, 1987). Ver, também, o trabalho de Daniella Coulouris sobre a construção da verdade nos casos de estupro (COULOURIS, 2004) e a investigação de Linda Brannon sobre os estereótipos de gênero (BRANNON, 2017).

déficit de credibilidade causado pelo preconceito identitário, que faz uso de estereótipos para julgar a situação, como o estereótipo que considera que "todo negro mente", o que nos mostra que esta injustiça é causada pelo preconceito na economia da credibilidade. De outro lado, a injustiça hermenêutica acontece em um estágio anterior, ocorrendo quando uma lacuna, nas fontes interpretativo-coletivas, coloca alguém em uma situação de desvantagem arbitrária no contexto das experiências sociais. Por exemplo, em uma cultura que ainda não possui o conceito de "assédio sexual", uma mulher que sofre assédio sexual parece estar sofrendo de uma desigualdade hermenêutica, uma vez que a ausência do conceito pode dificultar o reconhecimento da violência que ela está sofrendo. O mesmo poderia ser dito de alguém que sofre racismo em uma sociedade que desconhece o conceito de "racismo". Casos assim revelam uma marginalização hermenêutica e tem por causa o preconceito identitário estrutural na economia dos recursos hermenêuticos coletivos (FRICKER, 2007, 17-29, 147-161)[2].

Pensamos que o conceito de injustiça epistêmica, especialmente a testemunhal, nos auxilia a melhor compreender o erro moral da arbitrariedade tanto na condução como na decisão judicial. Além do mais, acreditamos que um melhor esclarecimento do referido conceito pode auxiliar-nos, sobretudo, a encontrar soluções mais eficientes para lidar com esse complexo problema de nossa vida social. A estratégia aqui será contar com a virtude da justiça da *epieikeia* (equidade) para eliminar, ou ao menos mitigar, a injustiça em questão, de forma a desenvolver uma sensibilidade epistêmico-moral nas autoridades públicas para dar valor igual aos testemunhos dos diferentes agentes que fazem parte da mesma comunidade moral e política, mas que possuem diferenças significativas, como as de gênero, de classe social e de raça/etnia, entre outras.

Com esse objetivo em mente, iniciamos o texto definindo e caracterizando a injustiça epistêmica, tanto a testemunhal como a hermenêutica, a partir da interpretação de Miranda Fricker (2007), fazendo uso de um exemplo literário de injustiça testemunhal, a saber, o caso de Tom Robinson do livro *O sol é para todos*

---

2. Morten Byskov explica que a injustiça epistêmica é a ideia de que podemos ser injustamente discriminados em nossa capacidade de agentes de conhecimento com base em preconceitos sobre o falante, como gênero, origem social, etnia, raça, sexualidade, tom de voz, sotaque e assim por diante. O problema evidenciado é que as estruturas, instituições e práticas comunicativas injustas têm o poder de reproduzir e expandir as desigualdades socioeconômicas existentes. Ver BYSKOV, 2021, 116-122.

(*To Kill a Mockingbird*). Depois, abordamos alguns casos de injustiça epistêmica no judiciário nacional, a saber, um caso de denúncia de estupro em que a palavra da vítima foi desconsiderada, e dois casos de condenações em tribunais por racismo. Na sequência, analisamos o conceito de *epieikeia*, assim como formulado por Aristóteles, especialmente na *Ethica Nicomachea*, como sendo um tipo de justiça que tem o papel de corrigir a generalidade da lei e identificar as características relevantes do caso. Por fim, aplicamos a virtude da *epieikeia* como forma de eliminar ou enfraquecer a injustiça epistêmica que parece ocorrer no sistema judicial, sobretudo no que diz respeito à condução e à decisão judiciais operacionalizadas por policiais, juízes, promotores ou mesmo por cidadãos que podem formar o Tribunal do Júri.

II

Miranda Fricker em seu livro *Epistemic Injustice: power and the ethics of knowing* (2007) se dedica a analisar os aspectos éticos e políticos de algumas de nossas práticas epistêmicas, tais como a transmitir conhecimento aos outros por testemunho e dar sentido a nossas experiências sociais. A consequente análise dessas práticas conduz a autora para a identificação de duas formas de injustiça epistêmica, a saber, injustiça testemunhal e hermenêutica.

Como já foi dito, os fenômenos da injustiça testemunhal e hermenêutica trabalham com três campos da filosofia, que são: epistemologia, ética e política. Os assuntos epistêmicos e éticos são tensionados na medida em que o agente sofre um dano no exercício de suas práticas epistêmicas decorrente de marginalizações, discriminações e preconceitos danosos associados à sua identidade individual ou à de seu grupo. Já os aspectos políticos se destacam por essas práticas epistêmicas acontecerem dentro de relações de poder social.

Mas, afinal de contas, o que são estes fenômenos da injustiça testemunhal e hermenêutica? Vamos começar pela injustiça testemunhal, definida por Fricker como: "A ideia básica é que o falante sofre injustiça testemunhal apenas se o preconceito por parte do ouvinte gera menos credibilidade ao falante do que lhe seria dado" (FRICKER, 2007, 4). Ou seja, a ideia é a de que há situações em que uma pessoa tem o valor de seu testemunho, isto é, o valor da informação ou conhecimento que está tentando transmitir, diminuído em razão de um preconceito danoso por parte do ouvinte. Por exemplo, pense-se em como uma mulher, ao tentar dar uma contribuição em uma reunião de negócios, em uma mesa cheia de homens, pode simplesmente ser ignorada e silenciada em razão do preconceito de que "mulheres pensam com o coração, e não com a razão". Ou como alguém, que por seu sotaque nordestino, pode ser julgado preconceituosamente como iletrado e ignorante, tendo sua tentativa de participação em ambientes sociais e profissionais prejudicada. Esses são alguns casos em que o falante tem seu testemunho descredibilizado por parte do ouvinte em decorrência de algum preconceito identitário formado a respeito de seu grupo[3].

Em direção a esses casos, Fricker trabalha com um exemplo da literatura que expõe claramente as características da injustiça testemunhal, a saber, o caso de Tom Robinson do livro *O sol é para todos* (*To Kill a Mockingbird*), de Harper Lee. Na obra, somos apresentados a uma família problemática da cidade fictícia de Maycomb, interior do Alabama, os Ewell, que acusam falsamente Tom Robinson, um homem negro que tinha um convívio tranquilo no condado, de estuprar Mayella Ewell. O descrédito que o testemunho de Tom sofre, ante as acusações dos Ewell, fica evidente quando o caso vai a júri. Por mais que o advogado de Tom, Atticus Finch, apresente provas que tornem inviáveis a condenação de seu cliente, o júri ainda assim o condena. Atticus reforça que não houve prova médica de estupro. As marcas de violência física no rosto de Mayella eram mais compatíveis como sendo fruto de alguma violência feita por seu próprio pai, do que realizada por Tom, que tinha um braço praticamente inválido graças a um acidente que sofreu quando era criança. Para além dos fatos do caso, havia um choque de reputação. Por um lado, os Ewell eram conhecidos como uma família de aproveitadores, que se sustavam com base em assistência do governo, arrumavam confusão e eram incivilizados. Por outro lado, havia Tom, com uma reputação bastante favorável, com exceção de ser negro em uma comunidade racista no sul dos Estados Unidos em meados de 1930.

---

3. Em seu artigo *Varieties of Testimonial Injustice*, Jeremy Wanderer destaca três perspectivas em que a injustiça testemunhal ocorre, gerando três classificações, a saber, injustiça testemunhal transacional, estrutural e por traição. A injustiça testemunhal transacional é centrada no caráter de transições interpessoais, em que alguém fala alguma coisa para outro alguém. Já a injustiça testemunhal estrutural foca em instituições sociais em que o testemunho ocorre. Por fim, a injustiça testemunhal por traição ocorre nos exercícios de testemunho em que as relações sociais de confiança são robustas. Ver WANDERER, 2017, 27-40.

O fato que importa ressaltar é que Tom foi condenado pelo crime de estupro devido aos inúmeros preconceitos identitários que eram atribuídos aos negros pelos brancos. Isso fica claro em diversas passagens, como no depoimento do Sr. Raymond, um morador da cidade que era branco, mas vivia com uma mulher negra, sobre o caso:

> E assim, um negro calmo, respeitável, humilde, que cometeu a imperdoável temeridade de "ter pena" de uma mulher branca, tem que colocar sua palavra de honra contra a de dois brancos. Não preciso lembrar aos senhores o comportamento e aparência deles na tribuna, os senhores viram com seus olhos. As testemunhas de acusação, com exceção do xerife do condado, se apresentaram diante dos senhores com a cínica segurança de que seus depoimentos não seriam postos em dúvida, certo de que os senhores aceitariam a tese deles, a diabólica tese de que *todos* os negros mentem, *todos* os negros são, por princípio, imorais, que *nenhum* deles deve ser deixado perto de nossas mulheres, tese que podemos associar a mentes do calibre da deles (LEE, 2019, 258).

Essa passagem capta bem como um preconceito sobre a identidade de um grupo, no caso os negros, acabou gerando um déficit de credibilidade no testemunho de Tom Robinson, que teve o valor de sua palavra diminuído ante o depoimento de brancos, sendo por isso, consequentemente, condenado. Para Fricker: "Dada a evidência colocada na frente deles, prejudicaram de forma inalterável a percepção social de Robinson como falante, levando a uma falha epistêmica grosseira e a uma falha ética de grave consequência prática" (FRICKER, 2007, 26).

Tendo esclarecido a injustiça testemunhal, partiremos para a injustiça hermenêutica, que Fricker define como: "A injustiça de ter alguma área da experiência social obscurecida de entendimento coletivo devido a uma persistente e ampla marginalização hermenêutica" (FRICKER, 2007, 155). Basicamente, esse fenômeno ocorre devido uma assimetria de poder entre grupos, isto é, um grupo mantém o domínio injusto dos recursos sociais de entendimento de outros grupos. Por exemplo, em uma sociedade que é dominada por homens, os recursos de entendimentos coletivos disponíveis para as mulheres serão defasados. Assim, conceitos como depressão pós-parto e assédio sexual demorarão a aparecer, e, por consequência, as mulheres que sofrerem desses males não conseguirão dar sentido a suas experiências exatamente porque quando olham para as fontes coletivas de conhecimento encontrarão aí uma lacuna hermenêutica. Ou seja, o grupo feminino fica hermeneuticamente marginalizado. Percebemos que tanto o grupo dos homens quanto o das mulheres sofre com essa lacuna das fontes hermenêuticas coletivas, mas o dano injusto é apenas direcionado para as mulheres, pois, ao sofrerem de depressão pós-parto, ou um assédio sexual, não conseguirão entender plenamente o que está se passando, justamente por não terem acesso ainda aos conceitos necessários para o entendimento da situação[4].

Podemos pensar em mais casos: por exemplo, numa sociedade em que homens héteros e brancos dominam as fontes coletivas de entendimento, o grupo daqueles que não se encontram entre os heterossexuais e entre os brancos será prejudicado. Pensemos em como durante muito tempo a homossexualidade era tida como uma doença, inclusive pela Organização Mundial de Saúde (OMS), ou em casos como o de Tom Robinson, de forma que o entendimento coletivo era o de que todos os negros eram mentirosos e indignos de confiança. Agora podemos nos perguntar como homossexuais e negros dariam sentido a suas experiências ao olharem para os entendimentos de seus respectivos grupos. O grupo dos homossexuais se veria, provavelmente, como doente e teria dificuldade para se aceitar, enquanto o dos negros poderia se entender, provavelmente, como inferior e indigno de confiança. Ou seja, as marginalizações que esses dois grupos sofreram geraram um dano em suas experiências sociais de entendimento.

O fenômeno da injustiça epistêmica que Fricker nos apresenta mostra uma série de danos que pessoas de grupos marginalizados podem sofrer. Retomemos novamente o caso de Tom Robinson. Nesse exemplo, é fácil identificar como a injustiça testemunhal e hermenêutica se cruzam e somam os prejuízos causados a suas vítimas. A consequência da marginalização dos negros e de não serem vistos como sujeitos dignos de confiança epistêmica gerou, por consequência, o dano prático da sentença de condenação de Tom. Bem como danos psicológicos, já que Tom temia ser pego em uma acusação feita por brancos, pois não haveria escapatória, algo claro durante as respostas dadas ao advogado de acusação, o Sr. Gilmer, sobre o fato de Tom ter fugido da cena do suposto crime por medo:

---

4. José Medina propõe algumas classificações de injustiça hermenêutica com base em origem, dinâmica, abrangência e profundidade. Apesar de dissertar sobre todas essas categorias, o autor foca na profundidade da injustiça hermenêutica, categoria em que o dano gerado é tão vertical a ponto de "minar ou destruir as capacidades de dar sentido e de compartilhar significado das vítimas de tal dano" (MEDINA, 2017, 47). O desdobramento mais danoso geraria o que o autor chama de morte hermenêutica, quando a voz de alguém é morta. Ver MEDINA, 2017, 41-52.

[Sr. Gilmer] – Se tinha a consciência limpa, por que teve medo?

[Tom] – Já disse, não era seguro para um negro se meter numa encrenca assim...

[Sr. Gilmer] – Mas você não estava em uma encrenca, declarou que resistiu à srta. Ewell. Teve medo que ela o machucasse e correu, um homem de seu tamanho?

[Tom] – Não, senhor, tive medo de ir parar no tribunal, exatamente como estou agora.

[Sr. Gilmer] – Teve medo de ser preso, de responder pelo que fez?

[Tom] – Não, senhor, de responder pelo que não fiz (LEE, 2019, 250).

A preocupação de Tom parece ser a mesma que a de jovens negros, tanto nos Estados Unidos como no Brasil, que evitam transitar em certos lugares atualmente para escapar de serem abordados por policiais e terem seu testemunho também desvalorizado, tendo por consequência, algumas vezes, a prisão ou até mesmo a morte.

Por fim, também podemos pensar nos danos causados pela exclusão da esfera política que negros sofriam e sofrem devido à marginalização social de seu grupo. Essa consequência dificulta a representatividade e a correção de danos sofridos pela população negra, atrasando, inclusive, o reconhecimento dos danos hermenêuticos de compreensão de sua própria vivência social.

III

Após a breve familiarização com o fenômeno da injustiça epistêmica, assim como apresentado por Miranda Fricker, é relevante identificar casos mais concretos de injustiça testemunhal e hermenêutica. Em particular, é em casos do sistema judiciário que podemos perceber mais claramente a presença do fenômeno da injustiça epistêmica operando estruturalmente, identificando seus personagens e seus danos. Vamos fazer referência a alguns casos do judiciário nacional.

No escopo da injustiça testemunhal, casos de estupro são exemplos notáveis de como o testemunho da vítima é muitas vezes descredibilizado em função do lugar onde estava, da roupa que estava usando, de seu comportamento sexual etc. Segundo o Fórum Brasileiro de Segurança Pública de 2021, foram registrados 56.098 casos de estupro ao gênero feminino, o que representa que uma mulher ou menina sofreu abuso a cada 10 minutos (apenas de casos registrados). Juntamente a esse diagnóstico há uma série de empecilhos para a denúncia e preconceitos da sociedade. Segundo a Agência Patrícia Galvão, no dossiê sobre violência contra mulheres, o que impede as denúncias de estupro ocorrerem são a dúvida de quem denuncia e o foco no comportamento da vítima, não do agressor. Por exemplo, segundo o Ipea/SIPS (2014), na pesquisa "Tolerância social à violência contra as mulheres", 26% dos entrevistados concordam totalmente ou parcialmente que "mulheres que usam roupas que mostram o corpo merecem ser atacadas", enquanto que 58,5% dos entrevistados concordam completamente ou parcialmente que "se as mulheres soubessem como se comportar, haveria menos estupros"[5].

Essas "exigências" acerca do caráter da vítima de estupro não se fundamentaram espontaneamente, mas fazem parte de um imaginário coletivo fortemente embasado em nossa estrutura social machista e patriarcal. Nesse contexto, podemos destacar um caso de injustiça hermenêutica ao ressaltar o art. 268 do Código Penal Brasileiro de 1890, que foi a primeira vez que o conceito de estupro apareceu em nosso sistema, ainda que fizesse uma distinção de penas dependendo do caráter da vítima estuprada, no caso, o estupro a uma mulher honesta era punido mais severamente do que um estupro a uma mulher pública (MACHADO, 2016).

Percebemos, então, que há diversos vieses preconceituosos por trás dos crimes de estupro que descredibilizam o testemunho da vítima. Tomemos como exemplo o julgamento de Daniel Tarciso da Silva Cardoso, estudante de medicina da USP acusado de estuprar uma jovem estudante de enfermagem e absolvido em julgamento que ocorreu em 2014. Nesse caso, houve diversas provas que demonstravam que o estupro tinha ocorrido de fato, como, por exemplo, laudos psicológicos e psiquiátricos que comprovavam o abuso sexual e exames médicos que atestavam violência sexual. Além disso, havia o testemunho da vítima, afirmando ter sido drogada por Daniel Cardoso através de uma bebida durante uma festa. Entretanto, o juiz Klaus Marouelli Arroyo, da 23ª Vara do Tribunal de Justiça de São Paulo, absolveu Cardoso, afirmando na sentença que a estudante

---

5. Mais precisamente, o Sistema de Indicadores de Percepção Social (SIPS) do Ipea desenvolveu essa pesquisa em 2013, com base em um questionário com 27 frases na temática de tolerância à violência contra mulher. Foram entrevistadas 3810 pessoas de ambos sexos, englobando cinco grandes regiões do país. Dentre outras frases, por exemplo, há clássicos ditos populares como "a roupa suja deve ser lavada em casa" (89% de concordância) e "em briga de marido e mulher não se mete a colher" (82% de concordância). Ver IPEA. SISTEMA DE INDICADORES DE PERCEPÇÃO SOCIAL, 2014.

entrou "de livre e espontânea vontade" no quarto de Cardoso, confirmando essa situação para as amigas. Com base nisso, ouve "inconsistência das declarações da ofendida" e "prova em sentido diverso [...]". Basicamente, como no caso de Tom Robinson, a palavra da pessoa vulnerável foi desacreditada, mesmo ante a reputação ruim de quem usufrui de um privilégio social, como é o caso de Cardoso que, segundo a *Rede Não Cala*, ainda sofreu mais seis acusações de estupro, todas com o recurso de dopar as vítimas. Além disso, Cardoso também foi, quando era policial militar, condenado por homicídio culposo após matar um homem com oito tiros em um carnaval, alegando legítima defesa. Em relação à questão do estupro, o advogado que acompanhou o caso, Renan Quinalha, reforçou o modo tendencioso da sentença: "[...] mas chama a atenção, nesse caso, como o juiz valorou apenas as provas que beneficiavam o réu, ignorando na sua decisão os elementos que indicavam a materialidade do estupro" (OJEDA; MERLINO, 2017).

Esse alarmante caso de estupro, aliado aos dados apontados acima, mostram como a injustiça testemunhal é pervasiva em nossas vidas. O imaginário social formado acerca de quais lugares uma mulher deve frequentar, as roupas que deve usar, o comportamento que deve ter etc. gera uma situação em que seu testemunho perde valor de verdade e relevância a partir do momento que ela sai de uma conduta que lhe é exigida baseada em um estereótipo identitário, que estabelece uma assimetria no julgamento do comportamento feminino e masculino[6].

Outro conjunto de casos, que também ocorre no sistema judiciário nacional e que é ilustrativo para identificarmos as nuances da injustiça testemunhal, são os exemplos de condenações em tribunais por racismo. Tal qual em *O sol é para todos*, os estereótipos sociais de que negros são menos confiáveis e mais propensos a criminalidade ainda nos assolam e acabam contribuindo para sentenças injustas. Pensemos no levantamento de dados feito pela Defensoria Pública do Estado

---

6. Ao analisar trabalhos sobre as origens dos estereótipos do gênero masculino e feminino, Linda Brannon verifica que a virada do período vitoriano para o século XIX, com a Revolução Industrial, fez com que homens saíssem de casa para trabalhar fora, enquanto as mulheres ficavam nos ambientes domésticos cuidado do lar e da família. Essa mudança de hábitos gerou duas crenças: a doutrina das duas esferas e o culto a verdadeira feminilidade. Na doutrina das duas esferas, criou-se o estereótipo de que os interesses entre homens e mulheres divergem; mulheres, por exemplo, se interessam pela casa e por crianças, enquanto homens se interessam por trabalho. Já o culto à verdadeira feminilidade, julga a mulher de acordo com quatro virtudes cardinais: piedade, pureza, submissividade e domesticidade. Ver BRANNON, 2017, 46-48.

do Rio de Janeiro (DPRJ) e pelo Colégio Nacional de Defensores Públicos Gerais (CONDEGE) que mostram dados de 2012 a 2020, com informações de 10 Estados, sobre a realização de prisões com base no reconhecimento fotográfico. Segundo o levantamento, foram realizadas cerca de 90 prisões injustas com esse método, sendo que 81% dessas condenações foram de pessoas negras[7].

Vejamos o exemplo de Bárbara Querino de Oliveira, jovem negra de 22 anos que cumpriu pena em regime fechado por 1 ano e 8 meses após "ter sido reconhecida" por fotos e acusada por pessoas brancas de cometer um suposto crime de roubo de carro em setembro de 2017, na cidade de São Paulo. Bárbara teve como única prova contra sua inocência um reconhecimento de foto feito por *WhatsApp* que "associava" a jovem, na época com 19 anos, de ser integrante de uma quadrilha. Mesmo Bárbara fornecendo depoimentos e fotos de que não estava na cidade no dia do roubo, foi atribuído ao seu testemunho um descrédito, que foi inversamente proporcional ao valor do testemunho atribuído aos seus acusadores brancos (STABILE, 2020).

Na mesma linha de injustiça, há o caso de Jeferson Pereira da Silva, jovem negro de 29 anos, preventivamente preso acusado de ter comedido um roubo em 4 de fevereiro de 2019, na cidade do Rio de Janeiro. As provas de sua culpa? Apenas o reconhecimento fotográfico feito a partir de uma antiga foto 3x4 sua, em que estava dez anos mais jovem à data do ocorrido. Apesar dos esforços de Jeferson e de sua família deporem em favor de sua defesa, argumentando que ele estava em casa no dia do crime, de nada adiantou: Jeferson foi preso com base em uma pseudoprova (SCHMIDT, 2021).

Esses casos de injustiça testemunhal não ocorrem gratuitamente, muito pelo contrário, eles reforçam um racismo estrutural que perpassa nossas intuições sociais e políticas e nossa cultura. Um levantamento feito pela *GloboNews* mostrou que apesar da Constituição de 1988 tornar o racismo um crime inafiançável e sem prescrição, desde esse período, no Rio de Janeiro, por exemplo, houve 244 processos de racismo e injúria racial julgados. Certamente há um contrassenso aqui, tendo em vista os inúmeros relatos que pessoas negras fazem a respeito de suas experiências com o racismo (GLOBONEWS, 2017). Por exemplo, segundo uma pesquisa realizada pelo Instituto Locomotiva, 76% dos brasileiros

---

7. Ver DEFENSORIA PÚBLICA DO ESTADO DO RIO DE JANEIRO, 2021.

negros relataram conhecer alguém que tenha sofrido preconceito por sua cor ou raça dentro do ambiente do trabalho[8].

Esse cenário de preconceito estrutural reforça o modo como a identidade do grupo de pessoas negras é constituído. Essa construção identitária preconceituosa, por sua vez, acaba gerando um descrédito no testemunho do falante negro, isto é, o valor de verdade de sua informação, ou relato, e a confiança que é passada ao ouvinte são esvaziados de relevância. Logo, a mensagem não chega ao ouvinte, e, assim, o grupo é lesado em sua comunicação e participação. Consequentemente, não se torna raro vermos casos de condenações e julgamentos injustos quando direcionados a esse grupo social, tal qual acontece com o grupo das mulheres, como vimos acima.

IV

Compreendido o fenômeno da injustiça epistêmica, tanto testemunhal como hermenêutica, bem como esclarecido alguns casos significativos de injustiça epistêmica no sistema judiciário nacional, nosso próximo passo será pensar em como enfrentar esse problema. Tomando por base a própria estratégia usada por Fricker, que defende que precisamos contar com a virtude da justiça para dar valor igual às afirmações das diferentes pessoas sem julgá-las a partir dos preconceitos identitários (FRICKER, 2007, 169-175), defendemos que precisamos contar com a virtude da *epieikeia* (equidade), assim como formulada inicialmente por Aristóteles, de forma que as autoridades judiciais em tela possam adquirir uma sensibilidade epistêmico-moral para julgar os agentes sem preconceitos e estereótipos de vários tipos. Mas antes de avançarmos na solução, vamos analisar detalhadamente as características da virtude da *epieikeia* e o porquê dela parecer superior à virtude da justiça no enfrentamento deste problema.

---

8. A pesquisa realizada pelo Instituto Locomotiva, em 2020, foi quantitativa e realizada através de um questionário fornecido para 1459 entrevistados de 72 cidades de todo o Brasil. Dentre alguns de seus resultados, é possível observar diversas questões de preconceito de gênero, como, por exemplo, 94% dos entrevistados acreditam que negros têm mais chances de serem abordados de forma violenta pela polícia e/ou mortos em comparação com brancos. Os entrevistados também acreditam que 15% dos negros têm chances de fazer faculdade, contra 85% dos brancos. Ver INSTITUTO LOCOMOTIVA, 2020.

Embora diversos autores tenham escrito sobre a equidade, como, por exemplo, Platão, Sêneca e Tomás de Aquino, entre outros, é em Aristóteles que esse conceito é melhor esclarecido, sobretudo na distinção realizada entre equidade e justiça, termos que muitas vezes são tomados como sinônimos no debate. Para Aristóteles, de forma geral, a *epieikeia* (equidade)[9] é uma virtude que auxilia na decisão nos casos em que existe conflito entre a lei universal e as condições particulares, quer dizer, quando existe confronto entre o universal e o particular. Para ele, e *epieikeia* é uma forma de justiça, que é superior à justiça legal, sendo uma correção da lei onde ela falha em razão de sua generalidade. Assim, é a virtude da *epieikeia* que interpreta a lei, flexibilizando sua rigidez e determinando o que é justo em cada situação específica. No Livro V, 10 da *Ethica Nicomachea* (*EN*), Aristóteles investiga a respeito do papel da *epieikeia*, e sua relação com a justiça (*dikaiosynê*), isto é, ele quer saber se elas são idênticas ou se possuem diferenças entre si, pois "[...] se o justo e o equitativo são diferentes, um deles não é bom; e se ambos são bons, têm de ser a mesma coisa" (ARISTÓTELES, 1999, V, 10, 1137b2-5). Aristóteles também investiga sobre o significado de *epieikeia* na *Rhetorica* (*Rhet.*), estabelecendo uma correlação entre a lei universal (moral) e a *epieikeia*. Para ele: "O equânime permanece sempre e não muda nunca, do mesmo modo que a lei comum (universal), a qual é segundo a natureza, enquanto as leis escritas mudam seguidamente" (ARISTÓTELES, 1959, *Rhet.* I, 14, 1375a31-33). Assim, a *epieikeia* é identificada com um tipo de justiça, a justiça universal, que é compreendida como virtude, sendo superior ao justo legal, isto é, ao direito positivo, mas que não se confunde com a justiça natural[10]. Mas, vejamos isso em maior detalhe.

Em primeiro lugar, tem-se uma identificação entre a *epieikeia* e a justiça, em que a *epieikeia* significa o mesmo que a justiça (ARISTÓTELES, 1999, V, 10,

---

9. Deriva do latim *aequitas, tatis*, que significa julgamento justo. É sinônimo da virtude da justiça. Virtude de quem manifesta senso de justiça, imparcialidade e respeito à igualdade de direitos. Correção no modo de agir ou de opinar, em que há lisura, honestidade, igualdade. Disposição para reconhecer a imparcialidade do direito de cada indivíduo. Para Tomás de Aquino, por exemplo, é próprio do ato de justiça dar a cada um o que lhe pertence. Numa proporção de *equidade*, deve-se dar a cada pessoa o que lhe pertence, de acordo com o que lhe é devido. Ver AQUINO, 1955, 611 (II-II, q. 120, a. 2).

10. Aristóteles explica o equitativo na *Rhetorica* da seguinte maneira: "Ser equitativo é mostrar indulgência ante as fraquezas humanas; é também levar em conta menos a lei do que o legislador; considerar não a letra da lei, mas a intenção do legislador" (ARISTÓTELES, 1959, *Rhet.* I, 13, 1374b14-16).

1137b30-34), pois o que a justiça visa é sempre o equitativo, sendo que o equitativo é o justo no sentido proporcional e aritmético; porém, a justiça, como princípio, possui uma força legal que a equidade, por ser uma virtude, não possui. Isso fica mais claro no final do capítulo onde Aristóteles identifica que a *epieikeia* é uma virtude, uma vez que o equânime escolhe e pratica os atos de justiça, não se assegurando em seus direitos, tendendo a tomar uma parte menor do que seria seu direito. Essa ação virtuosa se dá por uma disposição de caráter (*héxis*), sendo compreendida a *epieikeia* como a justiça no seu sentido universal, isto é, como virtude. Assim, o equânime é:

> [...] quem escolhe e pratica atos equitativos e não se atém intransigentemente aos seus direitos, mas se contenta com receber menos do que lhe caberia, embora a lei esteja do seu lado, é uma pessoa equitativa, e esta disposição é a equidade, que é uma espécie de justiça e não uma disposição diferente da alma (ARISTÓTELES, 1999,V, 10, 1137b61-65).

Em segundo lugar, a *epieikeia* apresenta diferenças específicas em relação à justiça legal, pois é uma espécie de corretor da justiça legal (ARISTÓTELES, 1999, V, 10, 1137b34-1138a3), particularizando a generalidade da lei, de forma a oferecer um juízo equitativo nos casos em que a lei é muito ampla, sendo um corretor da lei, um corretor no sentido de um aplicador concreto da justiça, em função da lei ser uma regra geral que não oportuniza concretamente a justiça nos casos particulares[11]. Para Aristóteles:

> Essa é a natureza do equitativo: uma correção da lei quando ela é deficiente em razão de sua universalidade. E é esse o motivo por que nem todas as coisas são determinadas pela lei: em torno de algumas é impossível legislar, de modo que se faz necessário um decreto (ARISTÓTELES, 1999, V, 10, 1137b26-29).

Dessa forma, a equidade é o justo que é superior à justiça legal, sendo o que possibilita corrigir o erro decorrente do caráter absoluto da disposição legal. Para Aristóteles, essa é a natureza do equitativo: ela é uma correção da lei em razão

---

11. Sobre esse aspecto da equidade como corretora da lei positiva em razão de sua universalidade ou generalidade, de forma que ela incorporaria a perspectiva do próprio legislador, ver Hobuss, 2010. Para ele: "Deste modo, quando uma lei não prevê os casos particulares que podem ocorrer em dadas circunstâncias, em função da não previsão dos mesmos pelo legislador, é necessário que haja uma correção da lei, levando em consideração, é importante ressaltar, o que o próprio legislador teria dito quando confrontado a este caso particular, ou o que teria prescrito na lei se tivesse conhecido o que está em questão" (HOBUSS, 2010, 164). Ver, também, SHINER, 1994.

de sua generalidade (ARISTÓTELES, 1999, V, 10, 1137b26-27). Com isso, quando uma determinada situação é indefinida, a regra decorrente também tem de ser indefinida, como acontece, por exemplo, com "a régua de chumbo usada pelos construtores em Lesbos", que se adapta à forma da pedra por não ser rígida; da mesma maneira o decreto se adapta aos fatos (ARISTÓTELES, 1999, V, 10, 1137b56-57).

Em terceiro lugar, tem-se que a *epieikeia* é uma virtude moral, pois aquele que a possui faz o que é equitativo por escolha (*proaíresis*), contentando-se em receber menos de uma parcela, mesmo tendo a lei a seu favor (ARISTÓTELES, 1999, V, 10, 1137b61-65). Aqui se verifica que a *epieikeia* está associada com a virtude da *phronesis* (ARISTÓTELES, 1999, VI, 11, 1143a20- 22), pois é a razão prática que determina essa exata correção, possibilitando o encontro da regra correta para a ação particular. A equidade, assim, é uma disposição de caráter para a ação justa, que necessita da boa deliberação (*eubolía*) do agente para a ação correta. Entretanto, a *epieikeia* não tem a função de substituir a justiça regular das leis, pois é uma virtude que não possui força coercitiva. Ela apresenta-se como uma espécie de complemento para o ordenamento legal, mas que não deve ser compreendida como o justo natural, sendo a virtude central do juiz, que deve reconhecer a objetividade do regramento legal e compreender a particularidade moral do caso[12].

Anton-Hermann Chroust, no artigo *Aristotle's Conception of Equity (Epieikeia)*, diz acertadamente que o problema particular da equidade aristotélica consiste na percepção de que ela, que é apenas uma espécie diferente de justiça, distinguindo-se da estrita justiça legal, na medida em que esta última sempre se refere mais especificamente ao que é justo em uma situação definida de acordo com uma regra de direito definida, pode ser entendida como uma "atitude universalmente justa de natureza indefinida". Dessa forma, o equitativo não seria superior à justiça em geral, mas meramente e em alguns aspectos ao que é denominado "justo em uma situação definida", isto é, como superior à justiça legal (CHROUST, 1942, 122). E na parte final de sua interpretação aponta para seis características da *epieikeia* aristotélica, dizendo que ela:

---

12. Anton-Hermann Chroust defende corretamente que a *epieikeia* não deve ser tomada como o justo natural, que teria uma validade superior à justiça legal. Na sua interpretação, para Aristóteles, a virtude da *epieikeia* não rompe com a autoridade da ordem legal, o que implica que o critério de equidade não substitui o critério normativo de igualdade, critério este que é sinônimo de justiça. Ver CHROUST, 1942, 127.

(a) não é absolutamente idêntica, nem genericamente diferente da estrita ideia de justiça;
(b) é superior, em alguns casos, à uma forma de justiça, a saber, a justiça legal, que é identificada com o direito, mas que não é superior à justiça absoluta em geral (natural);
(c) está preocupada com o que é justo no que diz respeito à multiplicidade e irregularidade das diferentes ações humanas, onde a regra geral do direito se prova ela própria defeituosa ou errônea por causa de seu caráter absoluto;
(d) é uma retificação das deficiências do direito (justiça legal) sempre que este pareça defeituoso por causa de sua generalidade;
(e) é um padrão indefinido para se adequar às circunstâncias de um caso particular e indefinido;
(f) é, geralmente, uma ordenação especial feita para se adequar às circunstâncias de um caso particular (CHROUST, 1942, 125-126).

Pelo que vimos, podemos concluir que o ponto central da argumentação de Aristóteles é mostrar que a justiça não poderia estar contida inteiramente nas disposições gerais de uma legislação. É por essa razão que a justiça, em sua máxima potência, é *epieikeia*, e isso porque o justo que ela visa é uma igualdade de direito, apesar das diversas desigualdades fatuais. Assim, o equitativo é um corretor da justiça legal, o que permite adaptar a generalidade da lei positiva à complexidade mutável das circunstâncias e à irredutível singularidade das situações concretas. Com essa forma de interpretar o conceito, o equitativo é o justo tomado como independente da lei positiva, mas que não tem força para a sua exclusão, podendo ser compreendido como um tipo de orientador normativo para o direito, porque traz ao caso particular a possibilidade de corrigir eventuais equívocos cometidos pelo legislador, ou preencher certas lacunas que sua atividade legislativa não previu. Assim, a *epieikeia* seria um critério normativo subsidiário à justiça[13].

Disso resulta conceber a *epieikeia*, também, como uma espécie de justiça, uma vez que ela se encontra acima do justo legal e abaixo do justo natural, justo

---

13. Para Perelman, por exemplo, a equidade é uma tendência a não tratar de modo demasiadamente desigual os seres humanos que fazem parte de uma mesma categoria essencial, assim, o importante papel da equidade seria levar em conta a igualdade de todos frente ao direito positivo. Ver PERELMAN, 1991, 61 e 65. Ver, também, TEIXEIRA, 2012, 90.

este que também é mutável. Todavia, somente poderá ser exercida pelo homem virtuoso que é capaz de escolher e praticar atos equitativos. Em síntese, a *epieikeia* pode ser compreendia na filosofia aristotélica como um instrumento de justiça formal, voltada a solucionar disputas entre disposições normativas conflitantes, mas a sua concretização dependerá da existência de uma disposição de caráter no indivíduo que deve realizar o ato equitativo.

V

Após analisarmos detalhadamente o significado e escopo da virtude da *epieikeia*, assim como encontrada na filosofia moral de Aristóteles, é chegado o momento de utilizarmos esta referida virtude para enfrentarmos o problema da injustiça epistêmica, tanto a testemunhal como a hermenêutica. Para tal fim, iniciamos explicando porque a virtude da *epieikeia* seria desejável para pensarmos em possíveis soluções para o problema em tela e porque ela seria superior à virtude da justiça, de forma que, posteriormente, refletiremos sobre as formas de aquisição desta virtude, seja pessoalmente, seja institucionalmente.

Em relação ao primeiro movimento, como a *epieikeia* é uma virtude, ela é uma disposição para reconhecer imparcialmente o direito de cada um, o que revela um senso de justiça, de forma que o modo de agir em relação a determinada pessoa deve se dar com base nesse conhecimento das características individuais e de suas necessidades específicas. Já a justiça, entendida como o respeito ao critério normativo de igualdade, está baseada no princípio da universalidade, isto é, de que todos devem ser regidos pelas mesmas regras e devem ter os mesmos direitos e deveres. Como estamos lidando com uma arbitrariedade na forma de considerar os testemunhos dos agentes nas práticas judiciais, o que revela estereótipos de gênero, classe e raça de forma irrefletida, a virtude da *epieikeia* parece fundamental para possibilitar o reconhecimento da injustiça no caso específico. E isso por possibilitar que o equânime perceba o quão arbitrário estão sendo estas práticas judiciais que desacreditam os testemunhos de certos agentes em razão de preconceitos internalizados, seja por policiais, juízes, promotores etc. Veja-se que o problema não é a respeito do desconhecimento da lei, nem mesmo da injustiça de alguma parte específica da lei, mas da ausência de uma sensibilidade epistêmico-moral para reconhecer certos problemas estruturais por partes das autoridades judiciais, como o do racismo e do sexismo, para exemplificar, e para compreender os estereótipos injustos que estão sendo usados sub-repticiamente para desacreditar os testemunhos desses agentes que se encontram em uma situação de vulnerabilidade.

Note-se que essa virtude pareceu faltar ao juiz Klaus M. Arroyo, que julgou o caso de Daniel Cardoso e o absolveu da acusação de estupro, em que pese as provas apresentadas que comprovavam tanto o abuso sexual como a violência sexual, desconsiderando até mesmo o testemunho da vítima que afirmava ter sido drogada por Cardoso com uma bebida durante uma festa e abusada sexualmente por ele. Em sua decisão, afirmou que a estudante entrou "de livre e espontânea vontade" no quarto de Cardoso. Mas, será que este julgamento não se baseou em premissas estereotipadas em relação ao comportamento esperado de uma "mulher honesta"? De forma similar, parece que a virtude da *epieikeia* estava ausente nos juízes que julgaram os casos de Bárbara de Oliveira e Jeferson da Silva, uma vez que suas condenações tiveram por base, provavelmente, o racismo estrutural e o estereótipo de raça. Por outro lado, esta virtude pareceu estar presente no comportamento do advogado Atticus Finch em *O sol é para todos*, de forma a não desistir de defender Tom Robinson, que já tinha sido previamente condenado pela opinião pública de uma sociedade racista, e isso por identificar que o jovem não estava sendo tratado de forma equitativa, sendo função da justiça garantir exatamente a imparcialidade e a justiça mesma.

Em relação ao segundo movimento, que busca explorar as formas de aquisição da virtude da *epieikeia*, pensamos que o ponto de partida para se interromper a injustiça epistêmica nestes julgamentos seja o reconhecimento do problema. Assim, poder-se-ia pensar em certos tipos de cursos ou grupos de estudos que propiciariam aos juízes, promotores, entre outros, o entendimento dos estereótipos de gênero, a desmistificação da cultura de estupro, bem como uma melhor compreensão do racismo estrutural e das desigualdades econômicas estruturais que são corriqueiras em nossa sociedade. Como vimos, um fator determinante para os casos de injustiça testemunhal é algum grupo determinado ser marginalizado em detrimento de como sua identidade é avaliada pelos demais. Por exemplo, se temos um estereótipo de "boa mulher", que a descreve previamente como honesta, submissa ao marido, com comportamento recatado etc., não é difícil imaginar que em uma situação de estupro, o depoimento feminino receba menos credibilidade se seu comportamento se encaixar no estereótipo de mulher "promíscua". Logo, refletirmos a respeito do surgimento e estrutura dos estereótipos preconceituosos parece ajudar a detectarmos propostas para o combate a injustiças.

Nessa direção, de acordo com Fricker, devemos pensar em estereótipos sociais como imagens que moldam a maneira como enxergamos a identidade de um grupo. Em suas palavras:

> Se pensarmos nos estereótipos sociais como uma *imagem* que expressa uma associação entre um grupo social e um ou mais atributos, e que, assim, engloba uma ou mais generalizações sobre aquele grupo social, então se torna claro como seu impacto no julgamento pode ser mais difícil de detectar do que uma crença com o mesmo conteúdo (FRICKER, 2007, 37).

O que a autora está argumentando é que a imagem coletivamente compartilhada a respeito de um grupo pode operar independente de uma intermediação doxástica, ou seja, independente de crenças. Não é difícil pensar, por exemplo, que poderíamos perguntar para uma pessoa racista se ela acredita que o racismo é correto, se pessoas negras têm igual dignidade que pessoas brancas etc., e essa pessoa poderia afirmar que o racismo é errado e que pessoas negras têm igual dignidade que pessoas brancas. Ou seja, essa pessoa tem crenças corretas sobre questões raciais, entretanto, se foi criada em uma sociedade racista, em que a imagem social dos negros é associada a características ruins, nada impediria que ela cometesse atos errados, como comentários do tipo "todos os negros mentem", ou que se sentisse desconfortável em compartilhar um ambiente com pessoas negras, isso porque o estereótipo do grupo social em questão é composto de imagens negativas, de forma que as crenças do agente são solapadas.

Dito isso, ao pensarmos em como desenvolver a virtude da *epieikeia* para combater a injustiça epistêmica, principalmente a testemunhal, torna-se relevante investigarmos práticas que tenham como objetivo mudar a imagem social negativa de algum grupo marginalizado. Pensamos, então, que para atingir esse objetivo, uma proposta interessante seria apostar na via educacional para corrigir desvios preconceituosos no imaginário coletivo das pessoas. Com isso em mente, o incentivo e a criação de disciplinas, cursos e eventos que visassem desconstruir os estereótipos negativos de grupos marginalizados, substituindo-os por uma imagem positiva e factível de tais grupos, certamente seria um caminho a ser explorado.

Veja-se que esse incentivo pode começar cedo nas escolas e universidade, com aulas e projetos que se dedicassem a mostrar a contribuição das mulheres e dos negros, por exemplo, em diversos campos do conhecimento e das artes, ao invés de se restringirem a uma educação mais canônica da história da humanidade, que, por vezes, é extremante centrada na visão europeia, masculina e branca. Esse foco alternativo ajudaria a desconstruir uma imagem de que mulheres e negros ficam à margem da sociedade quando o assunto é a contribuição para o progresso da humanidade. Seria ressaltado, em contrapartida, capacidades e talentos notáveis de ambos os grupos, fomentando uma imagem social mais factível e com menos preconceitos.

O foco educacional também poderia ter uma centralidade mais específica nos cursos de direito, pois, como vimos, é um campo em que o testemunho acaba apresentando um papel fundamental. Cursos que visassem mostrar as consequências danosas de se diminuir a credibilidade de depoimentos em decorrência do menor valor epistêmico dado ao falante marginalizado ajudariam na tomada de consciência de um preconceito inconsciente, possibilitando sua correção reflexiva.

Vejamos que essas práticas educativas não são uma proposta distante e que requereriam uma intervenção muito severa na esfera de formação cultural dos indivíduos. Tanto nas escolas, quanto nas universidades, já ocorrem eventos que se preocupam em ampliar a reflexão dos estudantes a respeito de tópicos que versam sobre direitos iguais, o combate ao racismo, a cultura do estupro etc. A diferença, então, seria apenas tornar essas práticas educativas institucionais mais constantes e incorporadas na formação educacional a ponto de ajudarem a desenvolver a virtude da *epieikeia*, tendo em vista que essas práticas visariam desenvolver e fomentar um caráter mais reflexivo e sensível quando se trata das nossas limitações e vieses em julgamentos.

Agora, pensando em termos institucionais, poder-se-ia adotar o Tribunal do Júri para julgar casos de estupro, bem como os casos em que cidadãos negros estão sendo acusados de algum crime, tendo como uma vantagem a maior pluralidade na valoração, uma vez que se iria contar com mulheres e negros no júri e este seria o responsável final pela condenação ou absolvição dos acusados. Nos EUA, por exemplo, é assim em casos de acusação de estupro. Outra ideia seria adotar uma medida similar à canadense, que fez uma reforma proibindo o uso de qualquer referência à história sexual da mulher durante os julgamentos em casos de estupro, só sendo possível este uso com um pedido formal que comprova a relevância desta história. Como dito por Craig, em *Putting trials on trial*, isto buscou evitar dois mitos: de que a mulher que tem experiência sexual estaria mais propícia a consentir com a relação e de que a mulher promíscua teria menor credibilidade (CRAIG, 2018, 39). No caso nacional, hoje já contamos com algo similar à lei canadense, a saber, a Lei Mariana Ferrer (Lei n. 14.245 de 2021), que tem por objetivo coibir a prática de atos atentatórios à dignidade da vítima e da testemunha, procurando impedir precisamente a injustiça testemunhal sofrida por vítimas de estupro, tal como no caso de Mariana Ferrer, que foi humilhada durante audiência judicial que analisava a sua denúncia de estupro[14].

Similarmente, para combater a injustiça hermenêutica, pensamos ser importante medidas políticas que reforcem a pluralidade de representantes nas instituições governamentais, como, por exemplo, uma política de cotas. Sabendo que a injustiça hermenêutica decorre de as fontes de entendimento coletivas estarem defasadas para um grupo marginalizado em questão, faz sentido tornarmos o ambiente político mais plural e representativo em ordem de aumentar a sensibilidade das necessidades e limitações que um determinado grupo sofre.

Essa proposta teria como objetivo fomentar a sensibilidade necessária para a *epieikeia* a partir de um ambiente político diversificado. Isto é, se a injustiça hermenêutica é um problema que surge devido à assimetria de poder entre grupos, em que apenas grupos dominantes controlam as fontes de entendimento coletivo, nada mais justo que contar com uma sensibilidade dos grupos vulneráveis para auxiliar na identificação e correção desses *gaps* hermenêuticos. Desse modo, a *epieikeia* seria desenvolvida como um empreendimento coletivo a partir de experiências múltiplas e compartilhadas, tomando a pluralidade e representatividade política como guia.

---

14. No texto da Lei n. 14.245, lê-se: "Art. 400-A. Na audiência de instrução e julgamento, [bem como durante a instrução em plenário (art. 474-A)] e, em especial, nas que apurem crimes contra a dignidade sexual, todas as partes e demais sujeitos processuais presentes no ato deverão zelar pela integridade física e psicológica da vítima, sob pena de responsabilização civil, penal e administrativa, cabendo ao juiz garantir o cumprimento do disposto neste artigo, vedadas:
I – a manifestação sobre circunstâncias ou elementos alheios aos fatos objeto de apuração nos autos;
II – a utilização de linguagem, de informações ou de material que ofendam a dignidade da vítima ou de testemunhas."

CAPÍTULO VII
A RELAÇÃO ENTRE MORAL E DIREITO

O objetivo deste capítulo é defender tanto a existência de uma relação peculiar entre a moral e o direito, a saber, uma relação pluridirecional, como a compreensão de que a moralidade é melhor compreendida por sua autoridade normativa em segunda pessoa, isto é, enquanto interpessoal, especificamente nos casos que envolvem reivindicações de justiça. Para tal finalidade, inicio esclarecendo as características centrais da moralidade, ressaltando a sua natureza e autoridade normativa intersubjetiva. Posteriormente, investigo duas reivindicações de justiça, a saber, a injustiça epistêmica e a desobediência civil. Na conclusão, sugiro uma distinção entre moralidade privada e pública, argumentando que isto pode nos ajudar a compreender melhor a relação pluridirecional que existe entre a moral e o direito.

I

Um dos temas que mais detiveram a atenção dos filósofos do direito ao longo do século XX e que ainda atrai muito interesse é a respeito da relação entre moral e direito e da natureza mesma desta relação, a saber, se ela seria necessária ou apenas contingente. É o caso de Joseph Raz, por exemplo, que, em *About morality and the nature of law*, pergunta sobre a existência de uma conexão necessária entre o direito e a moral. Neste texto, após fazer referência às posições juspositivista, que nega uma conexão necessária, e jusnaturalista, que defende uma intrínseca vinculação, dirá o autor que a conexão necessária mais significativa entre direito e moralidade estaria relacionada com a estrutura da autoridade legítima (RAZ, 2003, 13-15).

Embora não seja exequível reproduzir aqui todo o debate sobre este tema, é possível identificar suas teses centrais, a saber, a tese da separabilidade e a da conexão. A tese da separabilidade entre direito e moral, defendida pelos juspositivistas, assim como Bentham, Austin, Kelsen e Hart, por exemplo, considera que a validade da norma jurídica não depende de seu conteúdo e do fato de ser justa, uma vez que o critério de validade seria puramente formal, sendo válida a norma jurídica emanada pelo órgão estatal competente e que segue os procedimentos publicamente adequados. Assim, as regras jurídicas não dependeriam das regras morais para sua validade, ainda que, em muitos casos, elas sejam coincidentes, como no das regras que proíbem/punem o homicídio, o roubo e o estupro, que tanto são morais quanto legais. É claro que para os juspositivistas esta conexão seria apenas histórica e não conceitual[1]. Por outro lado, a tese da conexão ou da vinculação, que é defendida por Finnis, Fuller, Alexy e Dworkin, entre outros, argumenta que direito e moral estão ligados de forma conceitual e não apenas contingente. Assim, para a norma jurídica ter validade, além de ser emanada pelo órgão estatal competente e seguir os procedimentos legítimos, ela deveria ser justa, ou, como dito por Alexy, adotando a fórmula de Radbruch, ela não deveria ser extremamente injusta, uma vez que uma extrema injustiça não seria direito (ALEXY, 2002, 28-31).

Em que pese a complexidade do debate e as sofisticadas posições defendidas por seus diferentes representantes, penso que falta ainda um maior esclarecimento sobre o que seria mesmo a moralidade e sobre a própria compreensão do significado do termo "relação". De forma geral, parece que ambos os representantes pressupõem que esta relação é um tipo de dependência do direito em relação à moral, como no caso do direito natural ser um critério normativo último para o direito positivo, considerando o direito positivo como fundamentado ou na vontade divina, ou na natureza, ou mesmo na razão. Veja que tanto o juspositivista quanto o jusnaturalista parecem pressupor uma relação de dependência do direito em relação à moral quando querem evitar ou a anarquia e o conservadorismo

---

1. Embora não seja determinante aqui, é importante distinguir entre os juspositivistas os exclusivistas e os inclusivistas. Os primeiros negam a possibilidade mesma de uma relação entre direito e moral no âmbito da validade, enquanto os segundos estipulam que os critérios morais podem fazer parte dos testes de validade jurídica desde que presentes na regra de reconhecimento aceita e operacionalizada pelos *officials* de uma certa jurisdição, como é o caso de Hart. Sobre a diferença entre exclusivistas e inclusivistas, ver FROEHLICH, 2017, 48-51.

ou a arbitrariedade e a injustiça, respectivamente[2]. Da mesma forma, parece que ambos consideram a moral como um conjunto de regras de conduta que teria sua autoridade dada exclusivamente de forma internalista (em primeira pessoa), isto é, que dependeria exclusivamente da consciência individual (primeira pessoa do singular) e/ou coletiva (primeira pessoa do plural) para sua obrigação, uma vez que apenas as regras jurídicas seriam coercitivas, isto é, obrigariam independentemente da vontade dos agentes, considerando que são criadas pelo poder político estatal e imposta de forma coativa, sendo que apenas o descumprimento das regras jurídicas seriam passíveis de punição[3].

Mas, a moralidade não teria também aspectos externalistas, com uma autoridade normativa intersubjetiva? E a relação entre o direito e a moral não poderia ser pensada em termos de reciprocidade, quer dizer, identificando tanto a influência da moral no direito quanto do direito na moral?

Veja que é comum nas discussões tomar os domínios da moral e do direito como estritamente distintos, e isso porque a moralidade ou a ética remeteria os agentes a uma esfera dos valores, puramente subjetiva, interna, enquanto o direito remeteria os indivíduos a uma esfera das leis, fatual, externa e tomada como objetiva. Mas, note-se que para além dessa interpretação simplificadora que separa radicalmente os fatos dos valores, pode-se reconhecer uma série de critérios morais nas decisões jurídicas, bem como certos princípios de legalidade, tais como os critérios de razoabilidade, liberdade, igualdade, e os princípios de generalização, publicidade, clareza, coerência, entre outros, da mesma forma que se pode

---

2. Do ponto de vista juspositivista, uma fundamentação do direito na moral poderia levar ao anarquismo, pois defender que a imoralidade da lei implicaria sua não obrigatoriedade poderia conduzir a um questionamento da autoridade e ao não cumprimento da obrigação legal. Também, poderia levar ao conservadorismo ou moralismo jurídico, de forma que pensar que tudo o que é direito tem de ser moral e toda desobediência deve ser punida, provavelmente, apenas conservaria a moral vigente. Do ponto de vista jusnaturalista, por sua vez, o problema em não fundamentar o direito na moral poderia levar a arbitrariedade ou injustiça, como no caso de se ter uma regra jurídica que puniria um inocente para garantir a estabilidade social ou que puniria excessivamente alguém que é culpado. Sobre as características do jusnaturalismo e do juspositivismo, ver HART, 2012, 185-193.

3. Robert Wolff, por exemplo, defende que o direito é inconsistente com a moralidade, uma vez que requer um tipo de obediência que seria incompatível com a autonomia moral das pessoas, que implica assumir a responsabilidade pelas ações e agir segundo o mérito dessas ações. Em síntese, ele estabelece uma distinção entre autoridade legal e autoridade moral, priorizando esta última. Ver WOLFF, 1970, 11-14.

identificar um caráter objetivo nas decisões morais, de forma a tomar a crueldade e o sofrimento como errados, bem como considerando a tolerância como correta e condenando algumas formas de discriminação, tais como a discriminação racial e de gênero, por exemplo[4]. Creio que a Declaração Universal dos Direitos Humanos mostra muito bem essa realidade, uma vez que ela é tomada não apenas como um código legal, mas que oferece, também, uma forte proteção moral aos cidadãos, garantindo seus direitos. Importa frisar que apesar de reconhecer-se a autoridade exclusivamente coercitiva do direito em contraposição a uma autoridade internalista (voluntária) da moralidade, tanto a ética quanto o próprio direito parecem poder ser compreendidos como possuindo uma autoridade normativa interpessoal, uma vez que as regras sociais que orientam o comportamento humano com o objetivo de harmonia seriam validadas intersubjetivamente ao invés de validadas de forma objetiva, como no caso das ciências duras, que precisariam contar com uma forte dimensão verificacionista, dimensão esta que não parece disponível no nível prático da vida humana.

Deixem-me apontar um exemplo ilustrativo dessa conexão que tenho em mente. Recentemente, no Brasil, o Supremo Tribunal Federal realizou um debate sobre a criminalização da homofobia, julgamento esse que avaliou se a discriminação por orientação sexual e identidade de gênero deveria ser considerada crime e enquadrada pela lei do racismo (Lei n. 7.716 de 1989). Oito dos onze ministros do Supremo votaram a favor da proposta feita pelas duas ações que levaram a questão ao plenário da corte[5]. O ponto importante que quero destacar é que parece haver uma reprovação moral por uma grande parte da sociedade da discriminação tanto por orientação sexual quanto por identidade de gênero, de forma a equiparar o erro público da homofobia e transfobia ao racismo, ou mesmo à violência de gênero, havendo uma forte censura social em relação a esses atos por se entender que ferem a dignidade e a liberdade humana. Assim, não estariam os valores morais de dignidade, liberdade e igualdade, por exemplo, servindo de referência tanto ao direito quanto à política, isto é, servindo de referência tanto para a decisão judicial quanto para a deliberação legislativa? E se a resposta

---

4. Lon Fuller defende uma tese similar, dizendo que há uma moralidade que faz o direito possível, uma moralidade interna ao direito, apontando para oito princípios de legalidade, a saber: generalização, publicidade, prospecção, clareza, coerência, obrigação realística, continuidade e congruência entre a regra e a administração real. Ver FULLER, 1969, 33-94.

5. Para mais detalhes do julgamento em tela, ver SUPREMO TRIBUNAL FEDERAL, 2019.

for afirmativa, de que maneira se poderia pensar nessas esferas como em separado? Note-se que, de forma similar, tanto o judiciário como o legislativo também parecem servir de orientação para a moral. Não seria a Lei do Racismo e a Lei Maria da Penha (Lei n. 11.340 de 2006) uma importante referência normativa para pautar os juízos morais dos cidadãos de sociedades democráticas, de forma a propiciar um aperfeiçoamento no raciocínio moral dos agentes em uma direção de maior inclusividade e correção das arbitrariedades?

Dito isto preliminarmente, o objetivo deste capítulo é defender a existência de uma relação peculiar de pluridirecionalidade entre a moral e o direito e de que a moralidade pode ser melhor compreendida por sua autoridade normativa em segunda pessoa, especificamente nos casos que envolvem questões de reivindicações de justiça. Para tal, inicio esclarecendo as características centrais da moralidade, ressaltando a sua natureza e autoridade normativa intersubjetiva. Posteriormente, tematizo duas questões de justiça, a saber, a injustiça epistêmica e a desobediência civil. Como conclusão, sugiro uma distinção entre moralidade privada e pública, defendendo que isto pode nos ajudar a compreender melhor a relação recíproca que há entre a moral e o direito.

II

Muitos textos que tratam da relação entre moral e direito tomam por dado o que seria a moralidade e se detêm quase que exclusivamente na descrição e definição do direito, procurando apontar para a sua complexidade e especificidade. Como meu objetivo inicial é esclarecer a própria natureza da moral, tomo como ponto de partida a compreensão de Hart sobre a moralidade, tal como é apresentada em *The Concept of Law*, e isto porque além deste autor ser referência central no debate, ele procura descrever detalhadamente o fenômeno social da moral em comparação com o direito, demonstrando uma especial atenção à complexidade mesma da moralidade, dedicando dois capítulos desta obra para tal fim.

Para Hart, direito e moral são fenômenos sociais distintos, mas relacionados, uma vez que são sistemas de regras que estabelecem obrigações aos agentes, sendo dois sistemas normativos distintos, mas que possuem uma conexão contingente, isto é, histórica[6]. No capítulo oitavo, diz que há uma linha tênue que separa

---

6. Para Hart, o direito é um sistema formado por regras sociais, constituído por regras primárias e regras secundárias e que não pode ser reduzido às ordens coercitivas do soberano. As

esses dois sistemas de regras, havendo um princípio moral ligado ao direito, que é a justiça. A justiça, assim, é um segmento da moral que se ocupa primariamente não com a conduta individual, mas com os modos como são tratadas as classes de indivíduos, por isso, ela tem especial relevância para o direito e para as instituições públicas. Em seus termos, a justiça "[...] é a mais jurídica das virtudes e a mais pública delas" (HART, 2012, 167). A ideia geral é a de que o critério de justiça, entendido como equidade, exigiria que a aplicação das regras gerais aos casos particulares fosse imparcial, que se tratasse similarmente os casos iguais e que se usasse uma mesma regra geral em casos similares. Além de reconhecer que os padrões morais de equidade são exigidos na condução do processo judicial, Hart, no nono capítulo, também reconhece os cinco truísmos do direito natural, a legitimidade da autoridade, as virtudes do magistrado (como imparcialidade, neutralidade e igual consideração de interesses) e os oito princípios de legalidade (moralidade interna do direito) como conectados ao direito, mas que não seriam capazes de garantir um conteúdo justo do sistema jurídico como um todo, uma vez que este sistema seria compatível com alguma iniquidade (HART, 2012, 193-212).

Mas, para além deste reconhecimento da conexão não necessária entre os dois sistemas normativos em tela, Hart aponta para certas diferenças específicas das regras morais em relação tanto às regras jurídicas como a outros tipos de regras sociais. Esta especificidade seria compreendida pela (i) importância de todas as regras morais, (ii) imunidade à alteração deliberada, (iii) caráter voluntário dos delitos morais e (iv) forma de pressão "interna". Para ele, as regras morais são de grande importância, enquanto as regras de etiqueta e certas regras jurídicas são facilmente alteradas. Além disso, as regras morais não poderiam ser alteradas por ato legislativo, o que facilmente ocorre com as regras jurídicas. Outra distinção é que a responsabilidade moral estaria relacionada à voluntariedade do ato (intencionalidade), enquanto a responsabilidade legal estaria ligada ao dano cometido

---

regras primárias de obrigação exigem que se faça ou se abstenha de fazer certas ações, impondo deveres sobre a conduta, como, por exemplo, as regras que restringem o uso da violência e condenam o homicídio. Já as regras secundárias seriam as de reconhecimento, de alteração e de julgamento, que asseguram que as pessoas possam criar novas regras primárias, extinguir ou mesmo modificar as regras antigas. As regras de reconhecimento, por exemplo, possibilitam o reconhecimento da fonte de autoridade das regras primárias e são legisladas por um órgão específico. Um exemplo seria uma regra constitucional que reconhece o parlamento como fonte legítima para a criação do código penal. Ver HART, 2012, 79-99.

aos outros. Por fim, o ato de seguir uma regra moral não poderia ser apenas por medo da punição, sendo que a forma de pressão moral consistiria em apelar ao respeito às regras como coisas importantes em si mesmas (HART, 2012, 173-180). No restante da seção procurarei mostrar que essa compreensão da moralidade, embora muito sofisticada, apresenta limitações.

Para Hart, a primeira especificidade da moral em relação ao direito é a importância da manutenção de qualquer regra ou padrão ético. O exemplo dado por ele é o da regra que interdita a homossexualidade, uma vez que a parte mais proeminente da moralidade de qualquer sociedade consiste em regras sobre o comportamento sexual, em razão de as pessoas atribuírem grande importância a este tema. Isso seria diferente no caso de muitas regras legais e mesmo no de regras de etiqueta, que poderiam ser facilmente modificadas sem nenhuma preocupação das pessoas com a sua manutenção, como no caso da regra de etiqueta que recomenda não colocar os cotovelos sobre a mesa em um almoço ou jantar[7]. O problema desta interpretação é que ela não leva em conta o fenômeno do progresso moral, de forma a reconhecer que muitos comportamentos que antes recaiam sobre uma avaliação moral perderam essa caraterística normativa, isto é, que foram considerados moralmente errados antes e que agora são vistos como moralmente permissíveis, tais como a masturbação, o sexo antes do casamento, a promiscuidade e até a homossexualidade, enquanto outros comportamentos, que eram neutros do ponto de vista moral, passaram a ser censurados, como o duelo, a mutilação genital feminina, as punições extremamente cruéis, a tortura e até mesmo o sexo não consensual com a esposa[8].

---

7. A moralidade, para Hart, para além das obrigações e deveres, como o de não causar dano aos outros, não mentir e cumprir as promessas, inclui certas virtudes ou ideais morais que são superrogatórios, tais como a bravura, a caridade, a benevolência, a paciência e a castidade. A partir desta importante constatação, Hart faz uma distinção entre a moral aceita, isto é, os valores morais que são apoiados socialmente, e a moral crítica, que faz uso de princípios e ideais utilizados na crítica da moralidade da própria sociedade, como os de liberdade, fraternidade e igualdade. E isto porque a moral socialmente aceita pode ser repressiva, cruel e mesmo supersticiosa, como no caso de negar seus benefícios e proteções aos escravos e classes subjugadas. Sobre esta importante distinção, ver HART, 2012, 180-184.

8. Buchanan e Russell, em *The Evolution of Moral Progress*, apresentam o progresso moral como um fenômeno que pode ser compreendido como o desenvolvimento de nossos juízos morais de forma a existir uma convergência de nossas crenças morais e o padrão normativo do que seria o correto e o justo ao longo da história da humanidade, em direção a uma maior inclusividade ou ampliação do círculo ético. Ademais, apresentam uma interessante tipologia deste progresso. Sobre isso, ver BUCHANAN; RUSSELL, 2018, 53-58.

Penso que o fenômeno do progresso moral nos auxilia a ver a moralidade de uma forma mais adequada, uma vez que revela seus elementos naturais, e mesmo sociais, aproximando-a mais do direito, de forma a ressaltar suas características tanto evolutiva como progressiva. A partir deste contexto interpretativo, a moralidade humana pode ser tomada como uma habilidade para regular nossas interações com os outros de acordo com certas regras de obrigação, como uma capacidade de ter sentimentos morais, tais como empatia, senso de justiça, ressentimento, indignação ou mesmo nojo, sendo também uma habilidade para aplicar estas regras de obrigação a novas situações que requerem um tipo específico de julgamento e raciocínio, como a imparcialidade e a generalidade, por exemplo, o que parece nos apontar para a plasticidade da mente moral humana[9]. E isto nos possibilita compreender porque certas regras morais, sobretudo as ligadas ao campo da sexualidade humana, tal como a que interditava a homossexualidade, caíram em desuso e perderam a importância em sua manutenção.

A segunda característica específica da moral para Hart é a sua imunidade à alteração por ato legislativo. Enquanto é intrínseco ao direito que novas regras jurídicas sejam introduzidas e as anteriores revogadas ou alteradas por ato legislativo intencional, as regras ou princípios morais "*não podem* ser criados, alterados ou eliminados deste modo" (HART, 2012, 175). A ideia geral de Hart é que há um claro contraste nesses dois sistemas de regras sociais: enquanto o direito é realizado por um *fiat* humano através de atos legislativos, a moral é algo que "existe" para ser reconhecida, sendo estabelecida por um processo lento e involuntário. E, assim, não seria admissível que um ato legislativo determinasse a moralidade ou a imoralidade de qualquer ação, como uma lei que dissesse que: "A partir de amanhã já não é imoral fazer isto ou aquilo" ou "Em 1º de janeiro último tornou-se imoral fazer isto ou aquilo" (HART, 2012, 175-176).

Embora eu reconheça como correta esta distinção em termos gerais, é importante ressaltar, como o próprio Hart faz, que a aprovação ou revogação de

---

9. Allen Buchanan, em *Our Moral Fate*, explica a mente moral humana como o conjunto de competências cognitivas e emocionais que permitem a moralidade aos seres humanos, sendo composta por: capacidade para experenciar emoções de culpa, indignação, gratidão, ressentimento, vergonha etc., aprovando ou desaprovando atitudes; tendência para ter empatia com o sentimento dos outros; habilidade para distinguir entre o que as pessoas desejam e o que elas devem fazer; capacidade para compartilhar intenções que possibilitem atividades coordenadas; habilidade para aplicar regras morais a novas situações etc. Ver BUCHANAN, 2020, 17-18.

certas leis pode estar entre as causas de alteração ou decadência de um padrão moral. Por exemplo, Hart menciona que os atos legislativos podem estabelecer padrões de honestidade e humanidade, que alterarão a moral vigente, assim como a repressão jurídica de certas práticas consideradas moralmente obrigatórias pode levar ao desparecimento de seu estatuto moral (HART, 2012, 176-177). Veja-se que, no passado, a escravidão era tomada como justa, assim como não se problematizava moralmente a discriminação às mulheres. Como foi que aquele o juízo moral, que considerava a escravidão justa e o sexismo correto, mudou para o juízo moral atual, que considera tanto a escravidão, quanto o racismo e o sexismo como injustos e incorretos? No caso da escravidão, houve decreto legislativo que aboliu esta instituição injusta, que parece ter sido a base para a mudança posterior do juízo moral de grande parte da população. No caso do sexismo, também houve mudanças legislativas que permitiram o voto das mulheres, a participação política e mesmo a igualdade no trabalho. E, similarmente, parece que estas reformas legislativas foram importantes para a mudança da mentalidade de grande parte da população atual que julga como errada toda forma de desigualdade por gênero.

Penso que os exemplos anteriormente citados nos mostram que a moral também sofre influência, sim, de atos legislativos intencionais, e que o estatuto moral dos padrões normativos também pode ser atribuído por um *fiat* humano, sobretudo se reconhecermos o fenômeno social do progresso moral. Também é importante constatar que algumas regras jurídicas não poderiam ser alteradas por ato legislativo intencional. Imaginem que um certo parlamento nos dias atuais promulgasse a seguinte lei: "A partir de 1º de janeiro de 2023 não será mais ilegal assassinar, estuprar e sequestrar". Penso que é razoável supor que esta alteração não seria aceita pela sociedade, de modo que a razão de sua não aceitação seria a reprovação moral de tais atos. E isso parece nos mostrar, no fim das contas, que estes dois sistemas de regras não são tão diferentes assim, uma vez que ambos compartilham de um mesmo padrão normativo intersubjetivo.

A terceira especificidade da moral apontada por Hart é o caráter voluntário dos delitos morais. O ponto central é distinguir entre a responsabilidade moral e a responsabilidade jurídica, de forma que se um agente descumprir uma certa regra moral, como a que diz que é errado matar, mas sem intenção e tomando todas as precauções cabíveis, ele seria facilmente desculpado no plano moral; entretanto, no plano jurídico, esse agente ainda seria responsável objetivamente pelo dano causado. Com isso, o "caráter interno" da moral, isto é, a intencionalidade ou voluntariedade, seria a condição necessária para a responsabilidade que o agente deve ter com sua conduta, o que significaria que uma ação cometida sem intenção não seria censurável (moralmente), sendo apenas passível de punição, uma vez que o sistema jurídico pode impor responsabilidade objetiva aos agentes totalmente independente do dolo, isto é, independente da intenção (HART, 2012, 178-179).

A limitação desta distinção entre o interno (intenções) e o externo (consequências) para compreender a especificidade da moral e do direito, parece esconder os elementos "externalistas" da moral, bem como minimizar os elementos "internalistas" do direito. Como o próprio Hart reconhece, no sistema jurídico a identificação do dolo (intenção) é um elemento importante de responsabilidade criminal para assegurar aos que ofenderam sem intenção um certo tipo de desculpa, o que significaria uma pena mais branda. E, além da distinção entre dolo e culpa, o direito penal também distingue entre crime tentado e crime realizado, atribuindo uma penalidade (ainda que menor) até mesmo aos atos que foram pensados e desejados, mas que não foram concretizados, como na circunstância de uma tentativa de homicídio. E isso já nos conduz aos casos de sorte moral resultante, que ocorrem quando a censura e a responsabilidade moral vão além das intenções dos agentes, tendo por foco as consequências mesmas dos atos[10].

Penso que os casos de sorte moral resultante claramente nos mostram que na vida real responsabilizamos moralmente as pessoas também pelas consequências de seus atos, além das de suas intenções. Pensem no exemplo clássico dos dois motoristas imprudentes. Ambos ingerem a mesma quantidade de álcool e, ao dirigir seu automóvel, sobem na calçada, mas em apenas um dos casos há o atropelamento e posterior morte de pedestres. No outro caso, não ocorre nenhum

---

10. "Sorte moral" é o fenômeno que ocorre quando um agente é corretamente tratado como objeto de um juízo moral, sendo um alvo apropriado de censura ou elogio, embora aspectos significativos pelo qual é julgado dependam de fatores que estão além de seu controle, tais como as consequências dos atos, as circunstâncias e causas das escolhas e até mesmo a constituição mental do agente, isto é, a constituição de sua personalidade. A sorte moral resultante ocorre quando as consequências da ação são razões para atribuição de censura ou elogio ou para a ampliação da censura ou elogio, como no caso de se censurar mais fortemente aquele que agiu imprudentemente e causou um dano a alguém, como ter dirigido em alta velocidade e ter matado um pedestre, do que aquele que apenas agiu imprudentemente, isto é, dirigindo em alta velocidade. Sobre o tema, ver STATMAN, 1993, 1-18.

atropelamento e morte, porque não havia pedestres na calçada (NAGEL, 1993, 61). O problema central que emerge neste caso, e em outros similares, é que eles parecem colocar em xeque as nossas avaliações morais que deveriam considerar a responsabilidade dos agentes circunscrita apenas às suas capacidades de ação voluntária (escolha livre) e deliberada, embora levem em conta igualmente o resultado das ações intencionais para o elogio e censura. Note-se que os agentes são igualmente culpados por sua imprudência de beber e dirigir, mas a censura é mais intensa ao motorista que atropela e mata os pedestres, inclusive sendo um ato passível de punição, o que é uma censura legal. Há igual culpabilidade moral, mas a censura, tanto moral quanto legal, é diferenciada.

A última distinção entre moral e direito feita por Hart consiste na observação de que as regras morais teriam uma forma de pressão "interna" em contraposição à pressão externa das regras jurídicas. Isto quer dizer que a obediência às regras jurídicas se daria muitas vezes pelo medo da punição, enquanto a obediência às regras morais se daria pela própria correção das regras e pelo reconhecimento de sua importância por parte dos agentes. Por exemplo, seria a própria consciência do agente que o obrigaria a seguir a regra moral de cumprir a promessa, pois mesmo não havendo punição para o seu descumprimento, pode gerar culpa e arrependimento no agente por sua não observância (HART, 2012, 179-180).

Creio que uma forma mais frutífera para se compreender a natureza da moralidade seja identificando seus aspectos fortemente sociais. Phillip Pettit, em *The Birth of Ethics*, cria uma interessante genealogia contrafactual da moral que nos ajuda neste propósito: ele imagina uma comunidade hipotética, chamada de *Erewhon*, em que as pessoas têm linguagem e interação pessoal, mas não fazem juízos morais. A questão levantada é a de saber como as pessoas teriam desenvolvido as práticas de obrigação entre si e teriam tomado os outros como responsáveis. A resposta é dada pelas práticas da censura e do elogio. Imaginando a necessidade da confiança para a realização de empreendimentos cooperativos, a credibilidade do agente teria sido fundamental para a garantia de seu sucesso no grupo. Assim, seria razoável imaginar que o agente que mentisse ou que não cumprisse a sua promessa fosse fortemente censurado pela comunidade. E, dessa forma, seriam estas as condições sociais que teriam levado as pessoas a adotarem os conceitos de desejabilidade e responsabilidade, dizendo, por exemplo, que "é desejável que você não minta" ou que "é desejável que você cumpra a promessa", o que teria levado ao conceito de obrigação, na forma de "você tem o dever de não mentir" ou "você deve cumprir a promessa", respectivamente (PETTIT, 2018, 13-56)[11].

III

Vimos anteriormente que a moralidade é mais complexa do que parece a um primeiro olhar, uma vez que não se dá grande importância nem para manter certas regras morais, sobretudo as ligadas ao comportamento sexual, nem para o fato de que a moral é realizada por um *fiat* humano, sendo muitas vezes influenciada por atos legislativos intencionais; nem para o fato de que as consequências dos atos são importantes para a responsabilização moral nem para a existência uma pressão moral que é social, exigindo que os indivíduos se comportem de uma certa maneira, por exemplo, não mentindo, cumprindo a promessa feita, não matando etc. Penso que essas características nos ajudam a compreender a autoridade interpessoal da moral, uma vez que ela é um conjunto de regras de conduta que tem sua autoridade normativa dada não subjetivamente, isto é, garantida pela consciência individual (primeira pessoa) ou dada objetivamente, quer dizer, validade por certos fatos (terceira pessoa), mas é dada intersubjetivamente, especialmente nos casos que envolvem questões de justiça. Deixem-me partir de um interessante exemplo dado por Dworkin que é muito esclarecedor para se compreender adequadamente a autoridade intersubjetiva da moral e de como a moral se relaciona com o direito e vice-versa.

Imaginem um pai que deve arbitrar o conflito entre os filhos, G, uma adolescente, e B, o irmão mais novo. G promete levar B a um *show* de música *pop*, que está com os ingressos esgotados, e depois muda de ideia, querendo dar o ingresso a um amigo. B protesta e quer que o pai obrigue G a manter sua palavra. A questão que surge é: este pai teria autoridade legítima para dizer que G deve cumprir sua promessa ou que B deve aceitar a mudança de ideia da irmã? E os filhos teriam a obrigação de aceitar a decisão do pai? Uma forma óbvia de ver o

---

11. Nessa genealogia hipotética, além dos aspectos sociais que teriam feito a ética inescapável, Pettit destaca que a integridade é peça-chave para se entender a natureza da moral. Em suas palavras: "A despeito de ser gerada por práticas sociais, a aspiração a ser uma pessoa íntegra é o cerne da moralidade [...]. O apelo a ser moral não é nada mais do que o apelo a ser uma pessoa com integridade: uma pessoa integrada com os comprometimentos adequadamente sustentáveis" (PETTIT, 2018, 9).

caso seria tomar o pai com uma autoridade legítima para decidir e até mesmo para usar meios coercitivos para ser obedecido, por exemplo, ameaçando G. Mas, existiriam outras condições no uso da autoridade coercitiva do pai para além de sua convicção pessoal de que a filha deve cumprir a promessa? Parece que sim. A partir da história familiar se poderia identificar como o pai exercitou sua autoridade em casos similares no passado, ou mesmo como a mãe exerceu essa mesma autoridade nestes casos. Por exemplo, em situações anteriores, sempre foi exigido que os filhos cumprissem as promessas. Ou, alternativamente, nunca houve esta exigência aos filhos (DWORKIN, 2011, 407-409).

A partir deste contexto, parece que a decisão terá que contar com a construção de uma moralidade institucional, que seria, para Dworkin, "[...] uma moralidade especial que governa o uso da autoridade coercitiva na família" (DWORKIN, 2011, 408). E a característica desta moralidade é que ela é dinâmica, pois o padrão normativo seria instituído a partir das decisões que foram tomadas e impostas nas situações concretas. O ponto defendido é o de que a história familiar cria um código moral específico. E isso porque as razões usadas para se decidir nos casos de conflito são razões morais, como os princípios da equidade (*fairness*), que exigem o jogo limpo (*fair play*), a notificação com antecedência (*fair notice*) e a justa distribuição de autoridade. Agora, se o pai em questão tomar uma decisão que não respeite estes princípios estruturantes, impondo, por exemplo, uma obrigação a G que não foi feita no passado, sua decisão seria facilmente tomada como injusta e, provavelmente, sua autoridade seria questionada. Esta decisão seria injusta a menos que uma nova e melhor explicação destes princípios mostrasse que isto não é injusto. Por exemplo, ele poderia justificar sua decisão anterior dizendo que estava incentivando sua autonomia e agora estaria incentivando sua empatia. E, claro, toda nova interpretação destes princípios é um exercício moral[12].

Creio que este exemplo dado por Dworkin nos ajuda a compreender que as obrigações morais (e também as jurídicas) estão ligadas à legitimidade da

---

12. É importante notar que este exemplo é dado no capítulo de *Justice for Hedgehogs* em que Dworkin trata da relação entre direito e moral, no qual ele explica sua posição anterior, ligada ao interpretativismo. A teoria interpretativa do direito nega que direito e moral sejam sistema de regras totalmente independentes. Assim, o direito incluiria regras que decorrem de princípios que proporcionam a melhor justificação moral para essas regras promulgadas. Reconhecendo que esta posição contém uma falha fatal, que é a circularidade, Dworkin passa a defender a tese de que o direito é parte da moral, especificamente da moralidade política. Ver DWORKIN, 2011, 402-405.

autoridade, ao respeito aos precedentes, isto é, as decisões anteriores e a justiça (ou razoabilidade) da decisão. Ele nos permite ver que o padrão moral, o princípio da equidade (*fairness*), por exemplo, só é conhecido a partir das próprias práticas, como na história da família que, por sua vez, vai se espelhar nas práticas institucionalmente reconhecidas, como as práticas jurídicas e mesmo políticas, sobretudo as legislativas. Aqui, penso, podemos ver mais claramente a pluridirecionalidade, pois a moral (princípios estruturantes) orienta o direito, oferecendo um padrão normativo para o julgamento e a decisão. Entretanto, é o próprio sistema jurídico e político que oferecem as condições para a construção do critério normativo. Antes da equidade ser um critério moral que "existe" e que deve ser "reconhecido" pelos agentes, ela parece ser um critério construído em certas práticas socialmente legítimas.

Mas, interpretar a moral como tendo uma autoridade interpessoal ao invés de subjetiva não descaracterizaria a própria moralidade, uma vez que a obrigação do ponto de vista ético precisaria ser imposta pela consciência do agente independente das opiniões alheias? Num certo nível sim, sobretudo quando pensamos na integridade pessoal, isto é, nos valores que fazem os agentes se verem como pessoas, como no caso de o agente exigir de si mesmo um comportamento virtuoso, exigindo a veracidade, a coragem, a moderação, a curiosidade, a solidariedade etc. Neste nível, há grande desacordo moral, isto é, grande disputa sobre o que de fato teria valor. Mas, em um nível público, não, uma vez que a consciência (mente) do indivíduo se desenvolve socialmente e os valores importantes para o agente são adquiridos no interior mesmo da comunidade moral e política. Não é por acaso que os homens, em geral, não se sentiam obrigados a não assediar sexualmente suas colegas de trabalho ou funcionárias na primeira metade do século vinte. Foi necessário ocorrer a revolução sexual, a maior conquista dos direitos das mulheres e da crítica ao machismo estrutural feita pelo movimento feminista, para que esta obrigação fosse de fato reconhecida. Isso parece nos mostrar que ao menos neste nível público as obrigações ou deveres estão diretamente relacionadas com as exigências de direitos que são feitas pelos agentes no interior mesmo de uma comunidade moral e política.

A esse respeito, é elucidativo fazer referência à concepção de moralidade apresentada por Stephen Darwall. Ele defende que a moral é melhor interpretada como tendo uma autoridade normativa em segunda pessoa, em que haveria um âmbito interpessoal de exigências e demandas. Para o autor, a maioria dos conceitos morais, tais como obrigação ou dever, direitos, certo e errado, entre outros, têm uma estrutura em segunda pessoa que é irredutível. Por exemplo, alguém teria o dever de não causar danos às pessoas, não porque é errado causar dor aos outros, o que seria um fato externo (em terceira pessoa), mas pela razão mesma de alguém exigir ter sua integridade e vida respeitadas. Aqui haveria uma autoridade discricionária individual, mas que remete a um fato em segunda pessoa, que seria a demanda feita. A isto Darwall chama de "obrigação bipolar". Há uma obrigação, porque alguém exige de nós um certo tipo de comportamento, sendo a relação de obrigação estabelecida entre o que exige e aquele que é exigido, o que nos remete à autoridade pressuposta que todos temos como pessoas representativas da comunidade moral (DARWALL, 2013, 3-32)[13].

O ponto importante a ser destacado é que a obrigação moral estará relacionada não com a consciência a individual que acessa um certo fato (erro), mas com a reprovação dos membros da comunidade. Para ele, o que estamos moralmente obrigados a fazer, o que seria errado não fazer, não o é apenas por existirem razões conclusivas ou razões morais para que o fizéssemos. Somos responsáveis moralmente a fazer algo no sentido de que não fazer tal coisa sem uma boa desculpa seria censurável. E a censura, para ele, é explicada em termos das atitudes reativas, como em Strawson, em que um ato errado gera sentimentos de ressentimentos ou indignação nos agentes, o que traz uma exigência por direitos. Por isso, os direitos morais são entendidos também em termos jurídicos. Por exemplo, o direito à liberdade implicará que os outros não tenham autoridade para demandar ou exigir nada. E isto parece revelar uma estrutura interpessoal da normatividade, de forma que os membros da comunidade fazem exigências entre si, responsabilizando moralmente os agentes, e as leis criam exigência em termos de direitos e deveres. Mas, como justificar tal autoridade normativa? Pela condição de aceitação razoável. Darwall defende corretamente que as pessoas compartilham uma autoridade comum para exigir dos outros em virtude de sua capacidade de entrar em relação de responsabilidade mútua, o que demandará um reconhecimento recíproco de autoridade (DARWALL, 2013, 168-178)[14].

---

13. Darwall faz uma interessante distinção entre a obrigação *period*, que seria um dever moral como equivalente a atos que seriam errados não fazê-los, por exemplo, "não cumprir a promessa seria errado", e à obrigação bipolar que pressuporia sempre dois polos. Para ele: "As obrigações bipolares sempre envolvem uma relação entre dois 'polos': um agente que está obrigado (the *obligor*) e um indivíduo, grupo etc., a quem ele está obrigado [...] (the *obligee*)" (DARWALL, 2013, 20).

14. Para Darwall, a responsabilidade moral deve ser pensada em termos interpessoais, a partir da concepção de atitudes reativas de Strawson. Em suas palavras: "Por exemplo, eu defendo

É claro que muito mais deve ser dito a respeito do caráter intersubjetivo da moral. É o que faremos na próxima seção, em que analisaremos dois casos que tratam de exigências de justiça e são relevantes por operaram em um nível público, nível em que a autoridade normativa interpessoal é mais evidente.

IV

Desde Platão e Aristóteles, passando pelos medievais, a justiça sempre foi tomada corretamente como o padrão normativo central para o direito, sendo a virtude que mais claramente lida com o bem do outro, isto é, com aquilo que a comunidade como um todo considera seu direito, uma vez que, como já dito anteriormente, é um traço de caráter, estabelecido pelo hábito, para dar às pessoas aquilo que lhes é devido, seja em termos de bens a serem distribuídos, seja na forma de uma punição por um ato errado/ilegal. E, assim, ela é uma virtude que se efetiva nas relações que um indivíduo mantém com a comunidade (ARISTÓTELES, 1999, V, 1, 1128b41-1129a32). E a partir da modernidade, a justiça passa a ser interpretada também como ligada aos direitos individuais. É novamente o caso de Adam Smith, que toma a justiça como uma virtude negativa, uma vez que sua observância não estará ligada à vontade do agente, podendo ser exigida pela força, uma vez que a violação das regras de justiça geraria ressentimento nos membros da comunidade, sendo o que fundamentaria toda punição. A justiça, assim, se relaciona com as ações de tendências danosas que são objetos apropriados do ressentimento, especificamente do ressentimento empático do espectador imparcial. Ela é uma virtude negativa, pois implicará uma disposição para não causar dano aos outros, respeitando os direitos à vida, à liberdade e à propriedade dos agentes. Além disso, é uma virtude social que obriga absolutamente a todos, diferentemente das virtudes de generosidade, caridade e amizade, por exemplo, que podem ser livremente escolhidas, não sendo pressionadas pela punição, o que nos remete a uma importante distinção entre o nível privado e público da moral (SMITH, 1976, II.ii.I.2).

---

que é parte da própria ideia de um direito moral (reivindicação) que o titular do direito tem a autoridade de fazer a reivindicação de uma pessoa contra aquelas a quem os direitos são exigidos e responsabilizá-las pelo seu cumprimento. Como P. F. Strawson argumentou de forma influente em *Freedom and Resentment* meio século atrás, a responsabilidade é, em sua natureza, em segunda pessoa (como ele coloca, é interpessoal)" (DARWALL, 2013, xi).

No nível público da moral, as obrigações ou deveres estão diretamente relacionados com as exigências de direitos que são feitos pelos agentes no interior mesmo de uma comunidade moral e política. Penso que é neste nível que podemos ver com mais clareza a autoridade intersubjetiva da ética, uma vez que, geralmente, observamos reivindicações de justiça feitas por parte dos agentes e o reconhecimento ou não da justeza destas reivindicações pelo conjunto da sociedade. Creio que os dois fenômenos são significativos para entendermos por que os casos que envolvem exigências de justiça nos remetem ao caráter interpessoal da moralidade, a saber, os casos de injustiça epistêmica e de desobediência civil, que são situações em que se toma como referência normativa central o senso de justiça comum ao agrupamento social. Mas, vejamos em maiores detalhes estes dois fenômenos.

A injustiça epistêmica ocorre quando aspectos discriminatórios arbitrários influenciam o domínio do conhecimento, ou, em outras palavras, quando o preconceito identitário influencia as nossas práticas epistêmicas, como que originando um déficit de credibilidade no testemunho de um agente ou dificultando a compreensão da realidade social em razão da ausência de certos conceitos centrais. Em *Epistemic Injustice: Power & the Ethics of Knowing*, Miranda Fricker diz que há duas formas de injustiça epistêmica, a saber, a injustiça testemunhal e a injustiça hermenêutica. A injustiça testemunhal ocorre quando o preconceito a uma certa identidade causa no ouvinte um nível deflacionado de credibilidade ao que foi afirmado pelo falante. Por exemplo, imaginem a situação em que um policial, um juiz ou mesmo um júri não acredita no que diz um agente apenas por ele ser negro. Nesse caso, temos um déficit de credibilidade causado pelo preconceito identitário que faz uso de estereótipos para julgar a situação, como o estereótipo que considera que "todo negro mente", o que nos mostra que esta injustiça é causada pelo preconceito na economia da credibilidade. De outro lado, a injustiça hermenêutica acontece em um estágio anterior, ocorrendo quando uma lacuna nas fontes interpretativas coletivas coloca alguém em uma situação de desvantagem arbitrária no contexto das experiências sociais. Por exemplo, uma mulher que sofre assédio sexual em uma cultura que não possui o conceito de "assédio sexual" parece estar sofrendo de uma desigualdade hermenêutica, uma vez que a ausência do conceito pode dificultar no reconhecimento da violência que ela está sofrendo. O mesmo poderia ser dito de alguém que sofre racismo em uma sociedade que não possui ainda o conceito de "racismo". Casos assim revelariam uma marginalização hermenêutica e teriam por causa o preconceito identitário estrutural na economia dos recursos hermenêuticos coletivos (FRICKER, 2007, 17-29; 147-161).

Penso que o fenômeno da injustiça epistêmica nos mostra que os preconceitos são errados eticamente, isto é, que eles são injustos, uma vez que uma compreensão comum de justiça exigiria o tratamento equitativo e um julgamento livre de estereótipos preconceituosos. Não é sem razão que Fricker sugerirá a virtude da justiça para remediar o erro. A virtude da justiça testemunhal, por exemplo, possibilitaria a sensibilidade epistêmico-moral para dar valor imparcial à fala dos agentes e para não se julgar através de preconceitos. Por outro lado, a justiça hermenêutica deveria corrigir a própria estrutura, de forma a se desenvolver uma sensibilidade das dificuldades epistêmicas a partir da marginalização identitária. Assim, o papel da justiça seria o de neutralizar o impacto do preconceito identitário estrutural na credibilidade da fala dos agentes marginalizados por sua identidade social (FRICKER, 2007, 173)[15].

Já a desobediência civil pode ser entendida como um ato político, não violento e consciente, contrário à lei (ou ilegal), cometido publicamente (ou abertamente) e respeitando a moldura do estado de direito, com o objetivo de protestar contra a injustiça de certas leis ou políticas. É um ato que desobedece a lei em razão de uma causa justa. Exemplos já canônicos de desobediência civil são os movimentos pelos direitos civis dos negros nos EUA, como os liderados por Martin Luther King, os protestos conduzidos por Mahatma Gandhi contra a dominação colonial dos britânicos na Índia, a rejeição de parte da população norte-americana à convocação de alistamento na Guerra do Vietnã, ou mesmo a recusa de muitos europeus a entregar judeus durante a perseguição realizada pelos nazistas na Segunda Guerra Mundial. Com estes exemplos em mente, podemos compreender que a desobediência civil é resumidamente uma ação popular que consiste na desobediência expressa a uma determinada lei. E isso se dá mais comumente quando um grupo de cidadãos entende que determinada lei produz injustiça, como foi o caso das leis segregacionistas nos EUA nas décadas de 1950 e de 1960, que proibiam que os negros estudassem em escolas e universidade para brancos ou que comessem em seus

---

15. É importante observar que para Miranda Fricker a virtude da justiça é tanto moral como intelectual, tendo o papel de mitigar o impacto negativo da injustiça epistêmica sobre o falante. Outra importante característica da virtude da justiça é que ela deve ser possuída tanto por indivíduos como por instituições, como no caso do judiciário, da polícia e mesmo do mercado de trabalho, por exemplo. Ver FRICKER, 2007, 169-175; 120-128.

restaurantes, proibindo, também, que eles se sentassem nos lugares reservados aos brancos nos ônibus, exigindo, até mesmo, a cedência de seus lugares a eles no caso de os ônibus estarem lotados[16].

Permitam-me, aqui, fazer referência à concepção de desobediência civil como apresentada por John Rawls, em especial por destacar um aspecto que vejo como fundamental para a compreensão do fenômeno: a desobediência em tela deve estar conectada com o senso de justiça da maioria da comunidade, tendo o papel de declarar que os princípios da cooperação social entre pessoas livres e iguais não estão sendo respeitados. Por isso, os casos de desobediência civil estariam limitados às circunstâncias de clara e substancial injustiça, como seria a situação de se negar o direito de voto a certas minorias, ou negar que possuam propriedade. A ideia geral é a de que esta desobediência seria um apelo aos agentes para reconsiderarem sua posição, para se colocarem no lugar dos outros e reconhecerem que eles não podem esperar que se aceite indefinidamente os termos impostos pelo fato mesmo de serem injustos. Nesse sentido, é importante identificar que esta desobediência é diferente de um ato de objeção de consciência, que apenas apela para princípios morais e convicções religiosas pessoais, como seria o caso de recusar servir às forças armadas para não lutar em uma dada guerra por acreditar no pacifismo. Para Rawls, este fenômeno estaria restrito aos princípios políticos que expressam a concepção pública de justiça de uma sociedade democrática. E, por isso, a desobediência em tela dependeria de uma fidelidade à lei que é expressa pela natureza pública e não violenta do ato, exigindo uma disposição para aceitar as consequências legais da conduta, bem como exigindo que todos os meios legais já tenham sido tentados anteriormente (RAWLS, 1999a, 319-343)[17].

---

16. Parto da definição de desobediência civil como a apresentada por H. A. Bedau em *Civil disobedience and personal responsibility for injustice*. Para ele, os casos paradigmáticos de desobediência civil são os atos ilegais, cometidos abertamente (publicamente), de forma não violenta e consciente, que respeitam a moldura do Estado de Direito, mas possuem a intenção de protestar contra alguma lei, política ou decisão de governo tomada como injusta. Ver BEDAU, 1991, 51. Em que pese o termo ter sido introduzido por Thoreau no século XIX, não tomaremos a desobediência civil como uma reponsabilidade pessoal pela injustiça, como faz Thoreau, uma vez que este ato estaria no campo da consciência moral individual, como uma objeção de consciência. E o problema é que o que afeta a consciência de um pode não significar nada para o outro.

17. Em *A Theory of Justice*, Rawls apresenta uma reflexão sobre a desobediência civil, abordando sua definição, justificação e o seu papel específico, pensando especificamente nos casos da Guerra do Vietnã, da independência da Índia, dos movimentos por direitos civis e de similares.

É importante observar que os casos de desobediência civil nos apontam fortemente para as ideias de responsabilidade e de autonomia, que devem ter todos os cidadãos que fazem parte de uma sociedade democrática, e que não é extremamente injusta. Essa responsabilidade estaria ligada ao compromisso da melhor interpretação dos princípios públicos de justiça e sua conduta à luz deles. Por exemplo, a responsabilidade em defender a liberdade dos agentes, bem como a sua igualdade, seja perante à lei, seja do ponto de vista econômico, pelo menos em um nível em que se veja como injusto não garantir a igualdade equitativa de oportunidade para que os agentes possam realizar seus projetos de vida. Por essa razão, apenas apresentar uma objeção de consciência a uma certa injustiça poderia caracterizar a autonomia do agente, mas dificilmente expressaria o comprometimento com os valores sociais comuns. Parece ser por essa razão que a punição aos desobedientes civis geralmente é diferenciada em relação aos que descumprem a lei sem reivindicar sua injustiça. Em geral, esta punição é enfraquecida.

O relevante nestes casos tanto de injustiça epistêmica quanto de desobediência civil é que eles parecem fazer uso do senso de justiça que é socialmente compartilhado como uma referência normativa central para a identificação das injustiças. Por exemplo, que é errado ou injusto usar estereótipos preconceituosos para diminuir a credibilidade do testemunho de alguém ou que não é justo dificultar a compreensão da realidade social de alguns agentes em razão da ausência de certos conceitos fundamentais para identificarem a violência sofrida. Ademais, que seria injusto não assegurar a todos os agentes os valores centrais defendidos nos princípios públicos de justiça de uma sociedade democrática, como, por exemplo, os valores de liberdade e de igualdade. Este senso de justiça, que é identificado em um nível público e não privado, parece tornar mais claro o que seria de fato a natureza interpessoal da moralidade, a saber, que qualquer critério normativo-moral só adquire legitimidade se for aceitável para todos os agentes que fazem parte de uma mesma comunidade moral e política, não importando suas divergências valorativas em um nível privado.

Para ele, este fenômeno surge apenas em uma sociedade mais ou menos justa e democrática, em que os cidadãos reconhecem a aceitam a legitimidade da Constituição, mas, por outro lado, tem um forte compromisso com a justiça. Seria um fenômeno em que ocorre um conflito de deveres entre o dever de cumprir as leis e o dever de se opor às injustiças. Ver RAWLS, 1999a, 319.

V

Como vimos na seção anterior, os casos que envolvem reivindicações de justiça parecem revelar mais claramente o aspecto intersubjetivo da moralidade, sobretudo porque mostram que a legitimidade deste critério normativo se dá em um nível público, e não privado, que precisa contar com a aprovação dos membros de uma mesma comunidade, o que parece possibilitar uma compreensão mais adequada da relação pluridirecional entre a moral e o direito. E isso seria assim porque a própria exigência por justiça parece pressupor certas práticas institucionais que procuram evitar a arbitrariedade, a parcialidade e todo tipo de distorções nos julgamentos, tais como o tribunal do júri, a votação em um Parlamento que exige maioria absoluta, bem como a proibição de monopólios numa economia de mercado, entre outros. Mas, é claro que o mesmo não poderia ser dito do âmbito privado da moralidade, uma vez que os valores e princípios importantes para uns não têm necessariamente a mesma relevância para outros, como seria o caso de certos agentes valorizarem o pacifismo e o respeito aos direitos de animais não humanos e outros valorizarem mais a solidariedade ou a benevolência com os mais pobres, ou, no caso de certos agentes, valorizarem mais a autonomia pessoal e outros a dignidade da pessoa humana, pensando em uma discussão sobre a moralidade ou imoralidade do aborto ou da eutanásia, por exemplo. Nesse âmbito privado, o desacordo moral é substancialmente maior.

Dada a existência de um grande desacordo moral em sociedades complexas que têm como característica básica o pluralismo ético, é prudente defender uma independência entre a moral e o direito, assim como faz Waldron, por exemplo, uma vez que a função do direito seria a de nos dar razões para agir independentemente dos juízos morais dos cidadãos, que, em geral, são discordantes. E isto implicaria tomar o direito como um critério normativo público basilar para arbitrar os conflitos sociais, o que teria por finalidade evitar a arbitrariedade da decisão judicial. E por isso o direito deveria ser de tal maneira que as decisões legais pudessem ser feitas sem o uso de juízos morais, ou seja, sem o uso de valores progressistas ou conservadores. Waldron aponta para um relevante problema epistemológico da moral, a saber, que faltaria uma metodologia aceitável por todos para a justificação das crenças morais, e, assim, seria arbitrário que certos oficiais públicos, tais como juízes, fizessem uso de suas convicções éticas para fundamentar suas decisões jurídicas, sendo até mesmo irrelevante saber sobre a objetividade da moralidade (WALDRON, 1999, 182-187)[18]. Mesmo compartilhando do receio de uma possível arbitrariedade da decisão, penso que uma melhor compreensão das características da moralidade pública pode nos oportunizar um certo antídoto contra uma possível moralização judicial, uma vez que os consensos neste nível não são incomuns.

É verdade que também temos discordâncias morais na esfera pública da comunidade. Discordamos sobre o que devemos aos outros em termos de tolerância, respeito, solidariedade e cuidado mútuo, por exemplo. Discordamos até mesmo sobre o que consistiria na justiça, isto é, sobre o que contaria como termos equitativos de cooperação. Mesmo tendo um consenso dos direitos assegurados pelas Constituições de sociedades democráticas e pela Declaração Universal dos Direitos Humanos, resta ainda um forte desacordo sobre sua aplicação: por exemplo, se o direito à privacidade não eliminaria o direito à segurança coletiva, que seria possibilitada pela vigilância Estatal, ou se o direito de liberdade econômica (livre iniciativa) não eliminaria certos direitos do consumidor que visam sua proteção. Entretanto, não é difícil reconhecer que todos os membros de uma comunidade moral e política tomam como correto a necessidade de se usar o critério normativo da justiça para legitimar as regras e decisões jurídicas, políticas e até mesmo econômicas, ainda que possamos discordar sobre o que seria realmente a justiça, se o respeito à igualdade, à liberdade, ao bem-comum ou a todos esses. Ademais, parece não haver discordância a respeito da necessidade da decisão jurídica ser sempre imparcial, que é injusto punir um inocente para prevenir futuros crimes, que seria injusto não assegurar para todos os valores centrais encontrados nos princípios públicos que orientam as democracias, tais como a liberdade e a igualdade, ou mesmo que seria injusto levar em conta os preconceitos identitários para diminuir a credibilidade do testemunho de certos agentes.

Estes últimos exemplos parecem evidenciar que compartilhamos um mesmo senso de justiça que possibilita nossa vida em comunidade, uma vez que ele

---

18. Em *Law and Disagreement*, Jeremy Waldron defende a irrelevância da objetividade da moralidade para o direito. Ele diz que independentemente de haver uma resposta correta sobre a objetividade da moralidade, isto é, se existiriam ou não verdades morais objetivas, isto seria irrelevante para o direito, uma vez que inexistiria uma metodologia aceita por todos para justificar os juízos morais e, assim, o direito deve ser entendido de tal maneira que decisões legais possam ser realizadas sem o exercício de juízos morais. A função central da separação entre moral e direito seria, então, a de evitar a arbitrariedade da decisão. Ver WALDRON, 1999, 164-187.

nos conduz aos consensos morais mínimos sobre a legitimidade das decisões tomadas nos domínios jurídico, político e mesmo econômico. Este senso de justiça, que é percebido em um nível público, parece deixar mais clara a natureza interpessoal da moral, apontando para nós os critérios normativos relevantes que impedem o desacordo moral ou que impedem que este desacordo seja tão profundo. E, assim, penso que a identificação destes critérios normativos, que, é razoável supor, todos podem aceitar como corretos, poderia impedir a arbitrariedade da decisão judicial, evitando, sobretudo, o moralismo jurídico, uma vez que a moral em tela não se resumiria ao apelo aos valores éticos pessoais. Ao contrário, a moral aqui teria uma autoridade normativa tão interpessoal quanto a do direito, sendo, também, influenciada por este. É claro que ainda devemos elucidar que metodologia seria aceitável por todos e possibilitaria a justificação destas crenças morais no domínio público. Entretanto, creio que o reconhecimento deste consenso ético já seja suficiente para admitirmos a razoabilidade da tese que postula uma relação necessária entre a moral e o direito, relação que é pluridirecional e não de dependência.

CAPÍTULO VIII

CONCILIANDO LIBERALISMO E PERFECCIONISMO

O objetivo central do capítulo é conciliar o liberalismo com o perfeccionismo, visando harmonizar o pluralismo de valores característico das sociedades contemporâneas com um certo ideal de perfeição humana para assegurar o bem comum. Com esse fim, inicio apresentando as teses centrais do liberalismo antiperfeccionista como defendido por Rawls e Quong. Depois, apresento as características básicas do liberalismo perfeccionista de Raz e Chan. O próximo passo será disputar o significado mesmo do termo "liberalismo" tanto do ponto de vista histórico como do teórico, analisando brevemente o liberalismo de John Stuart Mill. Finalmente, de posse disto, sugiro uma distinção entre a esfera privada e pública da moralidade e a identificação de uma conexão específica entre elas, apontando um certo padrão de perfeição para pautar a conduta humana e algumas políticas públicas com base nas virtudes privado-públicas, de forma a poder contar com uma recomendação social-estatal neste domínio da moralidade, interditando a interferência no domínio puramente privado da moral, o que, penso, evitará o paternalismo.

I

Como lidar com o pluralismo de valores em uma democracia contemporânea? Deveríamos afirmar um certo padrão de perfeição como forma de pautar a conduta humana e as políticas públicas visando o bem comum, ou, alternativamente, deveríamos nos contentar apenas em encontrar um "equilíbrio precário", para usar uma expressão de Berlin, de forma a tornar o desacordo sobre os valores o mais pacífico possível (BERLIN, 2002, 55-56)? Veja-se que este problema parece ser o seguinte: ao se adotar um padrão de perfeição em uma sociedade pluralista, corre-se o risco de restringir as liberdades individuais, como a religiosa, a de pensamento, a de expressão, entre outras, além de se correr o risco de o Estado ter que oprimir seus cidadãos paternalisticamente a fim de impor esse padrão na conquista da estabilidade social e do bem comum; por outro lado, ao se adotar um padrão de neutralidade de valores, de forma que o Estado não imponha um padrão normativo monístico aos seus membros, respeitar-se-iam as liberdades dos agentes e não se correria o risco da opressão estatal, contudo, com o ônus de que isso possa conduzir a uma situação de instabilidade e desagregação social, uma vez que as ações conduzidas "livremente" não necessariamente levam ao bem comum.

Para ilustrar esse problema, lembremo-nos do contexto da pandemia de Covid-19. Desde o seu início, em 2020, as nações no mundo todo adotaram medidas sanitárias para conter a disseminação do vírus, como a obrigatoriedade do isolamento social, o estabelecimento de *lockdowns*, o uso de máscaras em espaços fechados, em certos países até mesmo em espaços abertos, e, posteriormente, a obrigatoriedade da vacina para a entrada em muitos lugares, fossem públicos ou privados. Além disso, este poder estatal fez uso, inclusive, da linguagem das virtudes para cobrar um comportamento virtuoso dos cidadãos, exigindo prudência, solidariedade, resiliência e até mesmo justiça em oposição à ganância. O problema é que em democracias liberais, como as em que vivemos, em razão da pluralidade de valores, não estamos acostumados a viver em um mundo social em que o Estado determina qual é o comportamento certo e errado. Acostumamo-nos com aquele Estado que pune quando os cidadãos desrespeitam as leis, como as do código penal, por isso, penso que essas medidas foram vistas por muitos como autoritárias, pois restringiam o direito de ir e vir dos cidadãos em razão da defesa da saúde dos demais, impedindo inclusive a reunião familiar e de culto, de forma similar àquela que no passado o Estado usou para limitar o consumo de tabaco em locais fechados, que objetivava preservar a saúde dos não fumantes.

Esse problema é conhecido em filosofia política como a oposição entre liberalismo e perfeccionismo. A grosso modo, o modelo liberal pode ser explicado como uma defesa intransigente da neutralidade valorativa estatal, contrapondo-se ao perfeccionismo, que teria o paternalismo como principal consequência negativa (DWORKIN, 1978). Com a perda do fundamento religioso da política a partir da modernidade, os liberais defenderam a distinção entre as esferas privada e pública da vida, afirmando com isso que o Estado só poderia obrigar os indivíduos no âmbito político, assegurando, por exemplo, os direitos à vida, à propriedade, à integridade e à liberdade, enquanto na esfera privada, que abarca a religiosa e a moral, os indivíduos deveriam exercitar sua autonomia. Isto gerou uma distinção entre os deveres perfeitos, como os de não matar e roubar, que podem ser exigidos pela lei via punição, e os deveres imperfeitos, como os de ser caridoso e moderado, que devem ser decididos individualmente. Isso é assegurado pelo princípio do dano, como formulado por Mill, que excluiria qualquer intervenção estatal no que diz respeito ao próprio bem dos cidadãos, permitindo o uso do poder coercitivo apenas para evitar o dano aos outros. Questões comportamentais, como o consumo de cigarro e bebidas alcoólicas, e mesmo o comportamento sexual, deveriam ser decididos individualmente[1].

Contemporaneamente, autores liberais como Rawls (1971), Larmore (1987) e Quong (2011), entre outros, defendem que o liberalismo se contrapõe claramente ao perfeccionismo, que desrespeitaria o princípio da neutralidade, enquanto autores como Raz (1986), Sher (1997) e Wall (1998), para citar alguns, ao contrário, defendem que não haveria de fato essa oposição. John Rawls, por exemplo, em sua teoria da justiça como equidade, defende um tipo de liberalismo antiperfeccionista, e isso em razão do receio de que a adoção de um padrão de perfeição como base de um princípio de justiça tivesse por consequência a retirada das liberdades individuais e a opressão estatal (RAWLS, 1971, 325-332; RAWLS, 1996, 37). Na obra *A Theory of Justice*, Rawls contrapõe o seu contratualismo ao perfeccionismo, dizendo que, na posição original, as partes sob o véu da ignorância recusariam um princípio de perfeição como forma de defender suas liberdades e adotariam um princípio que assegurasse a maior liberdade igual possível, consistente com uma liberdade semelhante aos outros, o que implicaria a afirmação de uma igualdade ontológica de valores e, assim, uma neutralidade estatal. Por outro lado, Joseph Raz, em *The Morality of Freedom*, advoga que uma teoria liberal poderia ser pensada sem essa defesa enfática do antiperfeccionismo, podendo o Estado favorecer certas atitudes dos cidadãos, ainda que intervindo em certas questões controversas, visando favorecer certas atitudes consideradas positivas

---

1. No verbete "Liberalismo" do *Dicionário de Cultura da Paz*, caracterizo o liberalismo tanto clássico quanto contemporâneo como uma teoria política, moral e econômica que defende as ideias centrais de progresso da humanidade, neutralidade ética estatal, tolerância como virtude pública central e livre mercado com justiça social. Ver COITINHO, 2021, 89-91. Sobre uma introdução ao liberalismo, ver WALL, 2015, 1-18.

dentro do espaço político, a exemplo da defesa da autonomia pessoal como um componente essencial do bem-estar e que seria coerente com uma concepção pluralista e objetivista de bem (RAZ, 1986, 369-401).

Dito isso, meu objetivo será investigar se poderíamos conciliar o liberalismo com o perfeccionismo, de forma a respeitar tanto as amplas liberdades individuais quanto assegurar a estabilidade social e o bem comum, se estes modelos forem de fato antagônicos. Para tal, inicio apresentando a conhecida crítica de Rawls ao perfeccionismo elaborada na seção 50 de *A Theory of Justice*, procurando entender adequadamente o seu antiperfeccionismo, bem como descrevendo o liberalismo político defendido por Jonathan Quong e considerando sua importância para o debate. Em seguida, apresento a posição de Joseph Raz de um liberalismo perfeccionista e a proposta de Joseph Chan de um perfeccionismo moderado. O passo seguinte será disputar a ideia central de oposição entre liberalismo e perfeccionismo e, para tal, caracterizarei o liberalismo do ponto de vista histórico e teórico, analisando brevemente o liberalismo defendido por John Stuart Mill. Como isso em mãos, por fim, sugiro que a distinção e o estabelecimento de uma conexão específica entre a moralidade privada e pública nos auxilia a melhor lidar com esse problema, defendendo um ideal de perfeição humana mais pedestre e adotando uma recomendação social-estatal apenas no âmbito privado-público da moralidade, conciliando, dessa forma, o liberalismo com um perfeccionismo de tipo moderado.

II

John Rawls na seção 50 de *A Theory of Justice*, chamada de *The Principle of Perfection*, analisa longamente os problemas do perfeccionismo, criticando principalmente a ideia de que justificar políticas públicas a partir de concepções abrangentes seria contrário ao princípio da tolerância e ameaçaria a estabilidade da sociedade democrática. Distinguindo um perfeccionismo moderado, com Nietzsche, de um perfeccionismo mais forte, com Aristóteles, Rawls diz que o primeiro tipo de perfeccionismo pode ser entendido a partir de um princípio único de uma teoria teleológica que dirige a sociedade na organização de suas instituições e na definição dos deveres comuns de forma a maximizar a perfeição das realizações humanas nas artes, na ciência e na cultura, por exemplo. Esse princípio exigiria que a humanidade se esforçasse continuamente para produzir grandes homens, como Sócrates e Goethe (RAWLS, 1971, 325). Rawls compreende que na doutrina mais moderada aceita-se o princípio da perfeição apenas como um entre vários padrões de uma teoria intuicionista. E o problema parece ser o da sobreposição das exigências da perfeição às fortes reinvindicações da liberdade (RAWLS, 1971, 325).

Para Rawls, o problema central em se adotar uma posição perfeccionista é o de que o critério de perfeição deveria fornecer algum modo de classificar diferentes tipos de realizações e somar os seus valores. A questão é que aceitar um padrão de perfeição seria aceitar um princípio que poderia levar a uma diminuição da liberdade religiosa ou de alguma outra liberdade, se não mesmo a perda total da liberdade de promover muitos dos objetivos espirituais de cada indivíduo. Por essa razão, para ele, as partes não aceitariam um princípio de perfeição na posição original sob o véu da ignorância, pois poderia diminuir suas liberdades. Ao contrário, as partes escolheriam um princípio que assegurasse liberdade igual, de forma consistente com uma liberdade para os outros (RAWLS, 1971, 327-328)[2].

O ponto central é dizer que o mesmo argumento que conduziu ao princípio da liberdade igual (Primeiro princípio) exigiria a rejeição do princípio da perfeição. Contudo, Rawls ressalta que isso não significa que do ponto de vista da vida cotidiana os critérios de excelência sejam irracionais. Embora o padrão de perfeição não seja um princípio de justiça, os juízos de valor nesse âmbito têm um importante papel nas relações humanas. Em suas palavras:

> Eles não são necessariamente tão vagos a ponto de falharem como uma base viável para o estabelecimento de direitos. O argumento é antes o de que, em vista de seus objetivos díspares, as partes não têm razão para adotar o princípio da perfeição, dadas as condições da posição original (RAWLS, 1971, 328).

Como se vê pela citação, o objetivo básico de Rawls parece ser o de demarcar uma contraposição entre a sua teoria da justiça, que tem uma base *freestanding*, e

---

2. É importante mencionar que antes de tratar da questão específica do porque o perfeccionismo deve ser rejeitado, Rawls considera a relação entre os princípios da justiça e as posições perfeccionista e utilitarista, afirmando que um certo ideal está incorporado nos dois princípios de justiça e, além disso, que se deve encorajar determinados traços de caráter, especialmente o senso de justiça. Para ele, a teoria contratualista é similar ao perfeccionismo no sentido de que ambos levam em conta outras coisas além do saldo líquido de satisfação e o modo como é dividido, ao mesmo tempo que os princípio de justiça conseguiriam definir um ideal de pessoa sem invocar um padrão anterior de excelência humana. Assim, o contratualismo seria "uma posição intermediária entre o perfeccionismo e o utilitarismo" (RAWLS, 1971, 327).

uma teoria perfeccionista, como se encontra na tradição em Aristóteles, Tomás de Aquino, Spinoza, Marx e Nietzsche. Diz que embora a justiça como equidade permita que numa sociedade bem ordenada os valores de perfeição sejam reconhecidos, "o aperfeiçoamento humano deve ser buscado dentro dos limites da livre associação" (RAWLS, 1971, 328). A preocupação fundamental seria com o uso do aparelho coercitivo estatal para conquistar maior liberdade ou partes distributivas maiores para um certo grupo com base na justificativa de que suas atividades teriam maior valor intrínseco. Assim, "o perfeccionismo é negado como um princípio político" (RAWLS, 1971, 329). Ao adotar o perfeccionismo como base de princípios políticos ou de políticas públicas corre-se o risco de se assumir certo erro privado como fundamento da punição, como seria o caso de se proibir relações sexuais degradantes e vergonhosas para o bem dos próprios indivíduos (RAWLS, 1971, 331). O risco dessa posição é que algo assim inviabilizaria o pluralismo valorativo característico das sociedades democráticas e restringiria as liberdades individuais. Essa parece ser a razão do contratualismo rawlsiano se contrapor ao perfeccionismo, podendo ser interpretado como um tipo de liberalismo antiperfeccionista, que tem por base a defesa do princípio da neutralidade[3].

Essa contraposição fica ainda mais clara no *Political Liberalism*, uma vez que os princípios de justiça são afirmados em um consenso sobreposto (*overlapping consensus*), de maneira que a concordância com um padrão normativo de justiça poderia conviver com um pluralismo razoável, tanto moral e religioso quanto metafísico. Nessa obra, Rawls apresenta a justiça como equidade enquanto um tipo de liberalismo político, compreendendo a justiça a partir de uma especificação de certos direitos básicos, liberdades e oportunidades característicos de regimes democráticos constitucionais, assegurando uma prioridade destes direitos, liberdades e oportunidades em contraposição a reivindicações de bem e valores perfeccionistas (RAWLS, 1996, 6, 188, 196)[4].

---

3. O liberalismo rawlsiano seria antiperfeccionista pois os princípios de justiça são afirmados pela razão pública em consenso sobreposto e não baseados em concepções metafísicas de bem, enquanto o liberalismo perfeccionista, usando a definição de Larmore em *Patterns of Moral Complexity*, seria compreendido como uma "família de concepções em que os princípios políticos são baseados em ideais que reivindicam moldar nossa concepção geral de boa vida, e não apenas nosso papel como cidadãos" (LARMORE, 1987).

4. É importante notar que o liberalismo político de Rawls encoraja certas virtudes moral-políticas, tais como cooperação social, civilidade, tolerância, razoabilidade e senso de equidade, mas que isso não conduziria, para Rawls, a uma doutrina abrangente de um Estado perfeccionista,

Outro autor que defende um liberalismo político, entendido como antiperfeccionista, é Jonathan Quong, especialmente no livro *Liberalism Without Perfection*. Nessa obra, ele apresenta três objeções contundentes ao perfeccionismo, dizendo que uma defesa da autonomia estaria em oposição ao princípio liberal do dano (QUONG, 2011, 45-72), que mesmo sem contar com a coerção estatal ele ainda recai em paternalismo (QUONG, 2011, 73-107) e que uma concepção particular de vida boa não teria legitimidade política, pois não poderia ser publicamente justificada (QUONG, 2011, 108-136). Em oposição a isto, ele argumenta que o liberalismo não precisa estar fundamentado em uma concepção de vida boa, nem o Estado liberal deve promover formas de vida valorosas ou desencorajar as sem valor. Seguindo Rawls, ele argumenta que o liberalismo deve ser fundado apenas em um ideal de pessoas livres e iguais, e num ideal de sociedade enquanto sistema de cooperação social para o benefício mútuo, significando que o exercício coletivo do poder político seria razoavelmente justificado por todas as pessoas que estão sujeitas a esse poder. E dado que discordamos razoavelmente sobre a moralidade, religião e sobre a vida boa, o exercício do poder político deveria ser justificado de forma a evitar o apelo a estes domínios controversos. Por isso, os princípios políticos e as instituições devem ser justificados apenas apelando a razões públicas, isto é, a considerações que apelam somente a valores políticos, e não a reivindicações controversas sobre a vida boa ou outras áreas do desacordo razoável (QUONG, 2012, 1-2).

Creio que é esclarecedor usar a classificação de Quong sobre os tipos de liberalismo existentes, classificação estabelecida a partir da resposta a duas questões sobre a filosofia política liberal e sobre o Estado liberal, a saber:

(i) A filosofia política liberal deve ser baseada em algum ideal particular do que constitui uma forma de vida humana valiosa ou outras crenças metafísicas?

(ii) É permissível para o Estado liberal promover ou desencorajar alguns ideais, atividades ou modos de vida partindo de fundamentos relacionados a seus valores intrínsecos ou baseado em outras alegações metafísicas? (QUONG, 2011, 12).

---

uma vez que ele está considerando a pluralidade de valores como marca de sociedades democráticas e não como uma contingência (RAWLS, 1996, 194).

Para ele, se respondemos positivamente a (i), endossamos uma concepção abrangente de filosofia política liberal; se respondemos negativamente, adotamos uma concepção política. Quanto a (ii), uma resposta positiva indica uma concepção perfeccionista, enquanto a resposta negativa está atrelada a uma concepção antiperfeccionista (QUONG, 2011, 12). Levando essa classificação em conta, Quong argumenta em prol de uma concepção liberal antiperfeccionista e política, uma vez que o Estado inevitavelmente atuará sob razões perfeccionistas se estiver ligado a concepções de bem, sendo que o Estado não poderia defender valores, nem mesmo o de autonomia, pois poderia implicar paternalismo, o que traria problemas para a legitimidade política (QUONG, 2011, 15-16).

O ponto de discordância para Quong é que os liberais perfeccionistas defendem que um Estado liberal pode e deve ajudar as pessoas a terem vidas com mais valor. Para ele, alguns perfeccionistas defendem, além disso, que direitos liberais e instituições devem ser entendidos como fundamentados em uma concepção particular de florescimento humano, valorizando, por exemplo, a autonomia, como faz Raz em *The Morality of Freedom*. O problema é que justificar um princípio liberal de tolerância no valor da autonomia pessoal pode conduzir o Estado a se engajar em políticas perfeccionistas, como incentivos financeiros, e isso pode gerar instabilidade social, ou, mais grave ainda, pode implicar paternalismo, pois a implementação de certas políticas para incentivar certos valores poderia ser feito à revelia da escolha das pessoas (QUONG, 2011, 106).

Isso o leva a concluir que, para evitar o paternalismo,

> [...] o governo deve abster-se de agir com base em qualquer concepção particular do que torna uma vida valiosa, próspera ou digna [...]. Em vez disso, o governo deve permanecer neutro na questão da boa vida e restringir-se a estabelecer os termos justos dentro dos quais os cidadãos podem perseguir suas próprias crenças sobre o que dá valor às suas vidas (QUONG, 2011, 2).

É importante notar que esta conclusão é apoiada por duas premissas, a saber, que os princípios políticos devem ser publicamente justificados aos cidadãos razoáveis, tomados como livres e iguais em um sistema equitativo de cooperação social, e que, sob condições de liberdade, existe um desacordo razoável sobre a vida boa. Assim, uma teoria liberal pode ser apresentada como verdadeira e ainda ser qualificada como política, desde que não invoque alegações perfeccionistas e não dependa de crenças metafísicas particulares (QUONG, 2011, 16, nota 9).

III

Em oposição à ideia de que uma concepção política liberal deve estar atrelada a uma defesa da neutralidade de valores, como defendido por Rawls e Quong, os perfeccionistas advogam que as instituições políticas e as políticas públicas de forma geral podem promover ou reprovar certos valores perfeccionistas[5]. O perfeccionismo no domínio político defende uma espécie de continuidade entre a política e os valores da vida boa dos cidadãos, derivando uma teoria política de um certo conteúdo moral sobre o bem, assim como defendendo que o Estado deve direcionar suas ações com base nesse conteúdo, podendo usar o poder político para fazer com que os cidadãos adotem essas formas de vida com valor ou persigam concepções válidas de bem. Autores como Joseph Raz, Thomas Hurka e Stephen Wall, entre outros, defendem claramente essa posição, considerando que o Estado deve ter como um dos seus objetivos a promoção de formas de vidas valiosas, identificando e incentivando as formas de vida boas ou preferíveis para todos, de modo que isso não seria contrário ao liberalismo, que deve conviver com a pluralidade de valores[6].

Essa concepção de liberalismo perfeccionista é claramente defendida por Raz em seu livro *The Morality of Freedom*. Nesse texto, ele endossa uma perspectiva comunitarista a fim de compreender o indivíduo como um ser social que necessita da sociedade para estabelecer sua identidade e obter conhecimento objetivo do bem. Essa posição claramente coloca em xeque a ideia básica do liberalismo de neutralidade valorativa estatal, rejeitando a prioridade do correto ou justo sobre o bem, dizendo que "o objetivo de toda ação política é possibilitar que os indivíduos persigam concepções válidas de bem" (RAZ, 1986, 133).

---

5. Wall explica que o perfeccionismo tem adquirido vários significados na filosofia moral e política contemporâneas. Diz que o termo é usado para se referir a uma concepção de vida boa, uma concepção de bem-estar humano, uma teoria moral e uma concepção política. Historicamente, o perfeccionismo está associado às teorias éticas que caracterizam o bem em termos de desenvolvimento da própria natureza humana. Pensadores muito diversos como Aristóteles, Tomás de Aquino, Spinoza e Marx são perfeccionistas nesse sentido. E na filosofia política, o perfeccionismo defende que as instituições políticas e as políticas estatais podem ser estabelecidas de forma a promoverem certos valores perfeccionistas no contexto em que se aplicam. Ver WALL, 2017.

6. Vinit Haksar defende essa ideia em *Equality, Liberty and Perfectionism*, dizendo que só uma consideração perfeccionista do valor das pessoas, tomadas como capazes de propor e seguir ideais de conduta, pode fundamentar adequadamente um princípio liberal de igualdade. Ver HAKSAR, 1979. Ver, também, HURKA, 2001.

Isso parece ficar muito claro pela defesa explícita que Raz faz de uma relação intrínseca entre a moralidade pública e privada, de forma que "[...] as conclusões positivas que se defendem nesse livro sobre a moral da liberdade política estão mais abundantemente fundamentadas em considerações da moral individual que muitas obras contemporâneas de filosofia política" (RAZ, 1986, 4). Por outro lado, defende o projeto liberal e seu compromisso com o valor da autonomia ou liberdade, argumentando pela necessidade da incomensurabilidade das concepções plurais de boa vida para o bem-estar das pessoas e pela importância da virtude da tolerância (RAZ, 1986, 4-8).

Sua versão de liberalismo autoriza o Estado a agir de forma a promover o bem-estar dos cidadãos, arbitrando entre as controversas concepções de vida boa e encorajando as pessoas a perseguirem uma vida com base no valor da autonomia em contraposição à heteronomia. De forma geral, sua proposta é a de defender o valor da autonomia pessoal, considerando-a como o mesmo que autodeterminação ou autodireção, possibilitando que cada indivíduo seja o autor de sua própria vida, isto é, que seja capaz de controlar em alguma medida o seu próprio destino (RAZ, 1986, 369). Para ele, a autonomia pessoal é valiosa na condição de componente de uma vida com valor, pois está centrada na capacidade de escolha das pessoas e se opõe a uma vida baseada em pura heterorregulação. Para ele:

> Algumas das capacidades com as quais a espécie humana é geneticamente dotada vêm acompanhadas de impulsos inatos para seu uso. Temos impulsos inatos para nos movimentar, exercitar nosso corpo, estimular nossos sentidos, envolver nossa imaginação e nosso afeto, ocupar nossa mente. [...] Para ser autônomo e ter uma vida autônoma, uma pessoa deve ter opções que lhe permitam sustentar ao longo de sua vida atividades que, em conjunto, abarquem todas as capacidades que os seres humanos têm impulso inato para exercer e para se recusar a exercer (RAZ, 1986, 375).

Além disso, a conexão entre autonomia e ação do Estado deriva da premissa básica segundo a qual o dever primordial do poder estatal é promover a vida boa aos indivíduos; nesse caso, para que vivam uma vida com autonomia pessoal, isto é, com liberdade para escolher. É importante notar que para ele o bem-estar pessoal não é determinado apenas pelo sucesso em perseguir certos fins, mas também é determinado pela escolha livre de objetivos e relações. Assim, Raz advoga por uma concepção de liberdade que deriva do valor da autonomia pessoal e do pluralismo de valor, sendo a liberdade valiosa porque é concomitante ao ideal de pessoas autônomas que criam as suas próprias vidas através de escolhas a partir de concepções múltiplas de valores (RAZ, 1986, 265)[7].

Diferentemente de Raz, Joseph Chan defende um tipo de perfeccionismo político moderado que procura responder aos dois principais problemas levantados pelos liberais neutralistas a um Estado perfeccionista, a saber, o problema da intolerância e instabilidade e o problema da legitimidade. Seu argumento é o de que, dada a existência de uma incomensurabilidade de valores em sociedades democráticas, a determinação do que constitui uma vida boa só seria alcançada pelo poder coercitivo do Estado, o que pode acarretar intolerância e instabilidade. E sendo a legitimidade de um Estado baseada no acordo razoável dos cidadãos sobre a constituição e/ou leis e políticas públicas, um Estado perfeccionista falharia em obter este tipo acordo, uma vez que a concepção de vida boa defendida é controversa entre pessoas razoáveis. A estratégia central de Chan será investigar detalhadamente o que seja mesmo uma concepção de vida boa, defendendo que isto pode ser aceitável para cidadãos razoáveis, e refletir por quais meios o Estado promoveria uma concepção de vida com valor, considerando que a natureza do Estado perfeccionista não é coercitiva (CHAN, 2020, 6-8).

Chan inicia considerando que uma concepção de vida boa deve incluir os seguintes constituintes: (i) os bens de agência: virtudes ou disposições, tais como prudência, coragem temperança, integridade e sinceridade; (ii) os bens prudenciais: experiência estética, relações humanas, como amizade e família, e conhecimento; (iii) uma forma de vida: o padrão de vida que incorpora uma classificação de bens de agência e prudenciais e um forma de realizá-los (CHAN, 2020, 11).

Chan argumenta que, a despeito da tese neutralista sobre a incomensurabilidade de valores, os bens de agência e os bens prudenciais listados acima não parecem muito controversos, não havendo um desacordo razoável sobre eles. Diz que estes bens "[...] geralmente são considerados como desejáveis por si mesmos, embora as pessoas divirjam sobre os pesos relativos desses bens", pois são valores compartilhados por diferentes culturas e tradições (CHAN, 2020, 12). E sob as formas de vida, considera corretamente que nossa limitação para fazer juízos

---

7. Stephen Wall também defende a autonomia como um valor central que deve ser promovido por um Estado liberal. Em suas palavras: "[...] uma teoria perfeccionista liberal é uma teoria que sustenta que a autonomia pessoal é um componente central da perfeição humana" (*human flourishing*) (WALL, 1998, 27).

comparativos abrangentes sobre as formas de vida não implica igual limitação em fazermos juízos comparativos locais. O exemplo que ele dá é ilustrativo. Se comparamos a vida de John, que é sábio, talentoso em música, conhecedor de filosofia e tem uma boa família e bons amigos, com a vida de Mark, que é viciado em drogas e passa todo seu tempo perseguindo este tipo de prazer à custa de todos os outros, não temos muita dificuldade em reconhecer a superioridade da vida de John. Ou alguma pessoa razoável se poria a disputar o julgamento de que a vida de John é mais valiosa que a de Mark? Chan pensa que não (CHAN, 2020, 13-14).

É interessante notar que ele advoga por um perfeccionismo moderado, em oposição a um perfeccionismo extremo, que tem quatro características básicas: a primeira é a de que um Estado perfeccionista não usará uma doutrina abrangente (metafísica) para determinar o que é a vida boa, mas tomará por base os juízos sobre os bens de agência e os bens prudenciais, bem como os juízos comparativos sobre as formas particulares de vida. A segunda característica é que o Estado promoverá estes bens de forma não coercitiva, isto é, não usará da coerção legal para obrigar as pessoas, mas criará um ambiente social que conduza à promoção destes bens, tais como subsídios, redução de impostos e educação. A terceira é que este perfeccionismo pode ser misto, significando que se pode reconhecer a existência de outros valores que o Estado precisa estar atento, como a paz e a harmonia, a igualdade, a justiça distributiva etc. Por fim, a última característica é que ele é multicentrado, significando com isso que a responsabilidade pela promoção da vida boa não será apenas do Estado, mas também da sociedade civil com suas várias associações voluntárias (CHAN, 2000, 14-16)[8].

Após esta caracterização, o passo seguinte será apontar para o problema da assimetria, questionando por que a imposição de decisões controversas do Estado seria problemática em termos de legitimidade apenas no caso das concepções da vida boa, mas não em outras questões públicas controversas, como as de justiça social, educação e defesa. Fazendo referência aos argumentos apresentados por

---

8. O perfeccionismo extremo é caracterizado como: metafísico, pois faz uso de uma doutrina abrangente para determinar o que é a vida boa; coercitivo, pois faz uso de medidas coercitivas estatais para a promoção da vida com valor; puro (ou excludente), pois defende um único valor; centrado no Estado, pois toma o Estado como agência central na promoção da vida boa. Assim, parece que apenas este tipo de perfeccionismo seria um alvo apropriado das críticas antiperfeccionistas, podendo conduzir à intolerância e instabilidade, possivelmente não obtendo legitimidade em democracias. Ver CHAN, 2020, 16-17.

Nagel (1991) para responder ao problema da assimetria, a saber, o das condições de unanimidade de ordem mais elevada (*conditions of higher-order unanimity*) e o da responsabilidade negativa (*negative responsibility*), Chan busca mostrar que eles não justificariam a assimetria, mas, antes, serviriam para justificar um Estado perfeccionista moderado (CHAN, 2000, 22).

Em relação ao primeiro argumento, defende que a promoção estatal da vida boa pode satisfazer as três condições da unanimidade de ordem mais elevada, a saber: (i) a busca individual de uma vida boa requer esforços coletivos coordenados pelo Estado; (ii) um perfeccionismo moderado não defende o uso da coerção para promover a vida boa e não se engaja em repressão aos que tem uma vida diferente, respeitando os direitos individuais; (iii) a realização de políticas perfeccionistas não precisa ser feita de forma ofensiva ou arrogante, ou que gere alguma injustiça intolerável (CHAN, 2020, 28). E, assim, as pessoas concordariam unanimemente que o Estado proporcionasse condições apropriadas para a vida boa, o que garantiria a legitimidade política via aceitação, da mesma forma que o Estado obtém legitimidade para promover a educação, a proteção ambiental e a justiça social (CHAN, 2020, 34). Em relação ao segundo argumento, Chan diz que, da mesma forma que tem uma responsabilidade negativa sobre as questões de injustiça na organização econômica, o Estado teria, também, uma responsabilidade negativa pelo que ocorre na vida das pessoas. O ponto é reivindicar que o Estado não possa se esquivar da obrigação de fazer julgamentos e se posicionar sobre a vida boa. E isso porque a busca pela vida valiosa não é uma questão puramente individual, uma vez que o desenvolvimento das capacidades, virtudes, preferências e formas de vida é influenciado pelo ambiente sócio-político-econômico e a manutenção deste ambiente depende fortemente do Estado (CHAN, 2020, 38-40). Para ele:

> O significado, a disponibilidade e a acessibilidade aos bens pessoais e sociais e às formas de vida são fortemente estruturados, se não determinados, por essas estruturas sociais e econômicas. Agora, o ponto importante é que a manutenção desses sistemas geralmente exige que eles tenham certos direitos legais e recursos devidamente reconhecidos, protegidos ou fornecidos pelo Estado (CHAN, 2020, 40).

A provocante conclusão a que ele chega é que o Estado não poderia fugir de sua responsabilidade de avaliar a importância do ambiente social nas disposições e modos de vida das pessoas. A neutralidade do Estado, nesse contexto, significaria uma opção por aqueles modos de vida que são favorecidos pelo ambiente dominante e isso pode implicar tanto injustiça quanto ilegitimidade[9].

IV

Após expor brevemente as teses antiperfeccionistas defendidas por Rawls e Quong e as teses perfeccionistas apoiadas por Raz e Chan, e antes de propor uma conexão específica entre a moralidade privada e pública para tratar desse problema, gostaria de disputar a ideia de que haveria de fato uma oposição entre e liberalismo e perfeccionismo, especialmente questionando se o liberalismo implicaria necessariamente neutralismo, e isso em razão de se poder distinguir entre usar a força da sociedade civil e do Estado para promover certos ideais de vida boa e para a proibição do uso da força coercitiva estatal visando desencorajar certas formas de vida, o que comprometeria a autonomia dos agentes de uma comunidade política. Minha estratégia será tematizar sinteticamente o significado de liberalismo, tanto do ponto de vista histórico como do ponto de vista teórico.

Do ponto de vista histórico, é importante compreender que o liberalismo é uma doutrina política, social e econômica que tem por base a defesa das liberdades individuais e a igualdade dos seres humanos. Teve início nos séculos XVII-XVIII, nos períodos pré e pós-revolucionário (Revoluções Gloriosa, 1688; Americana, 1776; e Francesa, 1789), e se constituí, ainda, como uma das principais teorias que influenciam as tendências político-econômicas contemporâneas. Sua marca foi a de oposição ao absolutismo e ao mercantilismo, contrapondo-se à centralização do poder político e econômico, reivindicando a liberdade pessoal como critério normativo tanto da legitimidade da política como da eficiência econômica, e opondo-se à fundamentação religiosa do poder político. Esta contraposição ao absolutismo se deu com a defesa de governos constitucionais e da autoridade

---

9. É preciso chamar a atenção para o fato de que Chan está defendendo um perfeccionismo político e não um perfeccionismo filosófico, de forma que seria permissível para o Estado propor políticas públicas com o objetivo de promover o que os cidadãos desse Estado pensam que são os bens valiosos e as formas de vidas preferenciais. Isso mostra que este perfeccionismo é compatível com a neutralidade filosófica, uma vez que pode ser defendido por argumentos filosóficos neutros a respeito das questões substanciais da vida boa, tais como argumentos baseados em princípios democráticos. Ver CHAN, 2020, 35. Sobre uma ideia similar de um perfeccionismo político e não metafísico, ver TAHZIB, 2019.

parlamentar, propondo o princípio de limitação do Estado, o que implicou a autonomia do indivíduo e da sociedade, a soberania do povo (exercida por representantes) e a separação e harmonização dos poderes. Também se deu com a defesa das liberdades individuais, tais como liberdade de expressão, liberdade religiosa e de associação, da independência do judiciário e da abolição dos privilégios aristocráticos. Em contraposição à economia mercantilista, a sua marca foi a da defesa do livre mercado, a divisão do trabalho, a abolição das barreiras internas ao comércio, ao sistema bancário livre e à mobilidade social[10].

Por essa razão, houve a forte reinvindicação pelos liberais da separação entre as esferas privada e pública, restringindo o poder coercitivo ao domínio público, e isso para respeitar a liberdade dos agentes. Entretanto, isso nunca significou uma ausência de comprometimento com certas ideias de perfeição humana. Antes o contrário, se levarmos em conta o movimento Iluminista e as várias revoluções liberais que foram feitas sob suas premissas básicas, podemos reconhecer que ele sempre se comprometeu com a ideia de progresso humano, propondo que, através do uso da razão, os cidadãos poderiam corrigir seus preconceitos e aperfeiçoar seus erros, sobretudo propondo uma reorganização social[11]. E, ademais, mesmo pensadores liberais clássicos, como Adam Smith, Immanuel Kant e John Stuart Mill etc., defenderam claramente que a sociedade e o Estado poderiam recomendar aos cidadãos como eles deveriam agir enquanto seres humanos virtuosos, comprometendo-se com um ideal de perfeição, mas cuja não realização não seria uma razão para a punição, pois inviabilizaria sua autonomia. Assim, a oposição parece ser antes ao paternalismo em seu aspecto coercitivo do que propriamente ao perfeccionismo[12]. Mas, vejamos isso com mais detalhes, considerando o

---

10. Para ser preciso, penso que podemos formular o argumento liberal da seguinte maneira: dada a igualdade e liberdade de todos os indivíduos, então o poder político só será legítimo pela livre aceitação dos envolvidos, devendo estar aberto a todos, assim como a economia só será eficiente e justa sendo tomada como expressão das disposições individuais e do empenho correspondente dos agentes. Ver COITINHO, 2021, 89-90.

11. O Iluminismo foi um movimento baseado na razão, confiando na capacidade humana de reorganizar a sociedade com princípios racionais, com vistas à superação dos preconceitos assumidos como causas da opressão. Como explicado por Kant, o iluminismo seria "[...] a saída do homem de sua menoridade, da qual ele próprio é culpado", sendo a coragem de saber o seu lema (KANT, 1996).

12. Adam Smith, por exemplo, defendeu um ideal de perfeição humana com o espectador imparcial, bem como a necessidade de uma vida virtuosa para se alcançar a felicidade pessoal e coletiva, conectando a prudência, a benevolência, o autodomínio e a justiça, e tomando a justiça

liberalismo de Mill, que representará o aspecto teórico do significado do termo em questão.

John Stuart Mill é sempre apontado na literatura como um autor marcadamente liberal, pois defendeu fortemente a neutralidade ética estatal e o pluralismo de valor, de forma a circunscrever o poder estatal apenas à esfera pública, e isso para evitar a coerção aos agentes, o que eliminaria qualquer individualidade, implicando ilegitimidade política. Isso claramente é encontrado no princípio do dano como formulado no escrito *On Liberty*, que diz que só se admite o uso do poder coercitivo do Estado para evitar o dano ao outro. Para ele: "[...] o único propósito para o qual o poder pode ser exercido com justiça sobre qualquer membro da comunidade civilizada, contra a sua vontade, é o de evitar o dano aos outros. O seu próprio bem, seja físico ou moral, não é motivo suficiente" (MILL, 1989, I, 13). Com esse princípio, o Estado não poderia interferir na esfera privada dos agentes, o que traria por consequência o pluralismo de concepções de bem. E dada a existência da pluralidade, Mill compreende a virtude da tolerância como a garantia da convivência pacífica. Diz ele: "A humanidade terá muito a ganhar com a mútua tolerância para que cada um viva de acordo com o que lhe parece melhor para si mesmo do que impondo a cada um que viva como parece melhor a todos os outros" (MILL, 1989, I, 17).

A despeito de ser correto dizer que o liberalismo de Mill defende a neutralidade ética estatal e a pluralidade de valor, assim como a tolerância como virtude pública central, esta concepção seria erroneamente interpretada como não estando comprometida com um ideal de perfeição humana. Além disso, penso que seria um erro interpretar que a recusa ao paternalismo implicaria considerar como ilegítima toda persuasão social e educação para as virtudes. Veja-se que logo após a formulação do princípio do dano, que estabelece que a punição deve estar restrita a condenar as ações que causam danos aos outros, Mill diz que as questões sobre o bem físico e moral dos indivíduos podem recair sobre a persuasão social. Isto quer dizer que são questões que podem ser criticadas, discutidas e até mesmo exortadas, mas não forçadas. Assim, ser censurado por

---

como virtude negativa, sendo seu descumprimento a única razão para justificar a punição. Mas, para além desse importante marca liberal na forma de tratar a justiça, Smith também reconhece uma força normativa na sociedade, dizendo que se pode defender as virtudes positivas. A sociedade pode prescrever regras, proibindo as mútuas ofensas e também ordenando a conveniência recíproca. Ver SMITH, 1976, II.ii.1.8, p. 81.

um tipo de comportamento vicioso não parece anular a soberania individual, sendo uma oportunidade de os agentes refletirem sobre sua conduta. Até porque o princípio do dano se aplica apenas aos cidadãos maduros, estando excluídos os jovens e as crianças, que ainda não se encontram na posse absoluta de suas faculdades intelectuais e morais, e, por isso, devem ser cuidados e educados (MILL, 1989, I, 13).

Ainda sobre o ponto da persuasão social e educação, Mill considera no capítulo 4 do *On Liberty*, que trata dos limites da autoridade social sobre a individual, que os indivíduos possuem uma obrigação com a sociedade, uma vez que recebem proteção desta. E o fato de se viver em sociedade implica que todos devem adotar uma certa linha de conduta para com os outros, que consiste em não prejudicar os interesses das pessoas e em arcar com sua parte nos sacrifícios comuns. Dessa forma, aqueles atos danosos aos outros, mas que não implicam violação de nenhum direito, podem ser "punidos pela opinião", mas não pela lei, isto é, podem ser justamente censurados (MILL, 1989, IV, 75). Logo a seguir, Mill alerta que seria um erro confundir sua doutrina com um tipo de egoísmo, fingindo que os seres humanos não teriam nenhuma obrigação com o bem-estar dos outros. Entretanto, alerta que isto não deve conduzir ao paternalismo, de forma a punir as pessoas por seu egoísmo, mas que pode estar relacionada a um processo educativo para a conquista das virtudes tanto privadas como sociais. Para ele:

> Os seres humanos devem se ajudar mutuamente para distinguir as coisas melhores das piores e se encorajarem para escolher as primeiras e evitar as últimas. Deveriam estimularem-se mutuamente para exercitarem cada vez mais as suas faculdades superiores, e para dirigirem cada vez mais seus sentimentos e objetivos para objetos e reflexões sábios e não tolos, exaltantes e não degradantes (MILL, 1989, IV, 76).

Essa passagem já parece deixar claro o comprometimento de Mill com um ideal de perfeição de vida boa. Não é demais recordar que Mill advoga por um perfeccionismo sobre a felicidade, isto é, ele defende um perfeccionismo ético. Considera que a felicidade humana consiste no exercício próprio daquelas capacidades que são essenciais à natureza humana. Acredita que um senso de dignidade de um ser que pode progredir seria alcançado por uma preferência categorial pelas atividades que exercitam as mais altas capacidades, tais como o autocontrole, que exigiria a deliberação do agente sobre a correção do seu desejo e a regulação de suas ações de acordo com essa deliberação[13]. O ponto central de sua tese busca argumentar que a vida humana boa é aquela em que se exercita as mais elevadas capacidades, o que inclui as capacidades deliberativas e, em particular, a de formar, revisar e selecionar um plano próprio de vida (MILL, 1989, I, 14-15; III, 56-58). Este tipo de autogoverno requer várias liberdades de pensamento e ação, como a de expressão, de associação e de imprensa, bem como um tipo específico de educação que desenvolva as competências deliberativas dos agentes através do cultivo das virtudes da curiosidade intelectual, da modéstia e da mente aberta, por exemplo (MILL, 1989, V, 104-108)[14]. Isso conduzirá à defesa da individualidade como ideal de perfeição humana, como uma condição essencial do bem-estar, assim como Mill defende no capítulo 3 de *On Liberty*, fazendo uma referência direta a Humboldt. Para ele:

> Não é apagando-se até atingirem a uniformidade em tudo o que é individual em si que os seres humanos se tornam nobres e belos objetos de contemplação, mas sim cultivando a individualidade e trazendo-a à luz, dentro dos limites impostos pelos direitos e interesses dos outros. [...] Quanto mais cada pessoa desenvolve sua individualidade, tanto mais se torna valiosa para si própria, e pode por isso ser mais valiosa para os outros (MILL, 1989, III, 63).

Assim, isso parece mostrar que o liberalismo de Mill, embora defensor tanto da neutralidade ética estatal como da pluralidade de valor, não está advogando por um tipo de antiperfeccionismo, defendendo um neutralismo moral, uma vez que toma por base um forte ideal de vida boa, identificado na individualidade e no autogoverno, o que, creio, possibilita-nos compreender mais adequadamente os compromissos centrais do liberalismo, que recusa fortemente o paternalismo

---

13. No capítulo 1 de *On liberty*, Mill diz que: "É apropriado afirmar que renuncio a qualquer vantagem que possa derivar do meu argumento da ideia do direito abstrato como algo independente da utilidade. Considero a utilidade o apelo final em todas as questões éticas; mas deve ser utilidade no sentido mais amplo, fundamentada nos interesses permanentes do homem como ser em progresso" (MILL, 1989, I, 14). Ver, também, o capítulo 2 do livro VI da obra *A System of Logic* (MILL, 2011) e os capítulos I e II do *Utilitarianism* (MILL, 2001).

14. Para uma interpretação perfeccionista de Mill, ver o livro de David Brink, *Mill's Progressive Principle*, especialmente os capítulos de 6 a 9. Ele faz uma leitura perfeccionista da concepção de felicidade como usada por Mill e mostra o significado disto para outros aspectos de sua filosofia moral e política. Nessa concepção, os ingredientes básicos da felicidade envolvem o exercício das capacidades de uma pessoa para a deliberação prática, o que afirma os seres humanos como seres em progresso. Ver, BRINK, 2013.

em seu aspecto coercitivo, mas não um ideal de perfeição humana nem a persuasão social para a formação do caráter dos cidadãos[15].

V

Nessa parte final do texto, gostaria de sugerir uma alternativa para melhor lidarmos com esse aparente paradoxo das democracias contemporâneas, que, por um lado, querem respeitar o pluralismo de valores, assegurando as liberdades individuais dos cidadãos, e, por outro, buscam alcançar a estabilidade social através de certas políticas públicas que visam o bem comum. E isso se dará pela afirmação de um certo padrão de perfeição que paute a conduta humana e as políticas públicas visando o bem coletivo, sem implicar paternalismo, mas que possa contar com uma recomendação da sociedade e até do Estado no que diz respeito ao comportamento correto dos cidadãos. Penso que uma estratégia interessante seja distinguir o âmbito da moralidade privada do âmbito da moralidade pública, de modo a observar quando existe e quando não existe uma relação intrínseca entre elas, podendo-se adotar uma recomendação social-estatal no domínio privado-público da moral, mas interditando esta interferência em seu domínio puramente privado e contando com a coerção legal no domínio da moralidade pública, conciliando, assim, o liberalismo com um perfeccionismo de tipo moderado.

Creio que essa estratégia seja relevante para evitar os principais erros cometidos tanto pelo liberalismo antiperfeccionista como pelo perfeccionismo abrangente ou extremo. De forma geral, o erro da posição liberal, como o liberalismo político defendido por Rawls e Quong, é fazer uma separação quase que irreconciliável entre as esferas pública e privada da vida moral, defendendo certos valores e/ou princípios políticos de forma independente das concepções morais dos agentes, afirmando um tipo de neutralidade em relação às controversas concepções de bem. Acontece que estes valores e/ou princípios já são eles próprios uma afirmação

---

15. Larmore faz uma observação interessante sobre o mal-entendido em que se interpreta o termo "neutralismo" liberal. O primeiro afirma que o liberalismo não seria uma concepção moral neutra com respeito à moralidade. Antes, o ponto é que o liberalismo pretende ser neutro com respeito às visões controversas da vida boa. O segundo afirma que o liberalismo seria neutro com relação aos valores. Ao contrário, uma concepção promissora seria afirmar que os princípios neutros são os que podem ser justificados sem o apelo às concepções de bem discordantes. Ver LARMORE, 1996, 126.

moral controversa, ou não seria controversa a defesa de que a cooperação social e o senso de justiça sejam virtudes obrigatórias aos cidadãos? Por outro lado, o erro do perfeccionismo, como o proposto por Raz e Wall, parece ser o de tentar apagar toda esta distinção, reduzindo a esfera pública à sua dimensão privada, subjugando, assim, a política à moral com a fundamentação do justo no bem, o que pode anular toda pluralidade valorativa que se mostra central em democracias. Minha proposta será distinguir dois aspectos da moral, um público e um privado, e defender a necessidade de sua separação, identificando, porém, uma conexão orgânica entre eles. Mas, deixam-me retomar o caso da pandemia de Covid-19 para explorar melhor esse paradoxo e esclarecer com mais detalhes o que tenho em mente.

Durante a pandemia de Covid-19 várias medidas sanitárias foram adotadas pelas autoridades estatais – tais como isolamento social, *lockdowns*, obrigatoriedade do uso de máscara e de vacinas em certos contextos – para salvar a vida das pessoas, tendo por foco o bem comum em contraposição ao bem individual, o que implicou exigir um conjunto de virtudes dos agentes, como a prudência, a solidariedade e a benevolência, entre outras, condenando as ações egoístas e gananciosas, punindo aqueles que desobedeceram essas obrigações através de leis *ad hoc*. Acontece que em democracias liberais o Estado não costuma exigir um comportamento virtuoso de seus cidadãos, e tão somente pune quem descumpre as leis, geralmente restritas aos deveres perfeitos, que condenariam o assassinato e o roubo, mas não o egoísmo ou a ganância, e isso para respeitar a pluralidade de valores. Talvez por essa razão essas medidas foram vistas como autoritárias e até mesmo arrogantes e ofensivas por muitos, uma vez que restringiram as liberdades individuais. Mas, é importante notar que em uma situação de exceção, como em uma guerra ou no enfretamento de uma pandemia, é preciso contar com um conjunto de virtudes dos cidadãos para se obter sucesso. O problema é que as virtudes se adquirem em um processo de habituação, mediante educação, com ações repetidas. Contudo, como o Estado não defende um ideal de vida boa, ele não pode ensinar e exigir essas virtudes. Assim, como sair desse paradoxo?

Creio que a primeira parte da solução seja afirmar um certo padrão de perfeição para pautar tanto a conduta dos agentes como as principais políticas públicas visando o bem comum, de forma não paternalística, a partir de uma distinção entre a moralidade pública e privada e sua conexão específica. Assim, o Estado só poderá punir as ações que descumpram as regras da moralidade pública, desrespeitando os deveres perfeitos, que são os que têm direitos correspondentes, isto é, aqueles casos em que o erro é determinado publicamente, como através de leis, como a Constituição, o Código Penal e outras legislações, o que parece respeitar o princípio liberal do dano. Na dimensão da moral privada, o Estado não teria legitimidade para coagir os agentes ou promover certo padrão de conduta. Mas, poderia ser o caso de o Estado promover certos valores, como certas virtudes importantes para a garantia do bem comum, sobretudo pensando em sua conexão com a sociedade civil. Essa seria uma dimensão em que a moralidade privada parece conectada com a moralidade pública[16].

Mas, com isso o Estado não estaria obrigando ilegitimamente os cidadãos, uma vez que haveria um desacordo razoável sobre os ideais de vida boa? Penso que não, sobretudo se adotarmos a estratégia usada por Chan, dizendo não haver muita controvérsia a respeito dos bens de agência e dos bens prudenciais, bem como não parece haver muita disputa a respeito de um juízo comparativo local sobre uma forma de vida virtuosa em comparação a uma forma de vida inteiramente viciosa no interior de uma comunidade política. Imaginem a seguinte situação comparativa. Durante a pandemia, Augusto respeitou todos os decretos estatais e recomendações médicas, além de ter demonstrado solidariedade com os vizinhos e parentes. Beto, por sua vez, não respeitou o isolamento social, fazendo parte de aglomerações em vias públicas e participando de festas clandestinas, além de não ter usado a máscara na maior parte das vezes. Creio que seja consensual afirmar que uma vida imprudente e puramente egoísta como a demonstrada por Beto seja pior do que uma vida prudente e solidária como a de Augusto. Parece que nenhuma pessoa razoável disputaria o julgamento de que uma vida socialmente responsável seria mais valiosa do que uma vida socialmente irresponsável. E, sendo assim, qual seria a ilegitimidade para o Estado e a sociedade afirmarem este ideal específico de vida boa, exigindo um comportamento virtuoso dos agentes quando se trata do bem comum?[17]

---

16. Para uma maior clareza, a distinção proposta é a seguinte: (i) Moralidade pública/Legalidade: alvo apropriado de punição (coerção estatal), em que há uma autoridade normativa em terceira pessoa – leis; (ii) Moralidade privado-pública: alvo apropriado de promoção de certos bens, em que há uma autoridade normativa em segunda pessoa – sociedade; (iii) Moralidade privada: não é alvo apropriado nem de punição nem de promoção social, em que há uma autoridade normativa em primeira pessoa – agente.

17. No capítulo 4 de *Liberalism Without Perfection*, Quong apresenta um argumento sobre a falta de legitimidade política estatal na defesa de uma forma de vida em razão do pluralismo de valores. Ele defende que haveria uma ilegitimidade, uma vez que, sob condições de liberdade,

A segunda parte da solução é defender que é possível evitar o paternalismo estatal, sempre indesejado em contextos de incomensurabilidade de valores, e, ainda assim, poder contar com a promoção de certas virtudes privadas importantes para assegurar a estabilidade social feita pela sociedade civil e mesmo pelo Estado. Aqui é importante distinguir a punição estatal da promoção social. Além do mais, essa promoção não precisa estar restrita a ações estatais, mas pode ser executada pelas diversas associações que compõem a sociedade civil. Assim, o Estado, em parceria com a sociedade, não promoveria esses bens de forma coercitiva, mas, ao contrário, criaria um ambiente social que conduziria à promoção desses bens, sobretudo a partir de um projeto de educação que contemplasse a importância de certas virtudes cidadãs.

É importante notar que nas democracias contemporâneas tomamos como natural a radical separação entre as esferas pública e privada da vida, de modo que qualquer promoção de um bem – como as virtudes – seria uma intromissão indevida na liberdade dos agentes. Nessa forma de ver a questão, os compromissos morais estariam na esfera privada da vida, como está a religião. O problema é que também existem compromissos morais na esfera pública, o que exige uma responsabilização na dimensão privada das pessoas. Penso que é falacioso dizer que em nossas sociedades democráticas o Estado não interfere na moral dos agentes, pois o faz quando exige prudência e civilidade no trânsito e tolerância e razoabilidade no trato com os outros, até porque o desrespeito a esses critérios normativos implicará punição, como seria o caso da punição por matar alguém em um acidente de trânsito por estar em alta velocidade ou pela discriminação racial ou sexual.

Com isso em mente, creio que uma estratégia mais adequada seria distinguir a moralidade pública da moralidade privada e identificar a sua relação específica, reivindicando a legitimidade de interferência estatal neste domínio público, via punição, mas interditando esta interferência no domínio puramente pessoal da

---

existe um desacordo razoável sobre o que se entende como vida boa, assim, o Estado não poderia justificar essa concepção publicamente aos cidadãos tomados como livres e iguais, da mesma forma que poderia justificar princípios políticos de justiça através de uma justificação pública via razão pública. Ver QUONG, 2011, 108-136. Concordo com Quong se tomamos a forma de vida de uma maneira abrangente, como para saber o que é a vida boa. Entretanto, se pensamos em uma comparação local, então a maneira de justificar uma forma de vida virtuosa em contraposição a uma viciosa pode ser, também, pela justificação pública via razão pública.

moral, o que resguardará a liberdade dos agentes. Defendendo também a legitimidade da recomendação social-estatal de certas virtudes no domínio privado-público da moralidade. Isso quer dizer que tanto o Estado como, sobretudo, a sociedade, poderiam recomendar um certo tipo de comportamento virtuoso, seja através de campanhas, de políticas públicas ou, especialmente, através do processo educativo, sem recair em paternalismo ou opressão estatal, pois não haveria o elemento coercitivo. A título de exemplo, ser incentivado a ser prudente não é o mesmo que ser coagido para ser prudente. É importante frisar que essa promoção de certas virtudes que são chave para o bem comum não precisa ser nem arrogante nem ofensiva[18].

Veja-se que os indivíduos exercitam suas capacidades na sociedade civil. Por isso, ela pode ter protagonismo em recomendar certos padrões comportamentais virtuosos. E isso não implicará ter que fazer uso de medidas coercitivas estatais. Ao invés de ver a sociedade civil como a que deve ser protegida do Estado, é melhor ver que ambos estão interconectados e são interdependentes. O problema é que o inimigo da sociedade civil pode ser interno, o que torna o Estado necessário. Chan tem uma interessante reflexão nesse sentido. Em suas palavras:

> A dominação do poder, a coerção, a manipulação e a destruição de modos de vida valiosos podem ocorrer na sociedade civil, mesmo que o Estado se mantenha afastado. A sociedade civil precisa do Estado para remediar seus defeitos, e o Estado, por sua vez, requer uma sociedade civil forte para contrabalançar e restringir seu enorme poder (CHAN, 2020, 30).

Isso parece implicar que indivíduos e opções valiosas são suscetíveis à influência tanto da sociedade civil quanto do Estado, e ambos precisam ser checados pelo escrutínio coletivo. Concordando com Rawls, penso que o que estamos buscando não se contrapõe a tese de que "o aperfeiçoamento humano deve ser buscado dentro dos limites da livre associação" (RAWLS, 1971, 328). E, assim, nosso papel como cidadãos não seria contraditório com nosso papel de

---

[18]. Mesmo Martha Nussbaum, que defende o liberalismo político como superior ao liberalismo perfeccionista, permite que a sociedade tente persuadir as pessoas a respeito de um certo ideal valorativo, mas impede que o governo seja agente desse processo, porque ele teria que estabelecer uma hierarquia de valores. Ver NUSSBAUM, 2011, 35, nota 57. Inclusive, em seu *Frontiers of Justice*, ela defende uma teoria da justiça que admite um "paternalismo inteligente e respeitoso". Ver NUSSBAUM, 2006, 395-396.

uma pessoa virtuosa; entretanto, resguardaria a liberdade individual nos casos em que a vida boa não estivesse relacionada com o bem-estar da comunidade política.

Um último comentário. Creio que essa proposta não seja muito diferente do liberalismo de Mill, de forma a reconhecer que os cidadãos têm um dever com o bem-estar alheio, mas que isso não deve implicar paternalismo, punindo os agentes por serem egoístas, por exemplo, de modo que pode estar ligada a um processo educativo para aquisição de certas virtudes privadas fundamentais para certas virtudes públicas. Mill fala da curiosidade intelectual, modéstia e mente aberta (MILL, 1989, V, 104-108). Eu ainda acrescentaria a prudência, lembrando da importância dessa virtude intelectual no contexto da pandemia. Talvez por esse caminho possamos enfrentar o paradoxo abordado e encontrar um modelo político que concilie o pluralismo de valores com a estabilidade social.

CAPÍTULO IX

HIBRIDISMO NORMATIVO

O objetivo deste capítulo é explicar em maiores detalhes as características de uma teoria moral mista e o porquê de necessitarmos de uma teoria normativa híbrida para lidar com um conjunto significativo de problemas práticos complexos. Após apresentar as razões da necessidade de tal teoria, o próximo passo será fazer uma distinção entre a moralidade privada e pública. A ideia básica é que há uma assimetria normativa, de forma que censuramos menos os agentes por suas decisões na esfera privada da moral, mas somos mais exigentes com os cidadãos no domínio público da moralidade, por isso, é importante distinguir estas duas esferas da moral e esclarecer em que medida estão conectadas. Na sequência, apresento o procedimento de escolha das virtudes necessárias para garantir a felicidade pessoal e coletiva. A próxima questão será problematizar a razão de a teoria mista procurar conciliar especificamente a ética das virtudes com o neocontratualismo e não alguma outra teoria, tal qual o utilitarismo, o kantismo etc. Por fim, levanto algumas possíveis objeções à proposta e procuro respondê-las apropriadamente, sobretudo à objeção situacionista sobre a confiabilidade do caráter.

I

Problemas morais e políticos complexos exigem, muitas vezes, critérios normativos diversos para a identificação de soluções. Uma teoria moral tradicional usa em geral apenas um critério normativo, como a maximização do bem-estar, considerando o utilitarismo; a universalizabilidade e a não instrumentalização, considerando o kantismo; a razoabilidade, considerando o neocontratualismo; ou mesmo algum agente virtuoso, como o prudente, tendo em mente a ética das virtudes. O ponto é que em muitas situações são exigidos outros critérios, sendo necessário usar um padrão normativo diferente para resolver a questão, o que revelaria um problema de coerência interna da teoria. Como uma teoria utilitarista usaria um critério deontológico de liberdade sem se mostrar incoerente internamente? Ou como uma teoria deontológica, como a kantiana, poderia usar um critério de maximização do bem-estar sem recair em contradição interna? Como a ética das virtudes poderia fazer uso de um princípio da dignidade humana para assegurar os direitos humanos sem comprometer a sua própria estrutura?

Veja-se o problema sobre como distribuir bens escassos, para usar o exemplo do ocorrido na recente pandemia de Covid-19. De posse de uma teoria utilitarista, far-se-ia uso de um princípio agregacionista para saber como devemos agir, distribuindo algum bem, digamos leitos de UTI em uma pandemia, de maneira que ele traga os melhores resultados, considerando todos os envolvidos. Assim, o cálculo a ser feito é identificar quais pessoas terão mais chance de sobreviver fazendo uso de leitos de UTI em comparação com outras pessoas que terão menos chance de sobrevivência. E isso parece implicar a preferência pelos agentes mais jovens e com menos comorbidades, o que traz por consequência que pessoas mais idosas e mais doentes morrerão em maior número, o que é no mínimo questionável, pois, intuitivamente, acreditamos que devemos dar preferência às pessoas mais vulneráveis, como idosos, crianças e doentes. Por sua vez, com uma teoria deontológica em mãos, como a kantiana, não se poderia fazer uso desse importante cálculo bem-estarista realizado pelo utilitarismo, uma vez que o princípio da não instrumentalização ou princípio da humanidade diz que nenhum agente pode ser tomado apenas como meio, devendo ser tomado também como fim, o que implica reconhecer a igualdade moral de todos. O problema é que no caso em tela isso implicará a possível morte de um número maior de pessoas, o que não é desejável. E com uma teoria das virtudes, provavelmente se chegaria a um resultado semelhante à teoria deontológica, pois se apelaria para o critério de benevolência com os vulneráveis, isto conectado com o critério de justiça, o que não parece inteiramente adequado, considerando que acreditamos que devemos salvar o maior número de vidas possíveis.

É bem conhecido na literatura filosófica o problema dos *trolley* (*trolley problems*), que mostra algo similar ao que procurei apontar no exemplo acima. De forma geral, são apresentados dilemas morais para ver que intuições os agentes apresentam com o objetivo de identificar o princípio moral correspondente. Um dos dilemas mais conhecidos questiona a correção de se sacrificar a vida de alguém para salvar um número maior de pessoas. Quando se pergunta às pessoas o que elas fariam ao verem um trem desgovernado a 100 km/h que irá atropelar cinco operários no trilho à frente, havendo a possibilidade de acionar uma alavanca para desviar o trem para outro trilho, mas no qual há um operário; a resposta geralmente dada é que se deve desviar o trem. Por sua vez, se a pergunta é se devemos empurrar uma pessoa robusta de uma passarela para salvar os cinco operários nos trilhos do trem, a resposta geralmente dada é não. A interessante questão que exige reflexão é saber por que o princípio que parece certo no primeiro caso é tido como errado no segundo exemplo. O princípio no primeiro caso claramente aponta para a ideia de que é correto sacrificar uma pessoa para salvar cinco, isto é, de que devemos salvar o maior número possível de pessoas, e isso porque a vida humana importa, o que nos remete ao princípio da maximização do bem-estar. Por sua vez, o princípio no segundo caso nos diz que é errado matar um ser humano inocente, não importando as consequências, princípio este que se choca com o primeiro. Seria semelhante a situação de se ver como errado matar uma pessoa saudável para transplantar seus órgãos para cinco doentes graves que precisam deste tipo de tratamento para sobreviver. Note-se que há um conflito dos princípios aqui. Por um lado, sabemos que é correto o esforço para salvar o número maior de pessoas. Por outro, sabemos que é errado matar um ser humano inocente. Então, o que isso parece significar? Uma alternativa seria dizer que se está considerando a morte no primeiro caso apenas como um efeito colateral, não a identificando com a intenção do agente. Quer dizer, apenas a intenção de matar é que seria propriamente o erro moral[1].

Fiz referência aos problemas do *trolley* para ressaltar meu argumento central de que não conseguimos resolver certos problemas complexos fazendo uso apenas de uma teoria tradicional, que se utiliza de um único critério normativo, que, em geral, se opõe aos critérios das outras teorias éticas. Por exemplo, o utilitarismo diria que é correto salvar o número maior de vidas, uma vez que seu princípio

---

1. Os *trolley problems* são uma série de experimentos mentais em ética e psicologia envolvendo diversos dilemas éticos, que fazem uso da forma: é correto ou não sacrificar uma pessoa para salvar um número maior de agentes? O ponto central é fazer uso das intuições morais sobre certos casos particulares para se chegar a certos princípios éticos. Originalmente, o dilema colocado por Foot foi na figura de um condutor de um trem e não na de um espectador. Sobre o tema ver, FOOT, 1967; THOMSON, 1976 e 1985. Ver, também, MIKHAIL, 2011b, 78-82.

moral básico é o da maximização do bem-estar e, assim, seria correto acionar a alavanca para desviar o trem e salvar os cinco operários, mesmo com o ônus da morte de um agente. Aqui temos a aceitação do princípio do sacrifício. E por esse mesmo princípio, também seria correto empurrar o homem robusto com o fim de salvar os cinco operários, bem como seria correto fazer o transplante para salvar os cinco doentes. O problema é que de acordo com nossos juízos morais comuns, é errado tirar a vida de um agente inocente, mesmo considerando as boas consequências. Por outro lado, o kantismo diria que é errado acionar a alavanca para desviar o trem visando salvar os cinco operários, uma vez que o princípio da universalizabilidade e, sobretudo, o da não instrumentalização, proibiria qualquer ação que considerasse uma pessoa apenas um meio para o bem das outras, trazendo por consequência a morte de cinco agentes. E isso parece problemático porque também concordamos que devemos salvar o maior número de pessoas possível, talvez porque pensamos que a vida humana tem valor. E mesmo que o utilitarismo e o kantismo quisessem valorizar esses juízos morais comuns, eles teriam um problema de coerência interna na própria teoria.

Por essa razão, seria desejável poder contar com uma teoria moral que dispusesse de vários critérios normativos, como o critério utilitarista das melhores consequências, o deontológico da não instrumentalização, que garante o respeito universal à dignidade humana, e ainda um conjunto de virtudes, que são padrões normativos não da ação correta, mas da vida boa, o que parece contribuir para o caso de se precisar de uma compreensão mais abrangente do certo e do errado. Esses critérios normativos parecem adequados e não arbitrários porque fazem parte da maneira com que refletimos e decidimos nossas ações, estando conectados com nossas intuições morais básicas. Veja-se que nesta teoria moral mista estamos chamando a atenção, a todo momento, para o valor de nossas intuições morais, uma vez que não estamos comprometidos com a utilização de fatos morais, que serviriam de fundamento último para os juízos éticos. Assim, tomamos as nossas intuições morais comuns como ponto de partida para sabermos o que devemos fazer e o que devemos uns aos outros. Porém, muitas vezes nossas intuições morais são contraditórias entre si. Por isso elas devem ser testadas por sua coerência com um sistema coerente de crenças. E na medida em que houver alguma contradição, elas devem ser revisadas. Assim, um dos papéis mais importantes de uma teoria moral, penso, é esclarecer essas intuições comuns e alinhá-las coerentemente, num processo permanente de ajuste mútuo entre estas intuições morais coletivas, certos princípios éticos e até mesmo as crenças factuais relevantes no caso[2].

Por essa razão, creio que seja relevante considerar nossas intuições morais comuns a respeito da diferença entre a moralidade privada e pública.

II

É algo aparentemente comum em nossa vida social o fenômeno da assimetria normativa no domínio moral, de forma que, irrefletidamente, censuramos menos os agentes por suas decisões e ações que impactarão tão somente própria na felicidade, mas os censuramos mais por suas decisões e ações que terão forte impacto na vida de todos. Por exemplo, censuramos menos um agente que é desleal a um amigo, ou que é covarde em uma dada situação que requeria coragem, ou que não tem resiliência para enfrentar as diversas pressões cotidianas, do que um agente que assedia sexualmente colegas de trabalho, ou, no limite, comete uma violência sexual com alguma delas, ou que comete um ato racista no seu emprego. A censura moral no primeiro caso é mais branda, não implicando uma condenação ao caráter moral do agente, nem gerando algum ressentimento ou indignação (atitudes reativas) ou uma mudança de disposição com relação à felicidade da pessoa. Talvez seja apenas um julgamento de que a ação ou a atitude do agente é errada. Diferentemente do segundo caso, em que a censura moral é mais forte, gerando, no mínimo, um sentimento de indignação pelo ato sexista e racista, ou, no limite, podendo gerar tanto uma condenação do caráter quanto uma mudança disposicional[3].

---

2. As intuições morais são um tipo de conhecimento direto sobre a correção ou erro de algo, diferentemente de um raciocínio inferencial. É importante frisar que não tomamos as intuições morais como sinônimos de intuições individuais. Ao contrário, tomamo-las como intuições morais coletivas ou comuns, isto é, aquelas a que chegamos por um processo de progresso moral, isto é, de correção da arbitrariedade nas avaliações éticas. São exemplos destas intuições a consideração de que punir um agente inocente é errado, assim como é errado diminuir a credibilidade epistêmica de alguém em razão de seu gênero, raça ou classe, ou ser cruel com os animais. Apenas elas terão uma certa autoridade epistêmica presumida. No âmbito das intuições individuais, encontramos mais facilmente o desacordo moral, como é o caso em questões como aborto, eutanásia ou veganismo, entre outras. Sobre as intuições morais, ver McMAHAN, 2013, 104-105, 118-119. Ver, também, MIKHAIL, 2011b, 111-117.

3. Penso que a dificuldade em reconhecer essa assimetria normativa se dê pela diversidade semântica que a censura possui. Não conhecemos ainda muito bem o que seja de fato a censura e

Mas o que isso parece mostrar? Penso que uma maneira de interpretar o fenômeno é reconhecer que, de forma não consciente, julgamos diferentemente os casos morais em que apenas a própria pessoa da ação é atingida, dos casos em que todos os agentes (cidadãos) de uma comunidade são ou podem ser atingidos. O dano, no primeiro caso, é pessoal, no segundo, coletivo. Por exemplo, não ser resiliente trará um dano apenas para a própria pessoa que está agindo dessa maneira, diferentemente de ser racista, em que o dano atinge toda a sociedade. De outra forma, a ação no primeiro caso impactará apenas a felicidade do próprio agente, enquanto no segundo impactará a felicidade de toda a comunidade. Se isso estiver ao menos parcialmente correto, creio que seria produtivo fazer uma distinção entre duas esferas da moralidade, a saber, a moralidade privada e a moralidade pública, o que não é o mesmo que a distinção usual entre a esfera privada e pública da vida[4].

Na esfera da moralidade privada, a autoridade normativa é em primeira pessoa, de forma que necessita da disposição do agente para querer ser uma pessoa melhor. Nessa dimensão, ele não é obrigado pela lei nem pelas convenções sociais. Por exemplo, doar para o Médicos sem Fronteiras ou para a Cruz Vermelha é um ato correto que é geralmente elogiado pelas pessoas, uma vez que isso revela solidariedade com os mais vulneráveis do mundo. Não há uma lei que obrigue atos de solidariedade, nem há uma convenção social de que devemos obrigatoriamente

---

como ela funciona. Um bem conhecido sentido de censura se refere a uma atitude reativa. Strawson defende que responsabilizamos moralmente as pessoas porque temos sentimentos reativos pelos atos errados ou corretos cometidos, de modo que, assim, sentimos ressentimento, indignação, culpa, ou, alternativamente, sentimos gratidão. Nessa compreensão, a responsabilidade é tomada como censurabilidade. Ver STRAWSON, 2008, 4-22. Outra importante maneira de compreender a censura reside em sua perspectiva cognitiva, de forma que a censura seria um julgamento, um juízo avaliativo, sobre as ações, atitudes ou caráter dos agentes. Ver WATSON, 2004, 265. Sobre o problema da censura, ver COATES; TOGNAZZINI, 2013, 3-26. Ver, também, McCORMICK, 2022, 11-39.

4. A distinção usual entre as esferas da vida privada e pública reivindica que os indivíduos devem ter liberdade para escolher como viver, qual religião ter, qual partido político votar e como viver moralmente a sua vida, mas devem ser obrigados a seguir as leis e as regras de justiça. Nessa distinção, a religião e a moral fazem parte da vida privada dos agentes, enquanto a política e o direito fazem parte de sua vida pública. Essa distinção é muito comum em modelos liberais de justiça. A distinção que estou propondo é um pouco diferente. Ao invés de pensar na moral como um todo em oposição à política e ao direito, separo duas partes da moral, uma privada, que terá relação direta com a escolha do agente em agir/ser de uma certa forma, e outra pública, que estará mais conectada com a política e o direito, sendo um tipo de obrigação moral perfeita, podendo ser entendida como padrões morais minimamente aceitáveis que definem a decência humana e encorajam a vida social. Sobre o tema, ver HAMPSHIRE, 1978, 23-53.

ajudar os mais vulneráveis. Isto será uma decisão do sujeito. Por isso, não doar não é um motivo para censura. Veja-se que aqui não há uma dimensão dos direitos, que serviria de base para o dever moral. Por exemplo, os habitantes de países pobres que geralmente recebem ajuda humanitária não têm direitos a exigir essa ajuda dos cidadãos ao redor do mundo. Seria o mesmo caso de alguém que é vegano por razões morais, isto é, por considerar errado matar os animais não humanos para comer. Os animais não humanos não têm o direito assegurado à vida, uma vez que é comum o consumo de carne, além de não ser ilegal consumir proteína animal.

Veja-se que nessa dimensão privada da moralidade não se fere nenhum direito que seja integralmente reconhecido pela comunidade política e, por isso, não implica nenhuma punição, porque não desrespeita nenhuma lei. Não é um caso para punição a não doação para o Médico sem Fronteiras ou para a Cruz Vermelha, do mesmo modo que não é passível de punição o comer carne. Seria o mesmo em situações como mentir, ser desleal ou trair. São atos claramente reconhecidos como errados, mas não são passíveis de punição, que é um tipo de censura, a saber, censura legal. Assim, é importante notar que na esfera privada da moral o nível de censura é mais brando do que na esfera pública da moral, podendo-se aceitar mais facilmente o desacordo moral, isto é, nossa discordância a respeito do que é certo e errado.

Por isso, parece que a descrição dessa dimensão privada da moralidade é mais adequada à ética das virtudes, uma teoria que tem por base a crença na força da disposição do agente para ser uma pessoa melhor, isto é, virtuosa, o que implicará bem deliberar, sendo o mesmo que encontrar a mediania, quer dizer, o meio-termo entre os extremos, meio-termo não aritmético, mas relativo ao agente e às características da própria virtude, que é alcançada pela repetição das ações virtuosas, isto é, por um processo de habituação, a fim de formar o caráter virtuoso. É importante notar que uma ética principialística, tal como o utilitarismo, o kantismo, ou mesmo o contratualismo, não parece ter muita relevância nesse domínio, pois exigiria do agente um tipo de raciocínio moral muito demandante, precisamente num domínio em que não há uma obrigação perfeita por não existirem aqui direitos reconhecidos publicamente[5].

---

5. Deveres ou obrigações morais são formas moralmente requeridas de conduta. Podem ser perfeitos ou imperfeitos. Deveres perfeitos implicam um direito correlato. São aqueles deveres

Já na esfera da moralidade pública, ao contrário, a autoridade normativa é em segunda pessoa, de forma que há uma exigência social para um certo tipo de comportamento. Para falar nos termos de Darwall, teríamos aqui uma "obrigação bipolar" (DARWALL, 2013, 20), isto é, uma obrigação intersubjetiva entre os cidadãos de uma dada comunidade moral e política. Nessa dimensão, o agente é obrigado não (apenas) por sua consciência, mas tanto pelas leis quanto pelas convenções sociais. Por exemplo, torturar pessoas, ou, mais especificamente, torturar soldados em uma guerra é um ato errado, estando em desacordo com as convenções sociais e políticas, bem como com a lei. Torturar pessoas é um ato ilegal passível de punição. Veja-se que aqui há uma dimensão dos direitos, que será uma das bases do dever moral de não torturar. Por exemplo, há leis nacionais (Constituições) que condenam a tortura, bem como leis internacionais, tal como a Declaração Universal dos Direitos Humanos, que não só condenam a tortura mas a tomam como um critério para justificar até mesmo uma intervenção internacional. É importante ressaltar que aquele que seria torturado tem um direito tanto à sua integridade como à sua vida assegurado pelo conjunto legal já referido. Nessa dimensão, há uma clara correlação entre razões morais e razões político-jurídicas.

Veja-se que nessa dimensão pública da moral a censura é mais forte, uma vez que o ato errado irá contra um direito reconhecido publicamente sendo, em muitas situações, equivalente a uma ação ilícita passível de punição, o que nada mais é do que um tipo específico de censura, ou seja, uma censura feita por uma autoridade estatal com a intenção de reprovar o ato ilícito e retribuir de alguma maneira o dano causado. A moralidade pública, assim, pode ser vista como a moralidade comum, consistindo nas mais amplas convicções morais compartilhadas pelo grupo. Por exemplo, parece fazer parte da moralidade comum atualmente a crença de que a tortura é errada, de que a escravidão é injusta, de que a discriminação, seja por raça, gênero ou classe, deve ser condenada, de que toda intolerância é nefasta, entre outras. Dessa forma, o nível de censura é mais forte nesta

---

estritos, não passíveis de interpretação, sendo obrigatórios tanto moralmente como legalmente, no qual sua violação faz a vida intolerável. Por exemplo, não matar. Já os deveres imperfeitos dependem do juízo valorativo (moral) de cada agente, estando abertos à liberdade de cada um. Por exemplo, a caridade. São exemplos de deveres perfeitos não matar, não roubar, não fraudar. São exemplos de deveres imperfeitos ser caridoso, solidário e amigo. Ver RAINBOLT, 2000, 233-234. Ver, também, STOCKER, 1967, 507-517.

esfera pública da moral e se espera mais fortemente o consenso normativo. Talvez isso explique, ao menos parcialmente, o porque a relatividade ética não é tão pacífica aqui como o é na esfera privada da ética[6].

Por isso, parece que a descrição desse domínio público da moral é mais adequada ao contratualismo, uma vez que ele é uma teoria moral e política que procura estabelecer os deveres dos agentes a partir de sua correlação com os direitos, determinando os princípios morais para a vida comum a partir da própria aceitabilidade dos envolvidos, isto é, a partir das características de agência de racionalidade e razoabilidade. Ao contrário do utilitarismo e do kantismo, que estabelecem princípios morais absolutos com base, sobretudo, na racionalidade humana, com uma autoridade normativa em terceira pessoa, o contratualismo, assim como o proposto por Rawls e Scanlon, por exemplo, estabelecem os princípios morais intersubjetivamente, isto é, através de um procedimento em que a razoabilidade será um critério central para a identificação do consenso moral.

Um último comentário a respeito desta distinção apresentada. Defendi que devemos distinguir entre a moralidade privada e pública em razão da existência de uma assimetria normativa irrefletida, que traz por consequência a atribuição menor de censura no domínio privado da moralidade e maior no seu domínio público[7]. Agora, quero defender que devemos estabelecer uma conexão importante entre esses dois domínios, identificando certas virtudes privadas que sejam

---

6. Em linhas gerais, o desacordo moral é a evidência social de que alguém cometeu um erro. Por sua vez, o consenso ético é a evidência social de que estamos corretos, isto é, de que estamos garantidos em acreditar que p. Há aqui uma justificação das decisões/ações por um certo grau de confiança nas crenças asseguradas. Na esfera privada da moral, pode ter baixo grau de confiança. Já na esfera pública da moralidade, necessita de maior grau de confiabilidade. E isso exige humildade epistêmica, de forma que esta humildade nos leva a não intervir na vida dos outros. Ver NGUYEN, 2019, 348-349.

7. O domínio público da moralidade pode ser visto como centrado em critérios como o de justiça, direitos, liberdade, e o domínio privado estaria mais ligado aos critérios de lealdade, deveres e autoridade, por exemplo. Importa destacar que em *The Righteous Mind*, Haidt investiga a extensão do domínio moral descritivamente, afirmando que a mente moral foi formada em bases evolucionistas, apresentando seis fundamentos básicos: cuidado (*care*), justiça (*fairness*), liberdade (*liberty*), lealdade (*loyalty*), autoridade (*authority*), santidade (*sanctity*), critérios estes que explicariam nossas preferências políticas. Os liberais, por exemplo, centrar-se-iam nos critérios de cuidado, justiça e liberdade, enquanto os conservadores em todos os seis, o que incluiria a lealdade, a autoridade e a santidade como critérios normativos importantes para avaliação das políticas públicas. Ver HAIDT, 2012, 114. Minha hipótese é que com a complexidade da vida em sociedade nossa mente moral evoluiu de forma a incorporar esta assimetria normativa. Sobre a teoria dos fundamentos da moral, ver SHWEDER et al., 1997, 119-169.

coerentes com certas virtudes e princípios éticos públicos. Mas, vejamos isso ao tratar do procedimento de escolha das virtudes.

III

O ponto central da teoria contratualista das virtudes é tentar compatibilizar o critério de razoabilidade e justiça das teorias neocontratualistas, que leva em conta também as consequências das ações, com o critério das virtudes, como a prudência, a integridade, a autonomia, a humildade etc., mas isso dentro de um desenho liberal, isto é, que respeite o pluralismo de valores. A ideia básica é que podemos escolher, sob certas circunstâncias, as virtudes privado-públicas fundamentais para a garantia de nossa felicidade, seja ela pessoal ou coletiva, da mesma forma que podemos escolher princípios de justiça para o ordenamento público ou outros princípios morais para ordenar nossa vida comum. Essa proposta toma por base uma importante distinção entre o âmbito privado e público da moralidade, de maneira que, na moralidade privada, a base da decisão do agente será fornecida por uma ética das virtudes, enquanto na moralidade pública os cidadãos poderão contar com os critérios de razoabilidade e justiça, que leva em conta as consequências, tal como encontrada em uma teoria neocontratualista como a de T. Scanlon, que determina que a ação errada é determinada por um princípio que não pode ser razoavelmente rejeitado (SCANLON, 1998), ou como encontrada na teoria da justiça como equidade de J. Rawls, que determina que os princípios de justiça serão escolhidos em uma situação de simetria conhecida como posição original (RAWLS, 1971).

Com isso é em mente, é importante destacar que o procedimento de escolha das virtudes se dará apenas onde ocorrer a conexão entre as esferas privada e pública da moral, de forma a identificar certas virtudes privadas que sejam coerentes com certas virtudes e/ou princípios morais públicos. Este procedimento não servirá para a escolha dos princípios ou virtudes na esfera da moralidade pública, da mesma forma que não servirá para a escolha das virtudes no âmbito privado da moral, estando circunscrito ao que podemos chamar de uma esfera privado-pública da moralidade. Para maior clareza, deixem-me esquematizar essa distinção como a que estou propondo:

(i) Moralidade pública: Nessa dimensão, pode-se utilizar a teoria neocontratualista para a escolha dos princípios morais. Ao se utilizar da teoria da John Rawls, estar-se-ia equipado para a escolha dos princípios de justiça para orientar a estrutura básica da sociedade, que nos oportunizam um princípio da igual liberdade e um princípio da igualdade equitativa de oportunidade e atenção ao bem comum. E ao se fazer uso da teoria contratualista de Thomas Scanlon, estar-se-ia equipado para a escolha dos princípios morais mais relevantes para determinar o certo e o errado de forma mais ampla, através de um procedimento de escolha que leva em conta a razoabilidade dos agentes. Aqui os critérios centrais são os de justiça, direitos, razoabilidade e tolerância, sendo escolhidos a partir de um procedimento racional/razoável de escolha[8].

(ii) Moralidade privada: Nessa dimensão, poder-se-ia fazer uso de uma ética das virtudes, de forma a auxiliar os agentes a pautarem suas vidas a partir do critério de vida boa ou florescimento humano, que demanda do agente ser uma pessoa melhor, isto é, ser virtuoso nas mais diferentes situações da vida. Este modelo ético, demanda coragem, resiliência, moderação e amizade, responsabilizando moralmente o agente a partir de seu próprio caráter. Aqui os critérios normativos centrais serão as virtudes epistêmicas e morais que auxiliam na felicidade pessoal do agente, que, por sua vez, auxiliam na felicidade geral da comunidade, sendo escolhidas individualmente a partir do seu próprio caráter moral[9].

(iii) Moralidade privado-pública: Apenas nessa dimensão é que se usará o procedimento de escolha das virtudes, de forma a poder identificar certas virtudes privadas, como a prudência, a integridade, a autonomia e a humildade, entre outras, que serão coerentes com certos princípios e virtudes públicos, como a justiça, que inclui a liberdade e a igualdade,

---

8. No capítulo 5 de *What we Owe to Each Other*, Scanlon apresenta a estrutura central de seu neocontratualismo, dizendo que um ato é correto se e somente se puder ser justificado por princípios que os envolvidos não poderiam razoavelmente rejeitar, isto é, um ato será correto se e somente se for justificado aos outros. Com isso já se pode ver que a ideia de justificabilidade é tomada de duas formas, propiciando (i) a base normativa da moralidade do certo e errado e (ii) a caracterização mais geral de seu conteúdo. Ver SCANLON, 1998, 189.

9. A ética das virtudes parece estabelecer uma ligação estreita entre as virtudes, o caráter e a responsabilidade moral, o que pode ter por consequência uma concepção abrangente de responsabilidade. De modo que o agente se sentirá responsável por fazer tais e tais ações ou agir a partir de um certo padrão moral excelente em razão de seu próprio caráter virtuoso que foi formado a partir das diversas escolhas realizadas e das ações subsequentes. Aqui há uma forte conexão entre as virtudes e a vida boa, ou melhor, com o florescimento humano. Sobre isso, ver HURSTHOUSE, 1997, 223-226.

bem como com a razoabilidade, a tolerância, entre outros. Por exemplo, as virtudes da coragem, da moderação, da resiliência e da lealdade não parecem coerentes com os critérios de justiça ou da razoabilidade e, por isso, não seriam escolhidas nesse domínio. Por outro lado, a virtude da autonomia parece coerente com o princípio da liberdade, de forma similar à virtude da humildade, que parece coerente com o princípio ou virtude da tolerância. A ideia geral do procedimento é que alguém possa propor uma virtude (ii) que seja coerente com os critérios normativos da dimensão (i), justificando-a e sendo aprovada, desde que não seja razoavelmente rejeitada.

Com essa distinção esclarecida, passo agora a apresentar os detalhes desse procedimento de escolha das virtudes privado-públicas.

A ideia geral, como dito anteriormente, é que alguém possa propor uma virtude privada que seja coerente com os princípios e/ou virtudes morais que orientam a esfera pública da moralidade, devendo justificar sua proposta, e que os envolvidos na escolha possam aceitar ou recusar esta virtude sugerida ao grupo. A escolha, então, caracteriza-se por ser coletiva, isto é, ela deve ser feita pelos cidadãos ou por representantes de cidadãos. É uma escolha coletiva e não individual, devendo ser justificada pela razão pública, e os agentes estão de posse de todas as informações relevantes sobre a realidade social e pessoal. Por exemplo, sabem como uma sociedade funciona, tanto em termos econômicos, como em termos sociais e políticos. Da mesma forma que sabem como as pessoas são. Assim, a virtude privado-pública será aprovada se não for razoavelmente rejeitada pelos envolvidos na decisão. Isso significa dizer que esta escolha será sensível ao contexto, de forma que cidadãos em contextos normativos diferentes, ou em contextos históricos diferentes, poderão escolher virtudes diferentes, tendo em mente que essa escolha deve assegurar tanto a felicidade pessoal como a coletiva.

Por exemplo, amizade, coragem, lealdade e moderação não parecem candidatas apropriadas, pois estas virtudes não se mostram coerentes com os princípios e/ou virtudes da moralidade pública, como os de razoabilidade, tolerância, equidade (justiça). Por exemplo, a lealdade e a amizade podem se contrapor à exigência de justiça que, em muitos casos, exige imparcialidade, como seria o caso de alguém que por lealdade ou amizade a um amigo não o denuncia por um crime cometido. Por outro lado, a integridade, a autonomia, a prudência e a humildade parecem coerentes com os princípios morais públicos já referidos anteriormente, e parecem difíceis de serem rejeitados razoavelmente, isto é, com o uso público da razão, de forma que a argumentação não poderia estar fundada apenas em razões pessoais, tal como razões religiosas ou baseadas em tradições. Veja-se que, para Aristóteles, a virtude privada que seria demandada pela responsabilidade política seria a astúcia (*deinotes*), que é a capacidade calculativa de produzir resultados consistentes com um dado objetivo. Já para Adam Smith, essas virtudes seriam o autocontrole, a benevolência e a prudência em conexão com a justiça, enquanto para Stuart Mill seriam a curiosidade intelectual, a modéstia e a mente aberta[10].

As virtudes escolhidas nesse procedimento podem ser tanto epistêmicas como morais, mas deveriam ser preferencialmente virtudes epistêmicas, tomadas como condição de possibilidade para as virtudes morais e para o respeito aos princípios éticos públicos identificados, e isso para assegurar o desenho liberal da proposta. Veja-se a virtude da prudência (*phronesis*). Ela é uma virtude epistêmica, é claro, pois é a capacidade/disposição para identificar os meios mais adequados para realizar um fim bom. Entretanto, ela é condição de possibilidade tanto para outras virtudes epistêmicas, como a curiosidade e a mente aberta, por exemplo, quanto para as virtudes morais, como a coragem, a moderação e a justiça. É importante destacar que as virtudes escolhidas pelos cidadãos e cidadãs podem ser usadas para o estabelecimento de políticas públicas, diretrizes educacionais, e mesmo como critério de priorização na alocação de recursos, mas não podem ser motivo de punição, apenas de promoção. Assim, poder-se-ia ter por diretriz educacional a promoção da autonomia dos alunos, de maneira que eles possuíssem a capacidade analítica de resolver problemas de forma autorregulada, mas não seria o caso de puni-los caso permanecessem heterorregulados.

Nesse procedimento, as virtudes são escolhidas pela sociedade e não pelo Estado. Por isso, seu ponto de partida é o de identificar a força social, isto é, a demanda feita pela sociedade por uma ou por um conjunto de virtudes relevantes. Por exemplo, a integridade passou a ser exigida no mundo dos negócios e do trabalho, de forma que atualmente não basta mais ter apenas a expertise técnica

---

10. Thomas Nagel, em *Ruthlessness in Public Life*, diz algo similar, defendendo a tese de que a moralidade privada e a moralidade pública não são independentes entre si, podendo compartilhar uma base comum, sem uma ser derivada da outra. Para ele, a impiedade (*ruthlessness*) não poderia existir na esfera da moralidade pública. Como na fórmula de Radbruch, em que o direito não poderia conviver com uma extrema injustiça, teríamos, aqui, então, que a política não poderia conviver com uma extrema crueldade. Ver NAGEL, 1978, 82.

em uma dada função, mas o agente deve demonstrar coerência entre os valores assegurados e suas ações, estando conectado mais estreitamente com os valores das organizações, por exemplo, e isso para evitar casos de corrupção e assédios de todo tipo, como o sexual e o moral. A humildade também passou a ser demandada em muitos campos, como o dos negócios, da política e até da ciência. Por fim, uma forma interessante de pensar nas virtudes escolhidas é imaginar sua eficácia social, isto é, procurar prever quais as consequências que esses padrões normativo-morais trariam para auxiliar tanto na prosperidade como na estabilidade de uma dada sociedade[11].

IV

Nas seções anteriores apresentei as principais características da teoria contratualista das virtudes, inclusive distinguindo entre as esferas privada e pública da moral e detalhando o procedimento de escolha das virtudes privado-públicas, ressaltado por que devemos fazer uso de uma teoria normativa híbrida, em contraposição às teorias mononormativas, tentando conectar uma ética das virtudes com uma teoria neocontratualista. Entretanto, faltou argumentar detalhadamente por que deveríamos conciliar especificamente uma ética e epistemologia das virtudes com o neocontratualismo, e não com algumas outras teorias éticas, tal como o utilitarismo, o kantismo ou a ética do cuidado[12]. Nessa seção pretendo

---

11. Podemos resumir as características do procedimento da escolha das virtudes da seguinte maneira: as virtudes são escolhidas por agentes racionais e razoáveis plenamente informados. É uma escolha coletiva, que deve ser justificada via argumentação com base na razão pública. Assim, a virtude proposta deve ser justificada, bem como a sua rejeição, e isso com base em uma argumentação que faça uso de valores publicamente reconhecidos. Essa escolha é sensível ao contexto, e os agentes não pressupõem algum ideal metafísico de vida boa ou perfeição humana, mas podem fazer juízos comparativos locais sobre as diferentes formas de vida, bem como levar em consideração os bens da agência e os bens prudenciais que sejam indisputáveis. Ver CHAN, 2020, 11-14.

12. Derek Parfit, por exemplo, em *On What Matters*, propôs uma teoria mista, chamada de "Teoria tripla" (TT), tentando conciliar vários critérios normativos em um único princípio moral, tais como o consequencialista, com o critério da otimização da ação, o deontológico, com o critério da desejabilidade universal, e, também, o contratualista, com o critério da rejeitabilidade razoável: "TT: Um ato é errado apenas quando tais atos não são permitidos por algum princípio que seja otimizado, universalmente desejável e não razoavelmente rejeitável" (PARFIT, 2011, 413). A limitação da proposta se dá por ela ser apenas uma teoria principialística, não congregando as virtudes como critérios normativos, o que penso não ser muito eficaz na esfera privada da moral,

argumentar nessa direção, ressaltando a força das teorias propostas, bem como evidenciando a coerência entre elas.

Começo com o neocontratualismo. A intuição basilar desta teoria normativa propõe que a melhor maneira de identificar a objetividade para os juízos morais e políticos se dá através da coerência entre eles e os princípios éticos que seriam escolhidos em razão de serem aceitáveis para os envolvidos. Ao invés de tentar encontrar o critério normativo na ordem natural ou humana, ou na vontade ou razão divina, o contratualismo apela para a ideia de justificação pela aceitabilidade social. Quer dizer que as normas morais encontram legitimidade em sua capacidade de obter um acordo, acordo este feito sob determinadas condições apropriadas e realizado por aqueles agentes sob os quais as normas serão aplicadas diretamente. Isso pode ser formulado da seguinte maneira: Um ato X é correto ou justo em certas circunstâncias C, **sse** for aprovado por uma regra R, escolhida por agentes As, tendo a característica de ser aceitável pelos envolvidos em razão de sua razoabilidade[13].

A partir dessa formulação, alguns elementos centrais da teoria se destacam. Um desses elementos é o seu falibilismo. Ela não se funda em fatos morais, propondo um procedimento de construção dos princípios éticos e políticos a partir de algumas características centrais dos agentes, tais como coerência e razoabilidade. Assim, o neocontratualismo se opõe claramente ao antirrealismo, mas, ao mesmo tempo, não assume nenhuma forma tradicional de realismo, tal como o naturalismo ou o intuicionismo. Isso conduz ao importante reconhecimento dos limites da razão, de forma que um comportamento desejável seria a razoabilidade, que é uma disposição de agir a partir do senso de justiça e de reconhecer as

---

que precisará contar com a disposição do agente para querer ser melhor. Mas, penso, ela pode ser muito eficaz na esfera pública da moralidade. Teríamos que testar em vários cenários para ver se TT é superior aos princípios contratualistas de justiça e da rejeitabilidade razoável.

13. Sayre-McCord explica o contratualismo como uma teoria moral e política que defende que as normas éticas ou instituições políticas podem obter a legitimidade em sua habilidade de assegurar um acordo. Ver SAYRE-McCORD, 2013, 332-333. Por sua vez, Freeman diz que o contratualismo intuitivamente apela para a ideia de que uma vez que as normas morais impõem exigências aos agentes, e restringem sua conduta, estas normas devem ser livremente aceitas pelos envolvidos, considerando seu benefício mútuo. Assim a característica central do contratualismo "[...] é a ideia de que justiça e moralidade são os princípios que podem e devem ser livremente aceites entre iguais e sob condições definidas apropriadamente" (FREEMAN, 2006, 57). As teorias desenvolvidas por J. Rawls e T. Scanlon são exemplos de abordagens neocontratualistas, e são as teorias que estão servindo de modelo para a proposta de uma teoria mista.

limitações da razão para descobrir crenças morais verdadeiras, que seriam verificadas por sua correspondência ao mundo. Uma outra característica muito relevante é a sua epistemologia coerentista, propondo o procedimento de equilíbrio reflexivo (ER) para identificar a coerência entre juízos morais, princípios éticos e crenças científicas, sendo uma forma de justificação pessoal dos agentes. A ideia básica é que a justificação será obtida quando se encontrar um amplo sistema coerente de crenças, de forma que a reflexividade será a marca central do agente moral. Esse modelo se contrapõe tanto ao fundacionismo quanto ao ceticismo moral e toma o conhecimento ético não como crença verdadeira justificada, mas como crença justificada em ERA, isto é, em um equilíbrio reflexivo amplo.

Veja-se que pelas características identificadas na teoria, pode-se reconhecer que o consenso é a base da justificação. Da mesma forma que estabelecemos a legitimidade política em democracias liberais contemporâneas através do consentimento dos envolvidos – seja pelo do voto por sufrágio universal ou seja pela aprovação das leis via decisão parlamentar, por exemplo –, o neocontratualismo explica a legitimidade política com essa mesma base consensual, e toma o consenso como forma de se obter a justificação das crenças. Assim, justificação e legitimação coincidem. E isso é importante para se entender a fonte da normatividade, que se encontra na própria capacidade reflexiva humana, ou seja, em sua autonomia, não sendo a obrigação derivada de um comando de alguém com autoridade legítima, tal como Deus ou o soberano, nem considerada como uma entidade intrinsecamente normativa ou um fato que ela corretamente descreve. Assim, o agente pode ser pautar por regras morais universais, tendo a capacidade de identificar estas razões morais e agir, ao menos moderadamente, a partir delas[14].

Passo agora à análise da ética das virtudes. De forma geral, a ética das virtudes centra sua atenção no caráter do agente para a determinação do padrão de correção moral, que é o virtuoso, e isso porque se pressupõe que uma vida

---

14. Korsgaard, em *The Sources of Normativity*, defende corretamente que é um fato incontestável da vida humana que nós temos valores e estabelecemos normas para a convivência, que esses valores não são iguais a fatos, e que a autoridade destas normas pode ser localizada em quatro fontes distintas, a saber, o voluntarismo, em que a obrigação é derivada de um comando, o realismo, que toma a obrigação como uma entidade intrinsecamente normativa, o endosso reflexivo, que considera a obrigação fundada na natureza humana, em especial, nos sentimentos, e, por fim, o apelo à autonomia, de forma que a obrigação seria fundada na própria vontade do agente. Ver KORSGAARD, 1996, 18-20.

virtuosa auxiliará na felicidade pessoal e coletiva, o que implica um especial destaque ao processo de deliberação moral, na forma que é o próprio agente que deve encontrar a medida exata sobre o que deve ser feito, levando em conta várias circunstâncias pessoais, como as emoções e crenças apropriadas, e considerando a própria natureza das virtudes. Isso é assim porque a ética trata de questões que se caracterizam pela inexatidão, de forma que as questões sobre o justo e o bom são cercadas de incerteza e diversidade de opiniões. Por isso, o papel do agente moral é pesar as razões morais e decidir sua ação a partir de uma escolha do melhor caminho a ser seguido. Isso pode ser formulado como segue: Um ato X é correto ou justo **sse** ele for aprovado por um agente virtuoso, que é quem age virtuosamente, isto é, quem apresenta um traço de caráter na ação necessário para uma vida bem-sucedida[15].

A partir dessa caracterização geral, penso que alguns elementos essenciais dessa teoria normativa se destacam. O primeiro elemento a que quero chamar a atenção é que ela faz uso de conceitos éticos *thick* e não de conceitos éticos *thin*. Os conceitos morais *thin*, como dever, correto ou bom, só possuem capacidade prescritiva, isto é, a capacidade de dizer como se deve agir, não tendo uma contraparte descritiva. Por sua vez, as virtudes são conceitos éticos *thick*, tais, como coragem, justiça, lealdade, modéstia, entre outras, pois além de prescrever como se deve agir ou como um certo traço de caráter é desejável, ela possui um importante elemento descritivo, considerando que cada virtude terá características específicas. Por exemplo, ser justo não é igual a ser corajoso, pois a primeira virtude implica uma disposição para dar a cada um o que é devido, enquanto a segunda é melhor compreendida como uma disposição para controlar o medo. A importância dessa distinção se dá porque a maioria dos autores influenciados pelo positivo lógico defenderam que juízos morais seriam sem sentido, não podendo ser considerados verdadeiros ou falsos, pois os conceitos morais, como bom, correto, dever

---

15. Hursthouse apresenta o modelo da ética das virtudes de forma similar. Para ela, uma ação é correta **sse** for o que um agente virtuoso faria em determinadas circunstâncias, sendo um agente virtuoso aquele que age virtuosamente, isto é, aquele que tem e exercita as virtudes. E uma virtude é um traço de caráter que um ser humano precisa para florescer ou viver bem. Ver HURSTHOUSE, 1997, 219. Foot, por sua vez, caracteriza a virtude por sua força corretiva, de forma a evitar alguma tentação ou deficiência de motivação, e como tendo um valor moral positivo, de maneira que uma ação com valor moral positivo ou uma boa ação deve ser vista como uma ação de acordo com a virtude. Ver FOOT, 2002, 8-14.

e obrigação, seriam apenas prescrições, sem nenhuma correspondência descritiva no mundo. E termos morais prescritivos seriam apenas uma questão de aprovação ou desaprovação subjetiva. Com a inclusão de termos morais *thick* no debate, a ética das virtudes nos oportunizou uma rota alternativa para defender a objetividade da linguagem moral[16].

A segunda característica relevante da ética das virtudes é de como ela pensa o conhecimento moral. Numa perspectiva aristotélica, a ética não tem a mesma exatidão que matemática, por exemplo. Ela é uma ciência, é claro, mas prática, podendo determinar a verdade do que é justo e bom apenas de forma aproximada, o que implica a ideia de um agente moral que terá que deliberar bem para saber como viver/agir, não estando aberta para ele a possibilidade de descoberta de certos princípios éticos universais verdadeiros que dirão sempre o que deve ser feito, estando imune ao erro. Adicionalmente, a epistemologia das virtudes não trata o conhecimento como crença verdadeira justificada, uma vez que se pode chegar neste alinhamento tripartido aleatoriamente, mas como expressão de certas virtudes intelectuais dos agentes, tais como prudência, criatividade, curiosidade, humildade, entre outras. Assim, o conhecimento é melhor entendido como uma performance bem-sucedida, sendo como acertar o alvo, o que é muito relevante em termos morais, pois a ação virtuosa é vista como aquela que encontra a mediania, que é uma espécie de alvo entre os extremos[17].

Por fim, quero destacar o que creio ser o mais relevante na teoria das virtudes, a saber, o seu alinhamento com a nossa linguagem cotidiana, pois, de fato, nós usamos a linguagem das virtudes em nossas vidas como uma forma de censurar ou elogiar as pessoas por suas ações, atitudes e caráter. É corriqueiro

---

16. Na parte final do seminal artigo *Modern moral philosophy*, Anscombe defende que o padrão normativo das virtudes seria superior ao dos deveres porque nos apresenta as circunstâncias que devem ser refletidas pelo agente, apresentando uma parte descritiva além da prescritiva. Por exemplo, as noções de "justiça" e "injustiça" seriam superiores às noções de "moralmente certo" e "moralmente errado", pois determina o que é justo e injusto em certas circunstâncias, e, assim, se saberia que é injusto tirar a propriedade de alguém sem o devido processo, bem como não pagar as dívidas e não cumprir as promessas. Ver ANSCOMBE, 1958, 15-19.

17. Linda Zagzebski, por exemplo, compreende o conhecimento como sendo um contato cognitivo com a realidade a que se chega por ações de virtudes intelectuais, que são, de fato, formas de virtudes morais, tais como a prudência, a autonomia, a perseverança, a humildade, a coragem, a paciência etc. Ela define o conhecimento como um contato cognitivo com a realidade a que se chega por atos de virtude intelectual, como um estado de crença verdadeira, ou como um estado de crença, a que se chega por atos de virtude intelectual. Ver ZAGZEBSKI, 1996, 270-271.

censurarmos alguém por ser egoísta ou por cometer um certo ato cruel, da mesma forma que é usual elogiarmos alguém que é solidário ou que se preocupa com o bem-estar dos outros, demonstrando generosidade. Palavras como gratidão, justiça, solidariedade, resiliência e amizade, por exemplo, fazem parte da forma como prescrevemos o comportamento moral em nossa sociedade. Inclusive a palavra "caráter", na sua modalidade de bom e mau, faz parte do vocabulário comum, como uma forma de caracterizar e diferenciar as pessoas que se comportam corretamente das que se comportam moralmente de forma errada. Acredito que nenhuma teoria moral que se pretenda bem-sucedida poderia subutilizar os critérios normativos das virtudes, fazendo uso majoritário dos princípios éticos, pois pareceria criar um afastamento da teoria em relação à realidade, o que não se mostra muito promissor. Estou pensando, sobretudo, no utilitarismo e no kantismo, como exemplo de teorias morais principialísticas que não dão importância devida a estes referidos critérios normativos. É o caso, também, do neocontratualismo, mas de forma mais fraca, pois há a exigência de certas virtudes, ao menos na teoria rawlsiana, como as de razoabilidade, tolerância, amizade cívica, entre outras. A ética das virtudes, ao contrário, já está sintonizada linguisticamente com a sociedade, o que parece preferível.

Após ressaltar a força do neocontratualismo e da ética das virtudes, resta agora mostrar a coerência entre esses modelos morais. Em que pese estas teorias usarem critérios normativos distintos, a primeira fazendo um uso central de princípios éticos e a segunda utilizando as virtudes de forma hegemônica, pode-se reconhecer que o conteúdo normativo de ambas é muito semelhante. São centrais para estas teorias a razoabilidade dos agentes como forma de reconhecer os limites racionais para a descoberta de princípios verdadeiros, o que já nos conduz à humildade ou tolerância como um comportamento desejável, bem como a coerência para alcançar uma boa deliberação, o que conduzirá a uma atitude de prudência e reflexividade do agente moral. Ademais, ambas as teorias tomam a justiça e a equidade como critérios normativos essenciais para determinar a distribuição dos bens, bem como a retribuição do erro cometido (punição), isto é, para orientar as principais instituições políticas, sociais e econômicas da sociedade. Similarmente, ambas parecem se basear fortemente na autonomia como fonte privilegiada da normatividade, seja para determinar/escolher princípios para orientação da ação, seja para determinar como o agente deve viver sua vida.

Por fim, é importante mencionar que, com a conexão destas duas teorias, foi possível propor o procedimento do equilíbrio reflexivo prudente (ERP) para a resolução de casos difíceis na esfera privado-pública da moral. A ideia foi inserir a expertise do agente prudente, que é uma característica da ética/epistemologia das virtudes, no procedimento do equilíbrio reflexivo, que é a marca das teorias neo-contratualistas de Rawls e Scanlon, e isso com a intenção de responder às objeções de conservadorismo e subjetivismo/relativismo, podendo, inclusive, ser uma forma de justificação das crenças do agente prudente. Como ambas entendem o conhecimento moral como o fim de um processo deliberativo no campo ético que não está imune ao erro, em que se pesam razões e se busca pela coerência entre as intuições morais, os princípios éticos ou as virtudes e as crenças factuais apresentadas por teorias científicas, pode-se dizer que ao invés de teorias antagônicas, elas parecem mesmo complementares.

V

Após apresentar as características centrais da teoria contratualista das virtudes e ressaltar a necessidade de uma teoria híbrida que congregue elementos normativos básicos de uma ética das virtudes e de um modelo neocontratualista, além de ter defendido a distinção entre a moralidade privada e pública, bem como ter exposto o procedimento de escolha das virtudes privado-públicas, penso ser relevante apontar para possíveis objeções e ver se são passíveis de respostas, ou se a teoria necessitará de ajuste. Uma primeira crítica recairia sobre o perigo de essa proposta implicar uma teoria moral e política perfeccionista, resultando no problema do paternalismo estatal e do moralismo jurídico. O capítulo oitavo é uma tentativa de oferecer uma resposta a essa objeção, propondo uma conciliação entre o liberalismo e o perfeccionismo, argumentando por um tipo de perfeccionismo moderado que pode resguardar as liberdades individuais, mas não ao custo do bem comum. Uma segunda crítica, penso, recairia sobre a distinção ente moralidade privada e moralidade pública. Seria ela necessária? Essa distinção consistiria em quê? Não seria melhor continuar falando da moral com tendo uma unidade semântica ou invés de duplicar essa realidade? Procurei responder a essa objeção de forma antecipada na segunda seção deste capítulo. E o ponto central do argumento em prol da distinção é o reconhecimento do fenômeno irrefletido de assimetria normativa. Uma possível terceira crítica poderia questionar a confiabilidade do caráter moral humano como móbil confiável da ação, uma vez que essa teoria faz uso considerável de uma teoria das virtudes e, para esse modelo ético, o caráter moral exerce um papel fundamental. No que segue, apresentarei a objeção detalhadamente e, depois, tentarei oferecer uma resposta satisfatória.

Muito pensadores conhecidos como situacionistas questionam a respeito de o caráter moral humano ser confiável como fundamento da ação, demonstrando com pesquisas empíricas que o ambiente externo influencia o comportamento dos agentes, tal como encontrar dinheiro, estar exposto a barulho, e mesmo ser induzido pela autoridade de alguém. Assim, como a ética das virtudes se centra claramente na formação do caráter moral pela habituação, ela fracassaria em tentar explicar ou prescrever um comportamento virtuoso. O ponto é que como a teoria moral mista está propondo um conjunto de virtudes privado-públicas para garantir tanto a felicidade pessoal como a coletiva, ela estaria comprometida com a crença na força do caráter humano e, dessa forma, igualmente fracassaria.

Para tentar responder a essa objeção, deixem-me iniciar pontuando certas características básica das virtudes. Virtudes são traços comportamentais que levam as pessoas a agir de forma desejável. Em outras palavras, a virtude é um traço de caráter permanente manifestado nas ações habituais, que é algo bom possuir em razão de pensarmos que isto garantirá a felicidade ou o sucesso, o que já indica que o seu valor é estipulado socialmente. Por exemplo, uma pessoa prudente é aquela que regularmente age com bom senso e equilíbrio, tendo a capacidade de tomar decisões sensatas, e uma pessoa justa é aquela que tem a disposição de dar ao outro o que é seu por direito, tanto no sentido distributivo como retributivo, sendo o oposto da ganância. Por outro lado, a pessoa moderada tem a habilidade do autodomínio, podendo controlar os desejos e apetites de forma similar ao fato de que o corajoso é aquele que demonstra uma habilidade para enfrentar os desafios, confrontando seus medos.

O ponto é que tomamos este comportamento como desejável porque imaginamos que uma pessoa sem estas qualidades dificilmente obterá sucesso em sua vida. Seria possível imaginar alguém imprudente, covarde, intemperante e injusto tendo uma vida bem-sucedida? Seria desejável viver em uma sociedade onde os cidadãos apenas demonstrassem desonestidade, deslealdade, arrogância, vaidade e falta de generosidade, entre outros vícios? Penso que não, e isto talvez revele que tomamos estes padrões normativos como essenciais na orientação de nossas vidas, atribuindo muito valor ao esforço dos indivíduos para serem pessoas melhores, considerando que são as ações repetidas que formam o caráter.

Agora, seria o caráter dos agentes um determinante psicológico confiável para a ação? Muitos defendem que não, uma vez que as circunstâncias do ato, tais como o contexto ambiental e as dinâmicas sociais parecem influenciar terminantemente as decisões humanas. Essa posição é conhecida na literatura por situacionismo e adota uma postura cética em relação à confiabilidade do caráter moral. Merritt, Doris e Harman, por exemplo, em *Character*, fazem referência a diversos experimentos em psicologia social para defenderem a tese de que os traços de caráter moral de um agente não seriam robustos, isto é, não seriam consistentes com uma ampla gama de situações relevantes. Um dos experimentos relatados é o conduzido por Isen e Levin, conhecido como "Estudo da cabine telefônica", que aquelas pessoas que encontraram uma moeda de 10 centavos de dólar foram vinte e duas vezes mais propensas a ajudar uma mulher que havia deixado cair alguns papéis do que os que não encontraram nenhuma moeda em seu caminho. Outro experimento realizado por Darley e Batson, conhecido como "Estudo do bom samaritano", mostrou que os pedestres despreocupados foram seis vezes mais prestativos com certas pessoas que apresentavam dificuldades do que os pedestres ocupados. Na mesma linha, Mathews e Cannon demonstraram que até mesmo o ruído ambiental parece influenciar o comportamento humano. O experimento reportou que as pessoas que estavam expostas a condições normais de ruído foram cinco vezes mais propensas a ajudar um homem aparentemente machucado que havia derrubado alguns livros do que aqueles que estavam sob efeito do barulho causado por um cortador de grama[18].

A partir destes experimentos e outros similares, tal como o experimento de Milgram, por exemplo, que procura ressaltar como as ações dos agentes são influenciadas pela obediência a uma autoridade externa, os situacionistas concluem que os traços de caráter moral não são consistentes, sobretudo se considerarmos

---

18. Para uma descrição detalhadas dos experimentos, ver MERRITT; DORIS; HARMAN, 2010, 355-401. O situacionismo é uma teoria psicológica que defende que o caráter não é um móbil confiável para a ação, uma vez que diversos fatos situacionais exercem forte influência na conduta moral dos agentes. Assim, o comportamento humano seria determinado pelas circunstâncias circundantes e não por qualidades pessoais. Esta teoria coloca ênfase nos fatores externos e situacionais à personalidade e ao comportamento. Em vez de focar nos traços inatos para influenciar a personalidade, os situacionistas acreditam que a situação imediata é a mais influente, e isso porque os comportamentos mudam em diferentes cenários. Ver MILLER, 2020.

um conjunto amplo de situações relevantes que parecem influenciar a decisão, assim como ponderam que, embora o caráter seja estável sob o tempo, ele deve ser compreendido consistentemente em uma situação específica, e, além disso, que o caráter moral da pessoa não possui uma correlação forte entre uma virtude particular e outras virtudes. Embora eu considere relevante estas evidências empíricas que procuram destacar os limites do raciocínio moral, não acredito que elas comprovem que as virtudes não existem e que não podem servir de motivação da ação, sendo o caráter virtuoso uma espécie de ilusão. Penso que elas apenas podem mostrar que, em muitas circunstâncias, sofremos influências externas que também motivam as ações humanas, não sendo o caráter virtuoso um padrão normativo imune ao mundo. Mas, deixem-me explicar esta ideia mais detalhadamente.

Vejamos o experimento de Milgram mais de perto. Conhecido como experimento da obediência à autoridade, criado pelo psicólogo Stanley Milgram, seu objetivo foi mostrar que as pessoas são claramente suscetíveis a uma autoridade externa em suas deliberações, decisões e ações, não sendo o caráter um móbil confiável. Como dito anteriormente, esse experimento realizado na Universidade de Yale, no ano de 1961, tinha por finalidade mostrar como as pessoas possuem uma tendência a obedecer certas regras em razão de uma autoridade heterônoma, sem criticidade. Os participantes eram levados a acreditar que estavam assistindo a um experimento educacional inovador, em que eles deveriam aplicar choques elétricos a um aprendiz para facilitar o aprendizado. Os choques variavam de 15 a 450 volts e a cada resposta errada do aprendiz o professor deveria aplicar um choque cada vez maior. Acontece que apenas os que faziam o papel dos professores é que estavam sendo testado, uma vez que os aprendizes eram atores que fingiam sentir dor, da mesma forma que os responsáveis pelo experimento eram acadêmicos envolvidos na pesquisa ou mesmo atores. Os dados foram realmente impressionantes: 65% dos participantes continuaram aplicando choques elétricos nos aprendizes até o nível máximo de 450 volts, sendo que todos foram até o nível de 300 volts.

Mas, o que esta pesquisa realmente comprovou? Ela indicou com clareza que a maioria dos indivíduos testados, 65% do total de 40 homens com idade entre 20 e 50 anos, foram influenciados fortemente por uma autoridade externa, a saber, o responsável pelo experimento. Mas, revelou também que 35% (14 homens) dos participantes pararam antes de atingir o nível máximo de choque.

Não esquecendo de ressaltar que na medida em que os choques aumentavam, os aprendizes gritavam, simuladamente, e pediam para que o experimento fosse encerrado. Mesmo considerando que a maioria aceitou a autoridade científica, indo até a voltagem máxima, alguns indivíduos se recusaram a continuar, como foi o caso do professor de Antigo Testamento, nome dado a um dos participantes que se recusou a continuar aplicando os choques, alegando razões moral-religiosas, exemplo já referido anteriormente no capítulo primeiro. Mesmo considerando que o responsável pelo experimento estimulava os participantes dizendo "por favor, continue", "o experimento requer que você continue", "é absolutamente essencial que você continue", "você não tem outra escolha a não ser continuar", o professor em questão demonstrou ter uma forte preocupação com o bem-estar e saúde do aprendiz, dizendo que ele tinha, sim, escolha, optando por parar de aplicar os choques (MILGRAM, 1963, 371-378).

Esse exemplo parece demonstrar a importância do caráter virtuoso do agente. E isso porque o professor demonstrou não só ter prudência para dar mais peso ao bem do indivíduo do que ao bem do experimento, mas também autonomia para agir de forma autorregulada, não aceitando como legítima a autoridade do cientista, compaixão pelo sofrimento do aprendiz e integridade em razão de sua ação ter sido coerente com o conjunto de valores e princípios tomados como corretos, tais como o da dignidade e o da integridade da pessoa, o que implicou em uma deliberação de forma apropriada[19].

É claro que isso não prova que em certas circunstâncias os agentes não seriam influenciados pelo mundo externo. Porém, parece apontar que em muitos casos relevantes da vida cotidiana o caráter moral parece ser a fonte motivacional da ação, além de indicar que, de forma geral, as virtudes estão intrinsecamente conectadas à condução do agente virtuoso, como foi o caso da conexão entre prudência, autonomia, compaixão e integridade no exemplo referido anteriormente. É importante lembrar que desde Aristóteles se toma a prudência (habilidade de identificar os meios adequados para realizar um fim bom) como uma virtude intelectual que é condição de possibilidade de todas as outras virtudes, sejam elas

---

19. Hartman afirma corretamente que um número significativo de participantes do experimento se recusou a cooperar além de um certo ponto, presumivelmente em razão de terem um caráter forte, de modo que apenas se poderia concluir deste teste que o caráter de muitas pessoas foi fraco, sendo influenciado totalmente pela pressão externa de uma autoridade. Ver HARTMAN, 2013, 253.

morais, como a coragem, a moderação, a justiça e a generosidade, ou epistêmicas, como a humildade, a curiosidade e a integridade. Por fim, é importante ponderar que, por alguns indivíduos agirem por influência externa, não se segue que não devam ser virtuosos, a menos que exista algum impedimento natural para tal, o que não parece ser o caso, pois temos exemplos reais de pessoas virtuosas, como o professor de Antigo Testamento no experimento de Milgram, além de outros exemplos bem conhecidos, como o de Sócrates, de Nelson Mandela e de Sophie Scholl, que agiram virtuosamente mesmo colocando sua vida em risco.

Por mais que isto não seja uma prova definitiva para tomar o caráter moral como confiável, creio que possa ser ao menos uma prova suficiente, até mesmo para os situacionistas, do valor das virtudes em nossas vidas. Talvez isso se dê por termos uma forte crença em nossa capacidade de correção e uma disposição para tornarmo-nos pessoas melhores. E, sendo o caráter provavelmente confiável, penso que a ética das virtudes ainda é uma teoria moral relevante tanto para explicar como para prescrever ações morais, e, assim, a proposta da teoria contratualista das virtudes não deveria ser rapidamente descartada.

REFERÊNCIAS

AGÊNCIA PATRÍCIA GALVÃO. *Violência Contra Mulher*. Disponível em: <https://dossies.agenciapatriciagalvao.org.br/violencia/violencias/violencia sexual/#revitimizacao-e-impunidade>. Acesso em: 12 set. 2022.

Após 30 Anos, Japão volta a caçar baleias para fins comerciais. *Revista Veja*, 1º jul. 2019.

ALEXY, Robert. *The Argument from Injustice. A Reply to Legal Positivism*. Oxford: Clarendon Press, 2002.

ALMEIDA, Gabriela de; NOJIRI, Sérgio. Como os juízes decidem os casos de estupro? *Revista Brasileira de Políticas Públicas*, v. 8, n. 2 (2018) 826-853.

ANDREAZZA, Tiaraju. Equilíbrio reflexivo amplo e a revisibilidade das crenças morais. *Ethic@*, Florianópolis, v. 14, n. 3 (2015) 473-489.

____. *Uma Abordagem Intuicionista do Equilíbrio Reflexivo*. Tese de Doutorado em Filosofia. São Leopoldo: Unisinos, 2018.

ANNAS, Julia. *Intelligent Virtue*. Oxford: Oxford University Press, 2011.

ANSCOMBE, G. E. M. Modern Moral Philosophy. *Philosophy: The Journal of the Royal Institute of Philosophy*, v. 33, n. 124 (1958) 1-19.

APPIAH, K. Anthony. Stereotypes and shaping of identity. *California Law Review*, v. 88, n. 1 (1985) 41-53.

AQUINO, Tomás. *Suma de Teología*. Madrid: Biblioteca de Autores Cristianos, 1955.

____. *Suma Teológica*. I-II. Trad. Carlos J. P. de Oliveira. São Paulo: Loyola, 2005.

ARDAILLON, Danielle; DEBERT, Guita. *Quando a Vítima é Mulher*. Brasília: Conselho Nacional dos Direitos da Mulher, 1987.

ARISTÓTELES. *Ethica Nicomachea*. Edited by I. Bywater. OCT. Oxford: Oxford University Press, 1894.

____. *Ars Rhetorica*. Edited by W. D. Ross. OCT. Oxford: Oxford University Press, 1959.

____. *Politics*. Transl. Ernest Barker, revised by Richard Stalley. Oxford: Oxford University Press, 1995.

____. *Nicomachean Ethics*. Transl. Terence Irwin. Indianapolis: Hackett, ²1999.

ARPALY, Nomy. *Unprincipled Virtue. An Inquiry into Moral Agency.* New York: Oxford University Press, 2003.

ARRAS, John. The Way We Reason Now. Reflective Equilibrium in Bioethics. In: STEINBOCK, B. (Org.). *The Oxford Handbook of Bioethics.* Oxford: Oxford University Press, 2007, 46-71.

AUDI, Robert. *Practical Reasoning and Ethical Decision.* London: Routledge, 2006.

____. *Reasons, Rights, and Values.* Cambridge: Cambridge University Press, 2015.

AWAD, Edmond et al. The Moral Machine experiment. *Nature*, 563 (2018) 59-64.

BARATTA, Alessandro. *Criminologia Crítica e Crítica ao Direito Penal.* Rio de Janeiro: Revan, ³2002.

BARNARD, Rita. Introduction. In: ____. (Org.). *The Cambridge Companion to Nelson Mandela.* New York: Cambridge University Press, 2014, 1-26.

BEAUCHAMP, Tom L.; CHILDRESS, James F. *Principles of Biomedical Ethics.* Oxford: Oxford University Press, 2009.

BEDAU, Hugo Adam. Civil Disobedience and Personal Responsibility for Injustice. In: ____. (Org.). *Civil Disobedience in Focus.* London, Routledge, 1991, 49-67.

BENSON, John. Who is the Autonomous Man? *Philosophy*, v. 58, n. 223 (1983) 5-17.

BERLIN, Isaiah. Estudos sobre a Humanidade. Uma antologia de ensaios. HARDY, H.; HAUSHEER, R (Org.). São Paulo: Companhia das Letras, 2002.

BRANDT, Richard. *A Theory of the Good and the Right.* Oxford: Oxford University Press, 1979.

____. The Science of Man and Wide Reflective Equilibrium. *Ethics*, v. 100 (1990) 259-278.

BRANNON, Linda. Gender Stereotypes: Masculinity and Femininity. In: ____. *Gender. Psychological Perspectives.* New York: Routledge, 2017, 46-76.

BRASIL. Lei n. 14.245 (Lei Mariana Ferrer), de 22 de novembro de 2021. Disponível em: <http://www.planalto.gov.br/ccivil_03/_ato2019-2022/2021/lei/L14245.htm>. Acesso em: 23 set. 2022.

BRENNAN, Jason. *Against Democracy.* Princeton, New Jersey: Princeton University Press, 2017.

BRINK, David. *Moral Realism and the Foundations of Ethics.* Cambridge: Cambridge University Press, 1989.

____. *Mill's Progressive Principle.* New York: Oxford University Press, 2013.

BOMMARITO, Nicolas. Modesty and Humility. *Stanford Encyclopedia of Philosophy*, 2018. Acesso em: 25 set. 2019.

BUCHANAN, Allen. *Our Moral Fate: Evolution and the Escape from Tribalism.* Cambridge, MA: The MIT Press, 2020.

_____; POWELL, Russell. *The Evolution of Moral Progress. A Biocultural Theory.* New York: Oxford University Press, 2018.

BUENO, Samira et al. Violência contra mulheres em 2021. *Fórum Brasileiro de Segurança pública*, 2022. Disponível em: <https://forumseguranca.org.br/wp-content/uploads/2022/03/violencia-contra-mulher-2021-v5.pdf>. Acesso em: 10 set. 2022.

BYSKOV, Morten Fibieger. What Makes Epistemic Injustice an "Injustice"?. *Journal of Social Philosophy*, v. 52, n. 1 (2021) 116-133.

CALHOUN, Cheshire. Standing for Something. *Journal of Philosophy*, v. XCII, n. 5 (1995) 235-260.

CARR, David. Knowledge and Truth in Virtuous Deliberation. *Philosophia*, v. 48 (2020) 1381-1396.

CHAN, Joseph. Legitimacy, Unanimity and Perfectionism. *Philosophy & Public Affairs*, v. 29, n. 1 (2000) 5-42.

CHISHOLM, Roderick. *Perceiving. A Philosophical Study.* Ithaca, NY: Cornell University Press, 1957.

CHRISTMAN, John. Autonomy in Moral and Political Philosophy. *The Stanford Encyclopedia of Philosophy*, 2015.

CHROUST, Anton-Hermann. Aristotle's Conception of Equity *(Epieikeia)*. *Notre Dame Law Review*, v. 18, n. 2 (1942) 119-128.

COATES, Justin; TOGNAZZINI, Neal. The Contours of Blame. In: _____. (Org.). *Blame. Its Nature and Norms.* New York: Oxford University Press, 2013, 3-26.

COITINHO, Denis. *Contrato & Virtudes II. Normatividade e agência moral.* São Paulo: Loyola, 2021.

_____. Liberalismo. In: SÍLVERES, Luiz; NODARI, Paulo César (Org.). *Dicionário de Cultura da Paz.* v. 2. Curitiba: Editora CRV, 2021, 89-92.

COPP, David. Considered Judgments and Justification. Conservatism in Moral Theory. In: _____.; ZIMMERMAN, M. (Org.). *Morality, Reason, and Truth.* Totowa, NJ: Rowman and Allenheld, 1985, 141-169.

COULOURIS, Daniella Georges. *Violência, Gênero e Impunidade: A construção da verdade nos casos de Estupro.* Dissertação de Mestrado em Ciências Sociais. Marília: Universidade Estadual Paulista, 2004.

CRAIG, Elaine. *Putting Trials on Trial. Sexual Assault and the Failure of the Legal Profession.* Montreal, Québec: McGill-Queen's University Press, 2018.

CRISP, Roger. *Reasons & the Good.* New York: Oxford University Press, 2006.

DALL'AGNOL, Darlei. Equilíbrio Reflexivo na Bioética. *Dissertatio* (UFPel), v. 34 (2011) 135-159.

DANIELS, Norman. Wide Reflective Equilibrium and Theory Acceptance in Ethics. *The Journal of Philosophy*, v. 76, n. 5 (1979) 256-282.

_____. *Justice and Justification: Reflective Equilibrium in Theory and Practice*. Cambridge: Cambridge University Press, 1996.

_____. Reflective Equilibrium. *Stanford Encyclopedia of Philosophy*, 2016. Acesso em: 7 jul. 2021.

DARWALL, Stephen. *Morality, Authority, and Law. Essays in second-personal ethics I*. Oxford: Oxford University Press, 2013.

_____. GIBBARD, Allan; RAILTON, Peter. Toward Fin de siècle Ethics: Some Trends. *The Philosophical Review*, v. 101, n. 1 (1992) 115-189.

DEFENSORIA PÚBLICA DO ESTADO DO RIO DE JANEIRO. *Relatório consolidado sobre reconhecimento fotográfico em sede policial*. Disponível em: https://sistemas.rj.def.br/publico/sarova.ashx/Portal/sarova/imagem-dpge/public/arquivos/consolidação_relatório_CONDEGE_e_DPERJ_reconhecimento_fotográfico.pdf. Acesso em: 12 set. 2022.

De MAAGT, Sem. Reflective Equilibrium and Moral Objectivity. *Inquiry. An Interdisciplinary Journal of Philosophy*, v. 60, n. 5 (2017) 443-465.

DePAUL, Michael. Reflective Equilibrium and Foundationalism. *American Philosophical Quarterly*, v. 23, n. 1 (1986) 59-69.

_____. Why Bother with Reflective Equilibrium? In: _____.; RAMSEY, W. (Org.). *Rethinking Intuition. The Psychology of Intuition and Its Role in Philosophical Inquiry*. Lanham, Maryland: Rowman & Littlefield, 1998, 293-310.

_____. Intuitions in moral inquiry. In: COPP, David (Ed.). *The Oxford Handbook of Ethical Theory*. Oxford: Oxford University Press, 2006, 595-623.

_____; ZAGZEBSKI, Linda. (Org.). *Intellectual Virtue. Perspectives from Ethics and Epistemology*. Oxford: Oxford University Press, 2003.

DWORKIN, Ronald. Paternalism. In: LASLETT, P.; FISHKIN, J. (Org.). *Philosophy, Politics and Society*. Oxford: Blackwell, 1978, 113-143.

_____. *Law's Empire*. Cambridge, MA: Harvard University Press, 1986.

_____. *Justice in Robes*. Cambridge, MA: Harvard University Press, 2006.

_____. *Justice for Hedgehogs*. Cambridge, MA: Harvard University Press, 2011.

EBERTZ, Roger. Is Reflective Equilibrium a Coherentist Model? *Canadian Journal of Philosophy*, v. 23, n. 2 (1993) 193-214.

EDITORA PORTO. *Dicionário de Latim-Português*. Porto: Porto, ²2001.

EDWARDS, Ward. Conservatism in Human Information Processing. In: KAHNEMAN, D.; SLOVIC, P.; TVERSKY, A. (Org.). *Judgement Under Uncertainty. Heuristics and Biases*. New York: Cambridge University Press, 1982, 359-369.

EINSTEIN, Albert. *The Ultimate Quotable Einstein*. Collected and Edited by Alice Calaprice. Princeton: Princeton University Press, 2010.

FERNÀNDEZ, Miguel Ángel. The Possibility of Epistemic Responsibility. *Philosophical Issues*, v. 23, n. 1 (2013) 109-131.

FISCHER, John; RAVIZZA, Mark. *Responsibility and Control: A Theory of Moral Responsibility*. New York: Cambridge University Press, 1998.

FLOYD, Jonathan. Rawls' Methodological Blueprint. *European Journal of Political Philosophy*, v. 16, n. 3 (2017) 367-381.

FOOT, Philippa. The Problem of Abortion and the Doctrine of the Double Effect. *Oxford Reviews*, v. 5 (1967).

FOOT, Philippa. Virtues and Vices. In: ____. *Virtues and Vices and Other Essays in Moral Philosophy*. New York: Oxford University Press, 2002, 1-18.

FREEMAN, Samuel. Moral Contractarianism as a Foundation for Interpersonal Morality. In: DREIER, J. (Org.). *Contemporary Debates in Moral Theory*. Oxford: Blackwell, 2006, 57-76.

____. *Rawls*. London and New York: Routledge, 2007.

FRICKER, Miranda. *Epistemic Injustice. Power & the Ethics of Knowing*. New York: Oxford University Press, 2007.

FROEHLICH, Charles A. *A Diferenciação entre Direito e Moral na Tradição do Positivismo Jurídico*. Tese de Doutorado em Filosofia. Santa Maria: Universidade Federal de Santa Maria, 2017.

FULLER, Lon L. *The Morality of Law*. ed. rev. New Haven: Yale University Press, 1969.

GETTIER, Edmund. Is Justified True Belief Knowledge? *Analysis*, v. 23, n. 6 (1963) 121-123.

GLOBONEWS. Em 30 anos, apenas 244 processos de racismo e injúria racial chegaram ao fim no RJ, 6 dez. 2017. Disponível em: <https://g1.globo.com/rj/rio-de-janeiro/noticia/em-30-anos-apenas-244-processos-de-racismo-e-injuria-racial-chegaram-ao-fim-no-rj.ghtml>. Acesso em: 12 set. 2022.

GOODMAN, Nelson. *Fact, Fiction, and Forecast*. Cambridge, MA: Harvard University Press, [4]1983.

GOMES, Laurentino. *Escravidão. Do Primeiro Leilão de Cativos em Portugal até a Morte de Zumbi dos Palmares*. v. I. Rio de Janeiro: Globo, 2019.

GRECO, John. Virtues and Vices of Virtue Epistemology. *Canadian Journal of Philosophy*, v. 23, n. 3 (1993) 413-432.

GUERRERO, A. Don't Know, Don't Kill. Moral Ignorance, Culpability, and Caution. *Philosophical Studies*, v. 136 (2007) 59-97.

GRISWOLD, C. *Forgiveness. A Philosophical Exploration*. Cambridge: Cambridge University Press, 2007.

HAIDT, Jonathan. *The Righteous Mind. Why Good People are Divided by Politics and Religion*. New York/Toronto: Pantheon Books, 2012.

HAKSAR, Vinit. *Equality, Liberty and Perfectionism.* Oxford: Clarendon Pres, 1979.

HAMPSHIRE, Stuart. Fallacies in Moral Philosophy. *Mind*, v. 58, n. 232 (1949) 466-482.

____. *Two Theories of Morality.* New York: Oxford University Press, 1977.

____. Public and Private Morality. In: ____. (Org.). *Public and Private Morality.* New York: Cambridge University Press, 1978, 23-53.

____. *Morality and Conflict.* Cambridge, MA: Harvard University Press, 1984.

HARE, Richard M. Rawls' Theory of Justice. *Philosophical Quarterly*, v. 23 (1973) 144-155.

HARMAN, Gilbert. Three trends in moral and political philosophy. *Journal of Value Inquiry*, v. 37, n. 3 (2003) 415–425.

HARMAN, Elizabeth. Does Moral Ignorance Exculpate? *Ratio*, v. XXIV (2011) 443-468.

HART, H. L. A. *The Concept of Law.* Oxford: Oxford University Press, ³2012.

HARTMAN, Edwin. The Virtue Approach to Business Ethics. In: RUSSEL, Daniel C. (Org.). *The Cambridge Companion to Virtue Ethics.* Cambridge: Cambridge University Press, 2013, 240-264.

HOBUSS, João. *Epieikeia* e particularismo na ética de Aristóteles. *Revista Ethic@*. Florianópolis, v. 9, n. 2 (2010) 163-174.

HURKA, Thomas. *Virtue, Vice, and Value.* New York: Oxford University Press, 2001.

HURSTHOUSE, Rosalind. Virtue Theory and Abortion. In: CRISP, R.; SLOTE, M. (Org.). *Virtue Ethics.* Oxford: Oxford University Press, 1997, 217-238.

____. Practical Wisdom. A mundane account. *Proceedings of the Aristotelian Society*, v. 106, n. 3 (2006) 283-307.

INSTITUTO LOCOMOTIVA. As Faces do Racismo, 2020. Disponível em: <https://ilocomotiva.com.br/wp-content/uploads/2022/01/as-faces-do-racismo-2020.pdf>. Acesso em: 10 set. 2022.

IPEA. SISTEMA DE INDICADORES DE PERCEPÇÃO SOCIAL. Tolerância social à violência contra as mulheres, 2014. Disponível em: <https://www12.senado.leg.br/institucional/omv/entenda-a-violencia/pdfs/tolerancia-social-a-violencia-contra-as-mulheres>. Acesso em: 10 set. 2022.

KANT, Immanuel. An Answer to the Question What is Enlightenment? In: ____. *Practical Philosophy.* Trans. Mary G. Cambridge: Cambridge University Press, 1996.

____. *Groundwork of the Metaphysics of Morals.* Trans. Mary Gregor. Cambridge: Cambridge University Press, 1998.

KELLY, Thomas; McGRATH, Sarah. Is Reflective Equilibrium Enough? *Philosophical Perspectives*, v. 24, n. 1 (2010) 325-359.

KORSGAARD, Christine. *The Sources of Normativity.* New York: Cambridge University Press, 1996.

KRUEGER, Justin; DUNNING, David. Unskilled and Unaware of It. How Difficulties in Recognizing One's Own Incompetence Lead to Inflated Self-Assessments. *Journal of Personality and Social Psychology*, v. 77, n. 6 (1999) 1121-1134.

LARMORE, Charles. *Patterns of Moral Complexity*. Cambridge: Cambridge University Press, 1987.

____. *The Morals of Modernity*. Cambridge: Cambridge University Press, 1996.

LEBAR, Mark (Org.). *Justice. The Virtues*. New York: Oxford University Press, 2018.

LEE, Harper. *O sol é para todos* (*To Kill a Mockingbird*). Trad. Beatriz Horta. Rio de Janeiro: José Olympio, ³²2019.

LYNCH, Michael. *True to Life. Why Truth Matters*. Cambridge, MA: MIT Press, 2005.

LYONS, David. Nature and Soundness of the Contract and Coherence Arguments. In: DANIELS, N. (Org.). *Reading Rawls*. New York: Basic Books, 1975, 141-167.

KOERNER, Andrei. O ativismo judicial como problema intelectual e político nos Estados Unidos: uma análise crítica. *Lua Nova*, v. 99 (2016) 233-255.

MACHADO, Naiara. Uma breve história do crime de estupro, 27 jul. 2016. Disponível em: <https://jus.com.br/artigos/51014/uma-breve-historia-sobre-o-crime-de-estupro>. Acesso em: 15 set. 2022.

MACKIE, John L. *Ethics. Inventing Right and Wrong*. London: Penguin Books, 1977.

McCORMICK, Kelly. *The Problem of Blame. Making Sense of Moral Anger*. Cambridge: Cambridge University Press, 2022.

MASON, Elinor. Moral Ignorance and Blameworthiness. *Philosophical Studies*, v. 172, n. 11 (2015) 3037-3057.

McDONOUGH, Frank. *Sophie Scholl. The Real Story of the Woman who Defied Hitler*. Cheltenham: The History Press, 2009.

McDOWELL, John. Virtue and Reason. In: CRISP, R.; SLOTE, M. (Org.). *Virtue Ethics*. New York: Oxford University Press, 1997, 141-162.

McFALL, Lynne. Integrity. *Ethics*, v. 98, n. 1 (1987) 5-20.

McHUGH, Conor. Epistemic Responsibility and Doxastic Agency. *Philosophical Issues*, v. 23 (2013) 132-157.

McMAHAN, Jeff. Moral Intuition. In: LaFOLLETTE, H; PERSSON, I. (Org.). *The Blackwell Guide to Ethical Theory*. Oxford: Blackwell, 2013.

MEDINA, José. Varieties of hermeneutical injustice. In: KIDD, Ian J.; MEDINA, J.; POHLHAUS, G. (Org.). *The Routledge Handbook of Epistemic Injustice*. New York: Routledge, 2017, 41-52.

MERRITT, Maria; DORIS, John M.; HARMAN, Gilbert. Character. In: DORIS, John M. (Org.). *The Moral Psychology Handbook*. Oxford: Oxford University Press, 2010, 355-401.

MIKHAIL, John. Rawls' Concept of Reflective Equilibrium and Its Original Function in "A Theory of Justice". *Washington University Jurisprudence Review*, v. 3, n. 1 (2011a) 1-30.

____. *Elements of Moral Cognition: Rawl's Linguistic Analogy and the Cognitive Science of Moral and Legal Judgment*. New York: Cambridge University Press, 2011b.

MILLER, Christian B. Empirical Approaches to Moral character. *Stanford Encyclopedia of Philosophy*, 2020. Acesso em: 13 jan. 2023.

MILGRAM, Stanley. Behavioral Study of Obedience. *Journal of Abnormal and Social Psychology*, v. 67, n. 4 (1963) 371-378.

MILL, John Stuart. *Three Essays. On Liberty, Representative Government, and The Subjection of Women*. Edited by Richard Wollheim. New York: Oxford University Press, 1975.

____. On Liberty. In: ____. *On Liberty and Other Writings*. Edited by Setefan Collini. Cambridge: Cambridge University Press, 1989.

____. Utilitarianism. In: ____. *Utilitarianism and the 1868 Speech on Capital Punishment*. Edited by George Sher. Indianapolis: Hackett Publishing Company, Inc., 2001.

____. *Utilitarismo*. Trad. Pedro Galvão. Porto: Porto, 2005.

____. *A System of Logic. Ratiocinative and Inductive*. Cambridge: Cambridge University Press, 2011.

NAGEL, Thomas. Ruthlessness in Public Life. In: HAMPSHIRE, S. (Org.). *Public and Private Morality*. New York: Cambridge University Press, 1978, 75-91.

____. Moral Luck. In: STATMAN, D. (Org.). *Moral Luck*. Albany: State University of New York Press, 1993, 57-71.

____. *Equality and Partiality*. New York: Oxford University Press, 1991.

NGUYEN, C. Thi. Self-Trust and Epistemic Humility. In: WRIGHT, Jennifer C. (Org.). *Humility. The Virtues*. New York: Oxford University Press, 2019.

NIELSEN, Kai. In Defense of Wide Reflective Equilibrium. In: ____. *After the Demise of the Tradition*. London: Routledge, 1991, 19-37.

____. How to Proceed in Social Philosophy: Contextualist Justice and Wide Reflective Equilibrium. *Queen's Law Journal*, v. 20 (1994) 89-137.

____. Reflective Equilibrium. In: WERHANE, P. H.; FREEMAN, E. (Org.). *The Blackwell Encyclopedia Dictionary of Business Ethics*. Oxford: Blackwell, ^{2}2004, 546-549.

NOZICK, Robert. *The Examined Life. Philosophical Meditations*. New York: Simon and Schuster, 1990.

NUSSBAUM, Martha. *Frontiers of Justice. Disability, Nationality, Species Membership*. Cambridge, MA: Harvard University Press, 2006.

_____. Perfectionist Liberalism and Political Liberalism. *Philosophy & Public Affairs*, v. 39, n. 1 (2011) 3-45.

_____. *Anger and Forgiveness. Resentment, Generosity, Justice*. New York: Oxford University Press, 2016.

OJEDA, Igor; MERLINO, Tatiana. Justiça absolve estudante de Medicina da USP acusado de estupro. *Brasil de Fato*, 11 fev. 2017. Disponível em: <https://www.brasildefato.com.br/2017/02/11/justica-absolve-estudante-de-medicina-da-usp-acusado-de-estupro>. Acesso em: 11 set. 2022.

ORGANIZAÇÃO DAS NAÇÕES UNIDAS. *Universal Declaration of Human Rights (UDHR)*, 1948. Disponível em: <https://www.un.org/en/universal-declaration-human-rights/>. Acesso em: 5 ago. 2020.

PARFIT, Derek. *On What Matters*. v. I e II. Oxford: Oxford University Press, 2011.

PLATÃO. *Five Dialogues: Euthyphro, Apology, Crito, Meno, Phaedo*. Transl. G. M. A. Grube and Rev. John Cooper. Indianapolis: Hackett Publishing Company, ²2002.

PEELS, Rik. What is Ignorance? *Philosophia*, v. 38 (2010) 57-67.

_____. What is Ignorance? *Philosophia*, v. 38 (2010) 57-67.

_____. Introduction. In: _____. (Org.). *Perspectives on Ignorance from Moral and Social Philosophy*. New York: Routledge, 2017, 1-14.

PERELMAN, Chaïm. *La Giustizia*. Torino: Giappichelli, 1991.

PETTIT, Philip. *The Common Mind. An Essay on Psychology, Society, and Politics*. New York: Oxford University Press, 1993.

_____. *The Birth of Ethics. Reconstructing the Role and Nature of Morality*. New York: Oxford University Press, 2018.

PUTNAM, Hilary. *Ethics without Ontology*. Cambridge, MA: Harvard University Press, 2004.

QUONG, Jonathan. *Liberalism Without Perfection*. New York: Oxford University Press, 2011.

_____. Liberalism Without Perfection. *Philosophy and Public Issues*, v. 2, n. 1 (2012) 1-6.

RAINBOLT, George. Perfect and Imperfect Obligations. *Philosophical Studies*, v. 98, n. 3 (2000) 233-256.

RAZ, Joseph. *The Morality of Freedom*. Oxford: Clarendon Press, 1986.

_____. About Morality and the Nature of Law. *The American Journal of Jurisprudence*, v. 48 (2003) 1-15.

RAWLS, John. A Brief Inquiry into the Nature and Function of Ethical Theory. *The Papers of John Rawls*, Harvard University Archives, HUM 48 Box, Folder 3, 1946.

_____. *A Study on the Grounds of Ethical Knowledge: Considered with Reference to Judgments on the Moral Worth of Character*. Tese de Doutorado. Princeton: Princeton University, 1950.

____. Outline of a Decision Procedure for Ethics. *Philosophical Review*, v. 60, n. 2 (1951) 177-197.

____. Two Concepts of Rules. *The Philosophical Review*, v. 64, n. 1 (1955) 3-32.

____. The Sense of Justice. *Philosophical Review*, v. 72, n. 3 (1963) 281-305.

____. *A Theory of Justice*. Original Edition. Cambridge, MA: Harvard University Press, 1971.

____. The Independence of Moral Theory. *Proceedings and Addresses of the American Philosophical Association*, v. 48 (1975) 5-22.

____. *Political Liberalism*. Expanded Edition. New York: Columbia University Press, 1996.

____. *A Theory of Justice*. Revised Edition. Cambridge, MA: Harvard University Press, 1999a.

____. The Domain of the Political and Overlapping Consensus. In: RAWLS, J. *Collected Papers*. Edited by Samuel Freeman. Cambridge, MA: Harvard University Press, 1999b, 473-496.

____. *The Law of Peoples* with "The Idea of Public Reason Revisited". Cambridge, MA: Harvard University Press, 1999c.

____. *Justice as Fairness. A Restatement*. Edited by Erin Kelly. Cambridge, MA: Harvard University Press, 2001.

REIDY, David. From Philosophical Theology to Democratic Theory. Early Postcards from an Intellectual Journey. In: MANDLE, J.; REIDY, D. (Org.). *A Companion to Rawls*. Oxford: Wiley Blackwell, 2014, 9-30.

ROBERTS, Robert C.; WOOD, W. Jay. *Intellectual Virtues. An Essay in Regulative Epistemology*. New York: Oxford University Press, 2007.

____; ____. Humility and Epistemic Goods. In: DePAUL, Michael, ZAGZEBSKI, Linda (Org.). *Intellectual Virtue. Perspectives from Ethics and Epistemology*. Oxford: Clarendon Press, 2012, 257-279.

RORTY, Richard. *Objectivity, Relativism, and Truth. Philosophical Papers*. v. I. Cambridge: Cambridge University Press, 1991.

ROSEN, Gideon. Skepticism about Moral Responsibility. *Philosophical Perspectives*, v. 18 (2004) 295-313.

SARTORIO, Carolina. Ignorance, Alternative Possibilities, and the Epistemic Conditions for Responsibility. In: PEELS, R. (Org.). *Perspectives on Ignorance from Moral and Social Philosophy*. New York: Routledge, 2017, 15-29.

SAVULESCU, Julien; GYNGELL, Christopher; KAHANE, Guy. Collective Reflective Equilibrium in Practice (CREP) and Controversial Novel Technologies. *Bioethics* (2021) 1-12.

SAYRE-McCORD, Geoffrey. Contractarianism. In: LaFOLLETE, H.; PERSSON, I. (Org.). *The Blackwell Guide to Ethical Theory.* Oxford: Wiley Blackwell, 2013, 332-353.

SCANLON, T. M. *What We Owe to Each Other.* Cambridge, MA: Harvard University Press, 1998.

____. Rawls on Justification. In: FREEMAN, S. (Org.). *The Cambridge Companion to Rawls.* Cambridge: Cambridge University Press, 2003, 139-167.

____. *Moral Dimensions. Permissibility, Meaning, Blame.* Cambridge, MA: Harvard University Press, 2010.

____. *Being Realistic about Reasons.* Cambridge, MA: Harvard University Press, 2014.

SCHERKOSKE, Greg. Could Integrity be an Epistemic Virtue? *International Journal of Philosophical Studies*, v. 20, n. 2 (2012) 185-215.

SCHMIDT, Larissa. Família tenta provar inocência de homem reconhecido pela polícia em foto 3x4. *G1*, Rio de Janeiro, 10 set. 2021. Disponível em: <https://g1.globo.com/rj/rio-de-janeiro/noticia/2021/09/10/familia-tenta-provar-inocencia-de-homem-reconhecido-pela-policia-em-foto-3x4.ghtml>. Acesso em: 11 set. 2022.

SCHWARZENBACH, Sibyl A. On Civic Friendship. *Ethics*, v. 107, n. 1 (1996) 97-128.

SEN, Amartya. *The Idea of Justice.* London: Allen Lane, 2009.

SHER, George. *Beyond Neutrality: Perfectionism and Politics.* Cambridge: Cambridge University Press, 1997.

SHINER, Roger A. Aristotle's theory of equity. *Loyola of Los Angeles Law Review*, v. 27 (1994) 1245-1264.

SHWEDER, Richard et al. The "Big Three" of Morality (Autonomy, Community, Divinity) and the "Big Three" Explanations of Suffering. In: BRANDT, A.; ROZIN, P. (Org.). *Morality and Health.* New York: Routledge, 1997, 119-169.

SIEGEL, H. Justification by Balance. *Philosophical and Phenomenological Research*, v. LII, n. 1 (1992) 27-46.

SINGER, Peter. Sidgwick and Reflective Equilibrium. *Monist*, v. 58, n. 3 (1974) 490-517.

____. *The Expanding Circle. Ethics, Evolution, and Moral Progress.* Princeton: Princeton University Press, 2011.

SLOTE, Michael. *Goods and Virtues.* Oxford: Clarendon Press, 1983.

SMITH, Adam. The Theory of Moral Sentiments. In: RAPHAEL, D. D.; MACFIE, A. L (Org.). *The Glasgow Edition of the Works and Correspondence of Adam Smith.* Oxford: Oxford University Press, 1976.

SMITH, Angela. Moral Blame and Moral Protest. In: COATES, J.; TOGNAZZINI, N. (Org.). *Blame. Its Nature and Norms.* New York: Oxford University Press, 2013, 27-48.

SOSA, Ernest. *A Virtue Epistemology. Apt Belief and Reflective Knowledge*. v. I. Oxford: Clarendon Press, 2007.

____. *Reflective Knowledge. Apt Belief and Reflective Knowledge*. v II. Oxford: Oxford University Press, 2011.

STABILE, Arthur. Quem são os responsáveis por Bárbara Querino, inocente, passar quase dois anos presa. *Ponte*, 15 mai. 2020. Disponível em: <https://ponte.org/quem-sao-os-responsaveis-por-barbara-querino-inocente-passar-quase-dois-anos-presa/>. Acesso em: 10 set. 2022.

STATMAN, Daniel. Introduction. In: ____. (Org.). *Moral Luck*. Albany: State University of New York Press, 1993, 1-34.

STEVENSON, Charles. The Nature of Ethical Disagreement. In: ____. *Facts and Values*. New Haven: Yale University Press, 1963, 1-9.

STOCKER, Michael. Acts, Perfect Duties, and Imperfect Duties. *The Review of Metaphysics*, v. 20, n. 3 (1967) 507-517.

STRAWSON, P. *Freedom and Resentment and Other Essays*. New York: Routledge, 2008.

SUPREMO TRIBUNAL FEDERAL. STF enquadra homofobia e transfobia como crimes de racismo ao reconhecer omissão legislativa, 13 jun. 2019. Disponível em: <https://portal.stf.jus.br/noticias/verNoticiaDetalhe.asp?idConteudo=414010>.

TAN, Kok-Chor. Reasonable Disagreement and Distributive Justice. *Journal of Value Inquiry*, v. 35 (2001) 493-507.

TAHZIB, Collis. Perfectionism: Political not Metaphysical. *Philosophy & Public Affairs*, v. 47, n. 2 (2019) 144-178.

TEIXEIRA, Anderson Vichinkeski. A equidade na Filosofia do Direito. Apontamentos sobre sua origem aristotélica. *Revista Espaço Acadêmico*, n. 128 (2012) 88-92.

TERSMAN, Folke. Recent Work on Reflective Equilibrium and Method in Ethics. *Philosophy Compass*, v. 13, n. 6 (2018) e12493.

THOLEN, Berry. Political Responsibility as Virtue: Nussbaum, MacIntyre, and Ricoeur on the Fragility of Politics. *Alternatives: Global, Local, Political*, v. 43, n. 1 (2018) 22-34.

THOMSON, Judith Jarvis. Killing, Letting Die, and the Trolley Problem. *Monist*, v. 54 (1976) 204-217.

____. The Trolley Problem. *Yale Law Journal*, v. 94, n. 6 (1985) 1395-1415.

TIBERIUS, Valerie; SWARTWOOD, Jason. Wisdom Revisited. A Case Study in Normative Theorizing. *Philosophical Explorations*, v. 14, n. 3 (2011) 277-295.

WALDEN, Kenneth. In Defense of Reflective Equilibrium. *Philosophical Studies*, v. 166, n. 2 (2013) 243-256.

WALDRON, Jeremy. *Law and Disagreement*. New York, Oxford University Press, 1999.

WALL, Stephen. *Liberalism, Perfectionism and Restraint*. Cambridge: Cambridge University Press, 1998.

____. Introduction. In: WALL, S. (Ed.). *The Cambridge Companion to Liberalism*. Cambridge: Cambridge University Press, 2015, 1-18.

____. Perfectionism in Moral and Political Philosophy. *Stanford Encyclopedia of Philosophy*, 2017. Acesso em: 20 jul. 2022.

WANDERER, Jeremy. Varieties of testimonial injustice. In: KIDD, Ian J.; MEDINA, J.; POHLHAUS, G. (Org.). *The Routledge Handbook of Epistemic Injustice*. New York: Routledge, 2017, 27-40.

WATSON, Gary. *Agency and Answerability*. Oxford: Clarendon Press, 2004.

WILLIAMS, Bernard. A Critique of Utilitarianism. In: SMART, J. J. C.; WILLIAMS, B. (Org.). *Utilitariasnism For and Against*. Cambridge: Cambridge University Press, 1973, 77-150.

WITTGENSTEIN, L. *Philosophical Investigations* (*Philosophische Untersuchungen*). Trans. G. E. Anscombe. Oxford: Blackwell Publishing, ^{3}2001.

WOLFF, Robert. *In Defense of Anarchism*. Berkeley, Los Angeles: University of California Press, 1970.

WOLF, Susan. Sanity and the Metaphysics of Responsibility. In: WATSON, G. (Org.). *Free will*. Oxford: Oxford University Press, ^{2}2003, 372-387.

ZAGZEBSKI, Linda. *Virtues of the Mind: An Inquiry into the Nature of Virtue and the Ethical Foundations of Knowledge*, Cambridge: Cambridge University Press, 1996.

____. What is Knowledge? In: GRECO, J.; SOSA, E. (Org.). *The Blackwell Guide to Epistemology*. Oxford: Blackwell, 1999, 92-116.

ZIMMERMAN, Aaron. *Moral Epistemology*. New York: Routledge, 2010.

ZIMMERMAN, Michael. Moral Responsibility and Ignorance. *Ethics*, v. 107, n. 3 (1997) 410-426.

ORIGEM DOS TEXTOS

COITINHO, D. Ignorância moral e o Papel das Virtudes. *Ethic@* (UFSC), v. 19 (2020) 61-88.

____. Conhecimento Moral e Virtudes Epistêmicas. *Kriterion*, v. 62 (2021) 341-364.

____. Moral e Direito: Uma Relação Peculiar. *Educação e Filosofia* (online), v. 35 (2021) 1-28.

____. Conhecimento Político e Virtudes Públicas. *Revista Sofia* (versão eletrônica), v. 10 (2022) 226-251.

____. Equilíbrio Reflexivo e Conhecimento Moral. o caso da teoria da justiça como equidade. *Voluntas: Estudos sobre Schopenhauer*, v. 13 (2022) 1-35.

____. Sobre uma Possível Conciliação entre Liberalismo e Perfeccionismo. *Revista Dissertatio de Filosofia*, v. 56 (2022) 45-68.

____; ROSAURO, J. V. Injustiça Epistêmica e o Papel da *Epieikeia*. In: WEBER, Thadeu; CARPES, Ataliba. *As Teorias da Justiça em Perspectiva. Novas Propostas dos Clássicos aos Contemporâneos*. Porto Alegre: Fundação Fênix, 2022, 133-158.

____. Equilíbrio Reflexivo e Prudência: Um Processo de Deliberação Moral. *Revista Trans/form/ação*, v. 46, n. 1 (2023) 59-80.

ÍNDICE DE NOMES

A

Alexy, Robert 184
Almeida, G; Nojiri, S. 162
Andreazza, Tiaraju 112, 146
Annas, Julia 33, 34, 77, 89, 147
Anscombe, G. E. M. 248
Appiah, K. Anthony 163
Aquino, Tomás de 23, 39, 68, 149, 150, 174, 212, 215
Aristóteles 16, 19, 23, 30, 37, 39, 62, 68, 69, 90, 99, 100, 116, 148, 149, 151, 165, 173-178, 198, 210, 212, 215, 243, 254
Arpaly, N. 58
Arras, John 119
Audi, Robert 148
Augusto e Beto 227
Austin, John 184
Awad, Edmond 135, 136
Ayer, A. J. 88

B

Baratta, Alessandro 163
Barnard, R. 73
Beauchamp, Tom; Childress, James 118, 119
Bedau, H. A. 201

Benson, J. 65, 66
Bentham, Jeremy 19, 184
Berlin, Isaiah 207
Bommarito, Nicolas 39
Brandt, Richard 113, 140, 141
Brannon, Linda 163, 171
Brennan, Jason 24, 83-87, 91, 92, 95-99, 103, 104
Brink, David 112, 224
Buchanan, Allen 104, 106, 190
Buchanan, Allen; Powell, Russell 36, 64, 72, 104, 189
Byskov, Morten 164

C

Calhoun, Cheshire 44
Carr, David 151
Chan, Joseph 207, 210, 217-220, 227, 229, 232, 244
Chisholm, Roderick 28, 87, 88
Christman, John 62
Chroust, Anton-Hermann 176, 177
Coates, Justin; Tognazzini, Neal 59, 236
Coitinho, Denis 209, 221
Copp, David 141

Craig, Elaine 181, 182
Crisp, Roger 14

D
Dall'Agnol, Darlei 13, 119
Daniels, Norman 110-112, 117, 118, 126, 129, 140
Darwall, Stephen 112, 113, 196-198, 238
De Maagt, Sem 127
DePaul, Michael 46, 110, 140, 158
Doris, John M. 252
Dworkin, Ronald 114-116, 139, 184, 194, 195, 208

E
Ebertz, Roger 146
Einstein, Albert 41

F
Finnis, John 184
Fischer, John; Ravizza, Mark 45, 46, 56, 114, 117, 118
Floyd, Jonathan 110, 134
Foot, Philippa 114, 233, 247
Freeman, Samuel 127, 245
Fricker, Miranda 24, 161, 163-169, 173, 180, 199, 200
Froehlich, Charles 184
Fuller, Lon 184

G
Gandhi, Mahatma 200
Gettier, Edmund 22, 28, 29, 55, 85, 88, 133, 157
Gibbard, Allan 112, 113
Gomes, Laurentino 52, 80

Goodman, Nelson 110, 111, 124
Greco, John 29, 158
Griswold, C. 60
Guerrero, A. 77

H
Haidt, Jonathan 239
Haksar, Vinit 215
Hampshire, Stuart 31, 114, 116, 236
Hare, Richard 112, 113, 140, 141
Harman, Elizabeth 54, 74, 75
Harman, Gilbert 114, 115, 252
Hart, H. L. A. 184, 187-193, 195
Hartman, Edwin 254
Hume, David 23, 39, 80
Hursthouse, Rosalind 114, 147, 148, 155, 241, 247

J
JoJo 72, 73

K
Kant, Immanuel 61, 62, 80, 221
Kelly, Thomas; McGrath, Sarah 113, 141, 145, 146, 152
Kelsen, Hans 184
King, Martin Luther 71, 200
Korsgaard, Christine 246
Krueger, Justin; Dunning, David 76

L
Larmore, Charles 209, 212, 225
Lebar, M. 72
Lynch, Michael 44
Lyons, David 140, 141

M

Machado, Naiara 170
Mandela, Nelson 73, 78, 255
Mason, E. 58
McCormick, Kelly 236
McDowell, John 68, 114
McFall, Lynne 42
McHugh, Conor 46
McMahan, Jeff 235
Medina, José 168
Merritt, Maria 252
Mikhail, John 125, 233, 235
Milgram, Stanley 37, 252-255
Mill, John Stuart 18-20, 97-99, 207, 209, 210, 221-224, 230, 243
Miller, Christian 252

N

Nagel, Thomas 193, 219, 243
Nguyen, C. Thi 239
Nielsen, Kai 110, 134, 153
Nietzsche, F. 210, 212
Nozick, Robert 94
Nussbaum, Martha 60, 73, 229

O

Ojeda, Igor; Merlino, Tatiana 171

P

Parfit, Derek 244
Peels, Rik 53, 55, 56, 60, 90, 91
Perelman, C. 177
Péricles 100, 103, 149
Pettit, Philip 63, 193, 194
Platão 23, 32, 40, 68, 157, 174, 198
Putnam, Hilary 115

Q

Quong, Jonathan 207, 209, 210, 213-215, 220, 225, 227, 228

R

Railton, Peter 112, 113
Rainbolt, George 238
Rawls, John 18, 21, 70, 71, 95-97, 101, 109, 111-116, 120-132, 134, 136, 138, 139, 142-144, 201, 202, 207, 209-213, 215, 220, 225, 229, 239-241, 245, 250
Raz, Joseph 183, 207, 209-210, 214-217, 220, 226
Reidy, David 123
Roberts, Robert C.; Wood, W. Jay 37, 38, 42, 61, 62, 65, 66, 158
Rorty, Richard 115
Rosen, G. 54

S

Sartorio, Carolina 75
Savulescu, Julien 114, 119, 135-137
Sayre-McCord, Geoffrey 245
Scanlon, Thomas 21, 59, 94, 110-112, 115, 140, 153, 155, 239-241, 245, 250
Scherkoske, Greg 43
Schmidt, Larissa 172
Scholl, Sophie 66, 67, 78, 255
Schwarzenbach, Sibyl A. 101
Sher, George 209
Shiner, Roger 175
Shweder, Richard A. 239
Siegel, H. 145
Singer, Peter 104, 113, 140, 141, 144
Slote, Michael 39
Smith, Adam 18, 19, 23, 31, 32, 48, 69, 70, 92, 198, 221, 222, 243
Smith, Angela 59

Sócrates 19, 32, 35, 40, 210, 255
Sosa, Ernest 29, 34, 35, 55, 89, 157, 158
Stabile, Arthur 172
Statman, Daniel 192
Stevenson, Charles 28, 112
Stocker, Michael 238
Strawson, Peter 59, 197, 198, 236

T

Tersman, Folke 112, 129, 140
Tholen, Berry 103
Thomson, Judith Jarvis 114, 233
Thoreau, H. D. 201
Tiberius, Valerie; Swartwood, Jason 149

W

Walden, Kenneth 110, 132, 134, 140
Waldron, Jeremy 203, 204
Wall, Stephen 209, 215, 217, 226
Wanderer, Jeremy 166
Watson, Gary 59, 236
Wittgenstein, L. 63
Wolf, Susan 72, 73
Wolff, Robert 185

Z

Zagzebski, Linda 29, 34, 150, 158, 248
Zimmerman, Michael 54

ÍNDICE DE ASSUNTOS

A

Acrasia 16, 54, 60
Agência moral 11, 45, 54, 77, 217, 218, 227
Agente epistêmico 34, 67
Antifundacionismo 113
Aptidão 34, 35, 47, 89
Argumento educacional de Mill 98, 99
Assimetria normativa 231, 235, 239, 250
Atitude revisionista 112, 143
Atitudes doxásticas 55
Atitudes reativas 58, 117, 197, 235
Autodirecionamento 33, 94
Autonomia pessoal 202, 203, 209, 210, 213, 214, 216, 217, 220, 221

B

Bens de agência 217, 218, 227, 244
Bens epistêmicos 66
Bens prudenciais 217, 218, 227, 244

C

Caráter moral 26, 33, 86, 235, 241, 251-255
Censura legal 193, 237
Censura moral 193, 235
Censura social 186
Ceticismo moral 27, 92, 246
Coerentismo 110, 113, 119, 246
Conceitos éticos *thick* e *thin* 247, 248
Condição epistêmica 54-56
Condições de unanimidade 219
Conflito de deveres 202, 233
Conhecimento 22, 23, 28, 29, 54, 55, 84-92
Conhecimento moral 30-36
Conhecimento político 87-92
Conhecimento proposicional 35, 47, 55, 91
Consenso sobreposto 128-130, 132, 212
Conservadorismo epistêmico 76, 113, 114, 118, 123, 141-144
Conservadorismo moral 184, 185
Credibilidade inicial das crenças 113, 128, 143, 159

D

Declaração Universal dos Direitos Humanos 63, 86, 105, 133, 186, 204, 238
Deliberação moral 31, 36-38, 148-155, 247-249
Democracia 84, 86, 92, 95, 99, 103, 106, 107
Desacordo moral 11, 27, 28, 36, 46, 49, 130, 133, 196, 203, 205, 235, 237, 238

Desobediência civil 200-202
Dever de civilidade 100, 101
Deveres perfeitos e imperfeitos 19, 209, 226, 237, 238
Direito 187-194
Direito natural 184, 188
Direito positivo 174, 177, 184
Direitos 19, 40, 52, 54, 56-59, 65, 67, 69-72, 75, 97, 105, 106, 159, 175, 186, 196, 198, 204, 209, 212, 219, 224, 226, 237
Dogma do tribalismo 104
Domínio político 92-97

E

Epieikeia 173-178
Epistemologia das virtudes
    Perspectiva confiabilista 23, 35, 158
    Perspectiva responsabilista 23, 158
Epistocracia 83, 84, 92
Equidade (*fairness*) 70, 120, 123, 195, 196, 239
Equilíbrio precário 207
Equilíbrio reflexivo
    Amplo 120-126
    Coletivo na Prática 132-138
    Críticas 113, 140-146
    Estreito 120-126
    Geral 126-132
    Global 132
    Influência 114-120
    Método 109-114, 139-142
    Pleno 126-132
    Prudente 151-156
Erewhon 193
Escolha 93, 94, 176, 214-217
Esferas privada e pública 18, 208, 221, 228, 236
Espectador imparcial 69, 72, 198, 221

Essencialismo 104
Estereótipo de classe 162, 163, 178
Estereótipo de gênero 162, 163, 171, 178, 179
Estereótipo de raça/etnia 162, 163, 178, 179
Estereótipos sociais 162, 171, 180, 199, 200, 202
Estudo da cabine telefônica 252
Estudo do bom samaritano 252
Ética das virtudes 29, 30, 33, 36, 237, 241, 246-249
Eubolía (Boa deliberação) 148, 176
Exatidão (*accuracy*) 34, 35
Exemplos de Gettier 22, 28, 29, 55, 85, 88, 133, 157
Experimento de Milgram 37, 38, 252-255

F

Falibilismo 49, 88, 110, 115, 151, 245
Fato da opressão 95
Fato do pluralismo 95, 96, 128
Florescimento humano 19, 27, 29, 47, 67, 214, 241
Fontes da normatividade 246
Formas de vida 213, 215, 217-220, 244
Fórmula de Radbruch 184, 243
Freestanding (autossuficiente) 130, 211

G

Gramática gerativa 70
Gramática moral 70, 125

H

Habituação 16, 33, 35, 47, 89, 101, 116, 147, 226, 237, 251
Heroísmo moral 32, 78

Heteronomia 61, 216
Holismo 38, 77

I

Ideal de perfeição humana 25, 207-212, 217, 221-225, 244
Ignorância moral 54-61
Ignorância política 87-92
Incomensurabilidade de valores 216, 217, 228
Injustiça epistêmica
    Injustiça hermenêutica 161-170, 182, 199
    Injustiça testemunhal 161-169
Integridade pessoal 42, 144, 254
Interpretativismo 115, 195
Intuicionismo moral 113, 114, 127, 144, 245
Intuições morais 235

J

Juízos ponderados 48, 71, 94, 111, 112, 116-130, 132, 134, 135, 137, 138, 140-144, 146, 150, 153
Jusnaturalismo 15, 183-185
Juspositivismo 183-185
Juspositivistas exclusivistas 184
Juspositivistas inclusivistas 184
Justiça como equidade 18, 21, 101, 109, 113, 120, 122-126, 128-131, 134, 139, 209, 212, 240
Justificação epistêmica 53, 67, 74, 76, 78, 79

K

Kantismo 22, 26, 119, 135, 137, 144, 154, 231, 234, 237, 239, 244, 249

L

Legitimidade 84, 101, 131, 135, 162, 188, 195, 202, 203, 205, 213, 214, 217-220, 222, 227-229, 245, 246

Lei Mariana Ferrer 182
Liberalismo 220-225
Liberalismo político antiperfeccionista 210-214

M

Machismo estrutural 170, 196
Marginalização hermenêutica 164, 167, 199, 200
Mediania 153, 159, 237, 248
Mente moral 239
Mononormatividade 14, 231-235
Moral crítica 189
Moral intersubjetiva 194-198
Moral Machine 119, 135, 137
Moralidade
    Moralidade privada 235-240
    Moralidade privado-pública 240-244
    Moralidade pública 235-240
Moralismo jurídico 185, 205, 250

N

Naturalismo 114, 127, 245
Neutralidade de valores 208, 209, 212, 215, 219, 220, 222, 224, 225
Normatividade 11, 110, 113, 128, 140, 197, 246, 249

O

Objeção de consciência 42, 201, 202
Obrigação bipolar 197, 238
Obrigação moral 32, 117, 151, 154, 185, 188, 197, 236

P

Paternalismo 17, 19, 21, 94, 207, 208, 213, 214, 221-225, 228-230, 250

Perdão 59, 60, 73, 151

Perfeccionismo 215-220

Perfeccionismo moderado 225-230

Pluralismo de valores 21, 25, 139, 142, 159, 203, 207, 212, 216, 222, 225, 227, 230, 240

Pluridirecionalidade entre moral e direito 187

Posição original 123-128, 142, 209, 211, 240

Principialismo na bioética 218, 219

Princípio antiautoritário 84

Princípio da maximização do bem-estar 20, 70, 135, 137, 154, 156, 231-234

Princípio da não instrumentalização 20, 154, 231, 232, 234

Princípio da rejeitabilidade razoável 156, 244, 245

Princípio da universalizabilidade 20, 154, 156, 231, 234

Princípio do agente virtuoso 156, 247

Princípio do sacrifício 234

Princípio liberal do dano 19, 207, 213, 222, 223, 227

Princípios de justiça 18, 21, 22, 71, 109, 111-113, 121-132, 134, 142, 144, 211, 212, 240, 241

Princípios generalizantes 20, 48, 49

Problema da intolerância e instabilidade 214, 217, 218

Problema da legitimidade 213, 214, 217

Problema do regresso 60

Procedimento de escolha das virtudes 240-244

Progresso moral 103-107

R

Racismo estrutural 172, 178-181

Razão pública 101, 129, 213, 242

Razoabilidade 18, 21, 115, 121, 122, 127, 129, 130, 132-134, 137, 152, 153, 155, 185, 196, 212, 231, 239-242, 245, 249

Razões epistêmicas 46, 48

Razões morais 45, 48, 57, 80, 81, 137, 195, 197, 237, 246, 247

Razões político-jurídicas 238

Razões religiosas 243, 254

Realismo político 92

Regras jurídicas 69, 101, 131, 184-186, 188-191, 193, 204

Regras morais 29, 32, 184, 189-190, 193, 194, 246

Relativismo moral 21, 25, 113, 127, 144, 250

Responsabilidade
  coletiva 51, 54, 81, 197
  epistêmica 29, 45-47
  jurídica 188, 191, 192
  moral 53-55, 73, 75, 77, 81, 114, 117, 188, 191, 241
  negativa 219
  política 103, 243

S

Senso de justiça 37, 70-71, 92, 101, 111, 123, 125, 126, 132, 174, 178, 190, 199, 201, 202, 204, 205, 211, 226, 245

Situacionismo 231, 251, 252, 255

Sorte moral
  Causal 192
  Circunstancial 75, 192
  Constitutiva 73, 192
  Resultante 192

Subjetivismo 21, 25, 139, 141, 143, 159, 250

Sufrágio universal 83, 84, 246

Superrogatório 32

T

Teoria dos fundamentos da moral 239
Teorias morais
    Contratualismo 115, 119, 120, 123, 126, 127, 137, 154, 155, 237, 240, 244-250
    Contratualista das virtudes 21, 234, 240-244, 250
    Deontologismo 118-120, 135, 137, 154, 155, 232-234
    Ética das virtudes 116, 154, 232, 237, 241, 244-250
    Teoria tripla 244
    Utilitarismo 118-120, 135, 137, 154, 232-234
Tese da conexão entre moral e direito 184
Tese da separabilidade entre moral e direito 184
Tolerância 18, 73, 106, 128, 140, 159, 170, 186, 204, 209, 210, 212, 214, 216, 222, 228, 241, 242, 249
Trolley problems 114, 232, 233

U

Unidade das virtudes 38, 42, 77, 150

V

Véu da ignorância 123, 131, 132, 137, 142, 209, 211
Vícios
    Arrogância 66, 77, 251
    Covardia 62, 102
    Deslealdade 251
    Desonestidade 251
    Egoísmo 20, 223, 226
    Falta de generosidade 251
    Ganância 16, 71, 208, 226, 251
    Impiedade 243
    Imprudência 20, 78, 193
    Injustiça 32, 63, 69, 71, 75, 184, 185, 201, 202, 219, 220, 243, 248
    Intemperança 20
    Vaidade 40, 77
Vieses cognitivos
    Confirmação 86, 87, 144
    Conservadorismo 76, 80
    Contágio afetivo 87
    Disponibilidade 87, 144
    Efeito de enquadramento 87
    Pressão dos pares e autoridade 87
    Superioridade ilusória (Efeito Dunning-Kruger) 76, 80
    Tribalismo 83, 86, 87, 104, 107, 136
Virtude (definição) 33, 89, 99, 147
Virtudes epistêmicas
    Astúcia 243
    Autonomia 61-67
    Curiosidade 29, 196, 224, 230, 243, 255
    Humildade 39-42, 48, 49, 65, 77, 239-242, 244, 248, 249, 255
    Integridade 42-46, 48, 49, 77, 240-243, 255
    Mente aberta 121, 224, 230, 243
    Modéstia 29, 224, 230, 243, 247
    Sabedoria prática (prudência) 36-38, 64, 77, 83, 86, 89, 90, 99-103, 141, 146-152, 158, 159, 208, 217, 221, 226, 228, 230, 240-243, 248, 249
Virtudes morais
    Amizade 18, 23, 36, 69, 198, 241, 242, 249
    Amizade cívica 18, 83, 86, 97-101, 249
    Autocontrole 223, 243
    Benevolência 29, 36, 42, 48, 68, 77, 147, 149-151, 154, 155, 189, 203, 221, 226, 243
    Caridade 20, 69, 189, 198, 238

Clemência 68, 77
Compaixão 37, 38, 118, 254
Coragem 16, 17, 23, 30, 36, 38, 41, 48, 62, 101, 147, 149-151, 154, 158, 196, 217, 241-243, 247, 255
Cuidado 63, 118, 133, 204, 239

Generosidade 36, 42, 48, 68, 69, 73, 77, 101, 158, 198, 249, 255
Justiça 16-20, 23, 24, 36, 42, 48, 51, 54, 60, 67-74, 79, 98, 149-151, 155, 174-178, 188, 198-200, 208, 221, 222, 232, 240-243, 247-249, 255

Edições Loyola

editoração impressão acabamento
Rua 1822 nº 341 – Ipiranga
04216-000 São Paulo, SP
T 55 11 3385 8500/8501, 2063 4275
www.loyola.com.br